KB273940

고객맞춤식 제품을 생산하는

모 듈 러 디 자 인

일러두기

1. 실무자는 제2장, 제3장, 제4장, 제5장, 제6장을 먼저 읽으십시오.

2. 관리자급 이상은 제1장, 제2장, 제7장, 제8장을 먼저 읽으십시오.

3. Box의 내용은 본문과 관련이 있으나, 더욱 깊은 내용 또는 실행할 때의 주의사항
   등이 담겨있습니다. 빨리 읽고 싶다면 Box의 내용은 나중에 따로 읽는 것을 권장
   합니다.

고객맞춤식 제품을 생산하는

모듈러디자인

김진회 지음

한올

모듈러디자인의 힘

한석희(경영학 박사, 린디자인 및 코스트맵 전문가, 서울 종합대학원 겸임교수)

한 권의 책이 써지고 체계화되려면 수백 종에 달하는 문헌들의 도움을 받아야 한다. 그리고 '읽은 만한 책'을 만들려면 이보다는 많은 문헌들을 봐야 한다. 경험적으로 보면 적어도 100여 종의 책이나 논문, 기사 같은 문헌들의 지혜가 함께 녹아 들어가야 한다고 나는 늘 생각하고 말해왔다. 따라서 한 권의 책을 읽는 것은 100명 이상의 또 다른 저자들의 목소리를 함께 듣는 셈이다. 그래서 한 권의 책을 읽는다는 것은 다양한 관점과 지식과 경험과 생각의 틀로 방대한 양의 정보와 지식과 지혜를 접하는 것을 의미한다. 어른들이 '좋은 책을 읽으라'고 권하는 이유이기도 하다. 그런 면에서 이번에 김진회 연구원이 저술한 《모듈러디자인》은 정말 좋은 책이다.

모듈러디자인에 대해서는 오래 전부터 학계와 산업 현장에서 많은 논의가 있었다. 하지만 상당부분 관념적이거나 부분적인 논의에서 맴돌았다. 그래서 매일 변화하는 세상을 예로 들어 '모듈러디자인은 왜 필요한가?'라는 질문에 포괄적이고 다양하게 해답을 제시하는 이 책은 주목할 만하다. 또한 저자인 김진회 연구원이 단순히 제품 개발 엔지니어로서가 아닌 '제품 개발 전략 전문가'로서 접근했기에 참으로 보기 좋았다. 내가 김진회 연구원을 처음 만난 것이 7~8년 전이다. 그 시간 동안 김진회 연구원은 다양한 현장 경험을 축적해왔다. 그런 그가 자신의 전문적인 지식과 경험 위에 스스로 발견한 수많은 '통찰'들을 다듬어 쌓아 올린 것이 바로 이 책이다. 이 작업을 위해 김진회 연구원은 말 그대로 주경야독晝耕夜讀을 해왔다. 이 책의 '참고 문헌'에 소개된 100여 권의 책들이 이를 대변해준다.

대부분의 산업 현장에서 사람들은 단순화와 공용화와 표준화에 대해 늘 이야기하고 있다. 그러나 이들 각각에 대해 이야기하는 경우가 전체로 보고서 이야기하는 경우보다 많다. 그 만큼 이 주제들 하나하나의 비중이 높기 때문이다. 물론 이런 주제에 대한 논의가 특정한 제품에 대해 거론되는 것만으로도 관계자들에게는 벅찬 일이다. 그래서 개념을 명쾌하게 하기가 어렵다 보니 그에 대한 전략적 이해 및 전술적 적용과 관련하여 종종 논쟁이 벌어진다. 즉, 시장이 제품을 중심으로 하는지, 아니면 고객을 중심으로 하는지 명확하지 않다 보니, 단순화와 공용화와 표준화 중 어느 것이 좋은지를 논하기도 어려운 것이다. 모듈러디자인은 다양한 제품들의 단순화와 공용화와 표준화를 염두에 둔 최적화 전략이다. 그렇기 때문에 사실상 가장 어려운 논리적 도전이자 제품 개발의 전략적, 전술적인 면에서 꼭 필요한 작업이다. 그러니 이 책《모듈러디자인》에서 김진회 연구원이 제시하는 내용은 이런 논의에 큰 힘을 보탤 것이다.

지금까지 한국의 산업 현장에서는 이런 수준의 안내서가 없었다. 그래서 현장의 실무자들과 전문가들은 이런 책을 목말라했던 바이

다. 그런 면에서 이번에 김진회 연구원은 아주 용기 있는 일을 해냈
다. 이 책은 김진회 연구원 본인의 현장의 경험을 녹여내어 실용적
이면서도, 이론적인 배경까지도 포함한 훌륭한 모듈러디자인 안내
서인 것이다.

이미 20~30년 전부터 혜안이 있으신 분들은 한국의 제조업에 대
해 걱정을 많이 해왔다. 경쟁력이 점점 낮아지고 있기 때문이다. 제
조업의 경쟁력은 물론 제품 설계에서 나온다. 설계가 제품 경쟁력의
70~80퍼센트 이상을 결정할 정도다. 나는 모듈러디자인이 이런 설
계 업무의 성패를 결정짓는다고 믿는다. 기업과 나라의 미래를 걱정
한다면 이《모듈러디자인》을 읽기를 권한다.

모듈러디자인에 대한
소중한 노하우 공유

박해원(공학박사, 미국 일리노이 대학교 기계공학과 조교수)

김진회 연구원에게 이 책에 대한 추천사를 부탁 받았을 때였다. 그때 내 머릿속에는 대학 시절에 항상 자신의 관심 분야에 관한 책들을 여러 권 들고 다니던, 지속적으로 때로는 집요하게 탐구하던 그의 모습이 떠올랐다. 그러한 그의 모습을 학교 동기로서 지켜본 나는 과연 김진회 연구원이 그의 집요하고 끈질긴 노력의 결과물인 이 책으로 모듈러디자인에 대해 어떤 깊이 있고 흥미로운 이야기를 들려줄지 궁금했다.

우선, 이 책은 모듈러디자인에 대한 공부나 업무를 시작하는 이들에게 길잡이 겸 지침서로서 그 역할을 훌륭하게 해낼 책이다. 새로운 분야에 대한 사전 정보 없이 뛰어들 때에는 그에 따른 막막함을 해결해줄 입문서를 찾기 마련이다. 그리고 훌륭한 입문서는 해당 분야에서 창출되고 연구된 결과가 실제 현장에서 얼마나 넓고 유용하게 쓰일 수 있는지를 결정한다. 이 책은 산업계에 막 들어선 초보자도 쉽게 읽을 수 있도록 많은 개념을 체계적으로 정의하고 설명했다. 또한 구체적인 이해에 도움이 되는 적절한 예시와 개념도도

수록했다. 입문자들에게는 자칫 추상적으로 받아들여질 수 있는 모듈러디자인에 관한 개념들을 체계적으로 정의했다. 또한 그러한 개념들이 실제 현장에서 구체적으로 어떻게 적용되는지 보여주는 다양한 사례들도 다룸으로써 모듈러디자인 입문서로서의 요건을 충실히 갖췄다.

이 책은 실무자와 관리자에게도 유익할 뿐만 아니라 필수적이고 구체적인 전문 지식과 현장 경험까지 광범위하게 어우르고 있다. 김진회 연구원은 방대한 분량의 참고 문헌을 분석하여 확보한 전문적이고 학술적인 지식을 독자들이 이해하기 쉽고 체계적으로 전달되게끔 하려고 많은 노력을 기울였다. 아울러 그가 직접 다양한 프로젝트를 추진하면서 얻은 경험에서 얻어진 그만의 노하우를 독자들과 아낌없이 공유하려고 했다. 그래서 이 책은 모듈러디자인을 진행하는 실무자급 및 관리자급 독자들 모두들에게 모듈러디자인에 대한 깊이 있는 담론과 전문 지식을 제공한다. 또한 현장의 경험을 생생하게 접할 수 있는 기회도 제공한다. 방대한 분량의 엄선된 참고 문헌 목록은 더욱 심화된 내용이나 특정 주제에 대한 좀 더 깊이 있는 지식이 필요한 독자들에게 큰 도움이 될 것이다.

자신의 부단한 노력으로 확보한 지식과 경험을 여러 사람들과 공유한다는 것은 결코 쉽지 않다. 무려 10여 년간의 업무로 확보한 전문적인 지식과 경험을 하나의 책에 압축하고 독자들에게 효율적으로 전달하고자 한 김진회 연구원의 노력에 아낌 없는 박수를 보내면서, 이 책을 추천하는 바이다.

이 책의 의미는 지금까지 나온 모듈러디자인에 관한 지식을 정리하는 것이자, 모듈러디자인에 관한 새로운 지식을 탐구하기 위한 '쉼표이자, 마침표'입니다.

저는 모듈러디자인 업무를 처음 맡았던 때를 아직도 잊을 수 없습니다. 아는 것은 적고, 경험도 부족해 막막했지요. 그래서 관련 도서라면 국내는 물론 해외의 것도 주문해 읽었습니다. 어느새 내가 모르는 것을 알려줄 수 있는 새로운 논문이나 서적을 찾을 때마다 기쁘기까지 했습니다.

이 책을 쓰겠다고 다짐했던 시기도 그때가 아니었던가 합니다. 모듈러디자인의 활용 사례는 많지만, 이 분야를 직접 다룬 국내 서적이 없다는 사실 때문에 욕심이 났습니다. 알고 싶었던 내용, 알아내면서 행복했던 내용, 그 모두를 담고 싶었습니다. 제 필력이 제가 가진 욕심에 비해 부족하리라는 것을 알면서도 욕심을 내고 싶었던 이유는, 모듈러디자인 업무 초기의 막막함을 누구보다도 잘 알고 있었기 때문입니다.

모듈러디자인은 이론상으로는 설계방법론 중 하나일 뿐입니다. 제조업, 특히 점차 고객에 맞추도록 요구받는 제조업계에서는 당연하게 받아들여진 개념이자 제품 전략이지요. 그럼에도 모듈러디자인에 관해 그나마 괜찮다는 평을 받는 책이 제가 쓴 이 책이 되기를 바라는 것은 제 작은 희망이기도 합니다. 아울러 이 책에서 다루어진 내용에 관한 것은 시간과 자원을 낭비하는 논란의 대상이 되지 않았으면 합니다. 제가 선배뻘인 많은 연구자들에게서 책이나 논문으로 지식을 전달받았듯이, 이 책의 내용도 이후 독자들이 더 나은 연구와 활동을 할 때 딛고 올라설 수 있는 작은 언덕이 되기를 기원합니다.

마지막으로 제가 하는 모든 일에 지지와 믿음을 주는 아내, 아들, 아버지를 비롯한 가족들과 친구들, 지금까지 동고동락해오고 항상 새로운 자극을 주는 회사 동료들, 이 모든 결과물을 만들어낼 수 있는 지식과 지혜를 주신 교수님들, 이 책에 새로운 생명을 불어넣어 줄 한언 출판사 관계자분들께 감사 인사를 드립니다.

2015년 겨울
김진회

차 례

Box 차례

제1장. 왜 모듈러디자인인가?

　기업이 성장한다는 것은 매출과 수익이 느는 것만 의미하지 않는다. 제품 수가 늘어나고, 업무 프로세스가 다양화되며, 그에 따라 조직이 분화되는 것도 의미한다. 이 모든 것은 기업 내부의 복잡성을 증가시키는 바, 어느 순간부터 매출과 수익을 갉아먹는 독이 된다.

　이 독을 어떻게 다스리냐에 따라 기업이 지속적으로 성장할 수 있는 발판을 마련할 수 있거나, 혹은 급격히 쇠퇴할 수도 있다. 그래서 복잡성을 다스리는 것은 기업의 존망이 걸린 문제다. 이러한 복잡성을 다스리기 위한 기법이자 이 책의 주제인 모듈러디자인의 도입 과정부터 살펴보자.

제품 중심 기업	개념	고객 중심 기업
"만들면 팔린다"	개념	"팔려야 만든다"
기술력	경쟁 우위 원천	시장, 고객 만족
설계/개발 부서 중심	중점 부서	마케팅/영업 부서 중심
운영효율성	주요 경쟁 요인	시장대응력
공급이 수요에 미치지 못한다	공급/수요 관계	공급이 수요에 비해 너무 많다
도입기/성장기 초기	제품의 라이프사이클	성장기 이후/성숙기/쇠퇴기
소수의 플레이어	플레이어 수	다수의 플레이어

표 1. 제품 중심 기업과 고객 중심 기업

1. 제품 중심 기업

　기업이 지속적으로 성장하려면, 아니 생존이라도 하려면 이윤을 창출해야 한다. 이윤을 창출한다는 것은 그 기업이 다른 기업들과의 치열한 경쟁 끝에 고객들에게 선택을 받았다는 뜻이기도 하다. 그렇기 때문에 기업은 고객들이 드러내는 요구뿐만 아니라 그들의 숨겨진 욕구까지 파악해야 하고, 그것들을 만족시켜야 한다.

　산업화 초기에는 제품의 공급량이 시장의 수요에 비해 턱없이 부족했다. 현재 LG그룹의 전신인 락희화학이 우리나라에서 치약을 처음 출시했을 때, 소비자들은 양치하는 데 쓰던 소금보다 편리하다며 치약을 찾았다. 허나 당시 소비자들은 치약이 시장에서 팔리는 것만으로 감지덕지했다. 그 이상의 가치를 제공하는 기능성 치약이나, 과일향이나 페퍼민트향 치약, 유아용 치약 등은 기대도 하지 않았을 것이다. 선택의 여지가 다양하지 않았기 때문이다.

　그 시기의 기업들은 '어차피 만들기만 해도 팔리잖아'라는 생각을 가지고 있었다. 그래서 제품만 잘 만들면 된다는 제품 중심 사고를

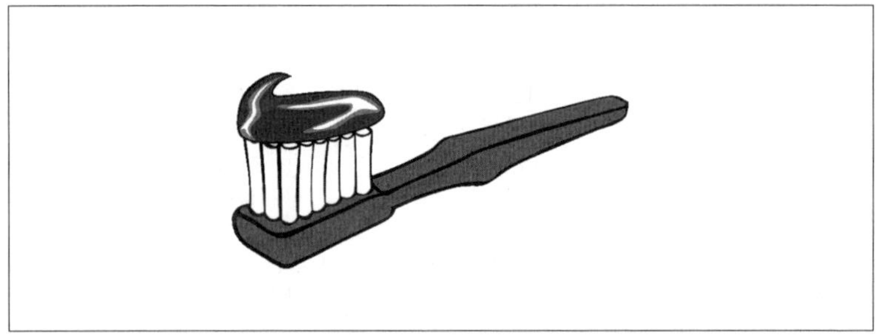

그림 1. 당신은 어떤 치약을 원하나요?

했다. 이런 점에서 이 시기에는 소비자보다는 제조자 중심의 시기였
다. 제품 중심 기업의 대표적인 예가 미국 대표적인 자동차 기업인
'포드'의 초기 모습이다. 포드는 1908년에 검은 색 단일 차종인 T형
포드(Model T)를 상대적으로 저렴한 가격에 시장에 내놓아 당시 자
동차 시장을 제패했다. 어떤 소비자가 다른 색의 자동차는 없느냐고
물었더라도 그 당시 포드는 무시했을 것이다. 소비자는 얼마든지 있
었기 때문이다.

2. 고객 중심 기업

시장이 성숙하면서 고객들은 점차 현명해지고 까다로워진다. 시
장에 새로이 뛰어드는 기업들은 기존 기업들이 만족시켜주지 못한
고객들의 욕구를 채워준다. 그러면서 기업들의 경쟁은 점차 치열해
진다. 그러자 어느새 공급이 수요를 뛰어넘었다. 이로써 소비자가
원하는 제품을 어떻게 파악하고 만들어서 시장에 내놓을 것이냐가
기업의 흥망을 결정하게 되었다. 이때부터 신제품 연구개발 못지 않
게 고객의 눈과 귀로 보고 들어야 하는 상품 기획, 마케팅, 영업 등
의 기능이 더욱 중요해졌다.

단일 제품만으로도 시장의 선택을 받던 포드는 다양해지는 고객
의 요구를 만족시켜준 제너럴모터스(GM) 덕에 시장에서 참패했다.
그 전까지 포드는 자기네 T형 포드의 인기가 영원하리라고 봤겠지
만, 어느새 고객들은 T형 포드에 질려있었다. 고객들은 자신들의 의

견이 제품에 좀 더 반영되기를 원했다. 그 틈을 비집고 왕좌를 꿰찬 회사가 바로 다수의 자동차 회사를 흡수/합병해 몸집을 키운 제너럴모터스이다.

3. 다양화로 인한 복잡성(complexity) 문제 발생

제품이 중심인 기업에 가장 중요한 경쟁 요인은 운영효율성이다. 몇 종류의 제품만 만들기 때문에, 그것을 얼마나 효율적으로, 저비용으로 만드느냐가 타 기업과 차별화되는 요소이다. 이 과정에서 자리 잡은 운영 패러다임이 바로 '소품종 대량 생산(mass production)'이다. 앞서 이야기했듯이, 점차 고객과 시장의 요구에 맞춰 제품을 다양화하자 매출과 이익도 증대되는 편익을 누렸다. 하지만 어느 순간부터 매출은 증가하는데 순익은 정체되거나 감소하는 현상이 나타났다.

그 이유는 나중에 다시 설명하겠지만, 다양화로 인한 내부 복잡성에 따른 비용이 증가했기 때문이다. 제품이 다양화되면, 그 구성 요소인 부품과 모듈도 다양해진다. 물론 그것을 만들기 위한 설비와 장비, 프로세스, 관련 조직 등도 다양해지면서 이전에는 예상치 못한 비용도 증가한다. 이를 '복잡성 비용(complexity cost)'이라고 한다.

사실 기업이 이러한 상황을 이겨낼 역량을 갖추고 있다면, 복잡성 비용은 거의 문제가 안 되거나 발생하지 않을 것이다. 하지만 대다수 기업은 그렇지 못하다. 예를 들면 어떤 이는 다양한 일을 동시에 빠르고 정확하게 처리한다. 또 어떤 이는 한번에 두 가지 이상의 일을 시도하면 둘 다 망친다. 두 경우 모두 일의 다양성이 증가함으로써 복잡성도 증가한 상태에서, 전자는 이를 처리할 만한 역량을 갖췄지만, 후자는 역량이 부족하다보니 복잡성에 휘말려 기존 일의 가치마저 해친 것이다. 즉, 후자는 복잡성 비용 때문에 망한 것이다.

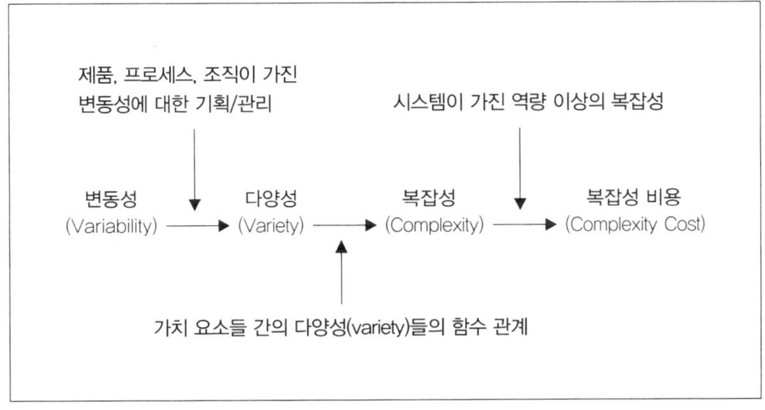

그림 2. 변동성(variability), 다양성(variety), 복잡성(complexity)의 관계

Box 1. 복잡성 vs. 다양성

복잡성이 경영상의 문제가 될 때는 복잡성 비용이 발생했을 때이다. 즉, 복잡성은 이로 인해 비용이 발생했을 때 그 존재가 드러난다. 오늘날 복잡성 자체의 좋고 나쁨을 판단하는 근거도 이 복잡성 비용의 발생 여부이다. 경영상의 이유로 복잡성을 줄여야 할 상황에 처했는가? 그러면 복잡성 비용을 어떻게 해야 줄일 수 있을까?

일단 복잡성의 원인이 다양하다는 점에 주목해야 한다. 시간이 지날수록 해당 제품이 요구하는 기술이 진보하기 때문이기도 하고, 그에 따른 기술적 복잡성 때문일 수도 있다. 글로벌화로 인해 시장이

다변화되기 때문이기도 하고, 시장과 고객의 다양한 요구에 대응하기 위해 제품도 다양화되기 때문일 수도 있다. 그중에서 제품의 다양화와 관련된 요인을 제외한 나머지 요인들은 기업에서 해결할 수 없거나, 해결하기 어렵다. 그래서 그 요인 중 하나인 제품이나 서비스 관련 다양성 문제를 해결하면서 동시에 복잡성 문제를 해결하고자 한 활동이 다양성 최적화(Variety Optimization) 활동, 플랫폼 전략(platform strategy, 공통성을 강조한 전략), 모듈러디자인modular design(조합형 설계) 등이다.

Box 2. 복잡성을 해결하려면 무엇부터 해야 하는가? (1)

복잡성은 시스템의 고유 특성 중 하나다. 기업도 일종의 '시스템'이다. 그래서 기업마다 가지고 있는 복잡성은 각기 다르며, 그것을 직접적으로 측정하는 것은 불가능에 가깝다.

복잡성의 요인은 굉장히 다양해서 복잡성 자체를 해결하겠다는 접근 방법은 비현실적이다. 그래서 가장 먼저 해야 할 일은 해당 기업의 복잡성 문제를 인식하는 것이다. "당연한 말 아니냐"고 하겠지만, 문제 해결의 첫 단계는 문제가 있음을 인식하는 것이다. 많은 기업들이 자신들의 문제는 인지도 못하고 쇠망하기도 한다.

명심하자! 복잡성을 해결하기 위한 첫 단계는 문제를 인지하는 것이다.

4. 복잡성을 극복하려는 시도들

그렇다면 다양성으로 인한 복잡성을 극복하기 위해 기업들은 어떤 시도를 했을까? 이번에는 그 시도들을 하나씩 살펴보자.

(1) 모듈러디자인의 기본 개념 – 다양성 최적화

앞서 복잡성을 개선하기 위해 다양성을 개선해야 한다고 했다. 그 다양성 문제를 해결하기 위한 기본적인 사상 중 하나가 공통성과 변동성 관리의 기본 개념이자 〈그림 3〉의 3S와 같은 다양성 최적화다. 3S는 도요타자동차에서 시작한 것으로 단순화(simplification), 표준화(standardization), 공용화(sharing)의 영문 앞 문자를 따서 명명된 다양성 관리 개념이다. 그 목적은 다양성을 최적화해 경영상의 효과를 얻는 것이다.

3S는 부품과 모듈부터 제품, 공정, 플랫폼에 이르기까지 모든 구성 요소를 다양성 최적화 대상으로 삼는다. 다양성 최적화를 위한 구성 요소 세 가지는 다음과 같다. 구성 요소의 종류 수를 줄이는 '단순화', 표준 부품과 표준 공정 및 표준 모듈 등을 선정함으로써 불

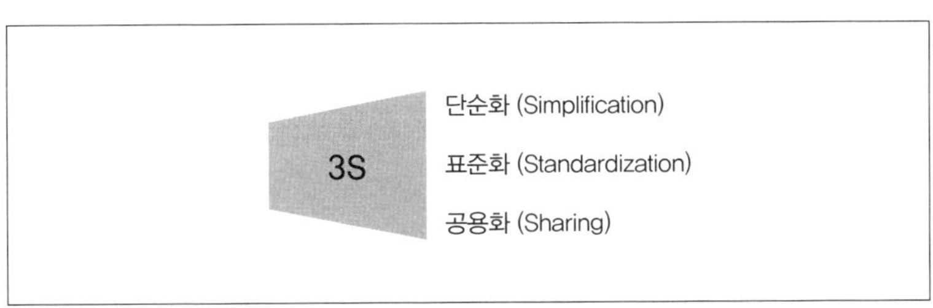

그림 3. 다양성 최적화(Variety Optimization)를 위한 대표적 활동인 3S

필요한 과정을 줄이는 '표준화', 새로운 요소보다 기존 요소를 공동으로 활용하여 추가 요소가 생기는 것을 방지하는 '공용화'가 바로 그것이다. 즉, 다양성 최적화의 목적은 현재의 경영 상황에 맞춰 가치 요소에 대한 다양성을 줄임으로써 최적화를 실시해 복잡성 비용을 제거하는 것이다. 이러한 다양성 최적화는 모듈러디자인의 기본 개념이 된다.

Box 3. 다양성을 최적화해야 하는가? 아니면, 절감해야 하는가?

> 다양성을 최적화해야 하는가? 아니면, 절감해야 하는가? 엄밀히 따지면, 다양성은 최적화해야 한다. 절감해야 하는 것은 복잡성이다. 그러나 다양성을 최적화하는 수준을 결정하기는 상당히 어렵다. 최적의 플랫폼 수, 최적의 모델 수, 최적의 부품 수를 찾아야 하기 때문이다.
>
> 그래서 다양성 관련 활동을 시작할 때에는 무조건 절감하는 방향으로 유도한다. 절감 과정에서 최적화하는 수준에 다다르기 때문이다. 그 결과는 수익성 개선으로 증명된다.
>
> 명심하자! 다양성은 최적화 대상, 복잡성은 절감의 대상이다.

(2) 모듈러디자인의 시작 – 플랫폼 전략

복잡성의 원인 중 하나인 다양성도 기업 내의 부품, 모듈, 모델, 조직, 프로세스 같은 구성 요소들의 공통성과 변동성 간의 관계에서 만들어진 결과이다. 그래서 다양성을 직접 제어하기보다 구성 요소들 간의 공통성과 변동성을 관리해 복잡성을 제어하는 방법을 두 가지 활동 방향에 따라 나눌 수 있다. 첫 번째는 공통성을 높이는 방식, 두 번째는 변동성의 비용을 줄이는 방식이다.

그중 공통성을 높이는 방식으로 복잡성을 줄여 운영효율성을 추구하는 활동 중 대표적인 것이 공통성을 강조한 전략인 '플랫폼 전략'이다. 플랫폼 전략을 활용하면 '어떻게 하면 부품/모듈을 공용화할 것인가?'에 대한 답이 나온다. 그럼으로써 부품과 공정과 설비, 나아가 프로세스와 인력과 조직까지 공용화해 비용 절감을 위한 기반을 마련할 수 있다. 즉, 플랫폼 전략은 제품들 중 공용화할 수 있는 것을 플랫폼으로 선정한 뒤, 이를 공용화해 운영상의 효율성을 얻고자 한 제품 전략이다. 시장을 특정 핵심 요인(key factor)에 따라 나누고(segmentation), 그렇게 해서 도출한 시장 분류에 따라 다수의 플랫폼을 전개하는 것이다.

가장 대표적인 사례가 자동차 회사들의 플랫폼 전략이다. 현대자동차나 폭스바겐 등과 같은 자동차 회사들은 차체의 하단 프레임을 공용화함으로써 엔진과 상체의 변경에 주력할 수 있게 되었다. 그리하여 효율적인 운영 체계하에서 다양한 제품을 개발할 수 있게 되었다. 이렇게 플랫폼 전략을 추진함으로써 다양해진 생산 공정을 단순화하고, 설비 투자를 위한 비용을 절감함으로써 운영효율성을 높였다. 즉, 자동차 프레임을 플랫폼으로 삼아 설비를 만든 뒤, 공통적인 시장 영역(segment)에 대응하거나, 타 시장 영역에서도 혼용이 가능한 차량의 플랫폼을 공용화하여 프레임을 만들어내 투자비를 절감한 것이다. 또한 생산 공정을 프레임 기반에 맞춤으로써 공정 과정을 단순화했다.

(3) 적극적인 변동성 대응 – 모듈러디자인

　이 부분은 폭스바겐의 사례로 설명하겠다. 폭스바겐은 플랫폼 전략을 도입해 운영효율성을 높였다. 그러다가 타 자동차 회사를 잇따라 인수하면서 시장에 내놓는 브랜드와 플랫폼이 많아졌다. 아울러 기존의 플랫폼 전략에 따라 같은 플랫폼을 사용하는 다른 자동차에 대한 차별화 요구도 잇따랐다. 그리하여 폭스바겐은 기존 플랫폼 전략을 모듈러 툴킷modular toolkit 전략이라는 모듈러디자인 기반의 제품 전략으로 전환했다. 원래 기본적인 모듈러디자인 컨셉은 레고형 조합 설계다. 즉, 플라스틱 장난감 블록인 레고처럼 제품의 구성 요소를 구조 단위이자 핵심 기능 단위인 모듈module로 나눈 뒤, 이 모듈들을 조합해 시장의 다양화 요구에 대응하는 것이다.

　플랫폼 전략을 도입한 기업은 한 번 만든 플랫폼을 기본적으로 몇 년간 몇 종의 차량에 사용해야 그 투자비를 뽑아낼 수 있었다. 그에 비해 모듈러디자인을 활용하면 이 플랫폼조차도 더 작은 단위의 모듈로 나눈 뒤, 같은 기능을 담당하는 모듈들을 공용화한 다음, 최소의 모듈만으로 운영효율성을 추구할 수 있다. 아울러 모듈들을 조합해 다양한 제품을 만듦으로써 시장대응력을 강화할 수 있다. 즉, 모듈러디자인은 공용성은 물론 적극적인 변동성까지 강화한 제품 전략이다. 모듈러디자인을 도입한 폭스바겐은 모듈러 툴킷 전략을 핵심 사업 전략으로 설정한 뒤, 전 부문으로 확대시켜 막대한 이익을 보았다.

　플랫폼 전략이 공용성에 집중해 운영효율성을 높인 제품 전략이라면, 모듈러디자인은 플랫폼 전략의 효과는 그대로 둔 채, 시장으로부터의 다양성 요구에 적극적으로 대응하기 위한 제품 전략이다. 다음 장부터는 이러한 개념을 기반으로 모듈러디자인에 대해 좀 더 자세히 살펴보겠다.

Box 4. 다양성 최적화, 플랫폼 전략, 모듈러디자인의 차이점

	다양성 최적화	플랫폼 전략	모듈러디자인
특징	다양성 절감에 집중	공통성에 집중	공통성과 변동성에 집중
목적	복잡성 개선	운영효율성 향상	운영효율성과 시장경쟁력 강화

Box 5. 복잡성을 해결하려면 무엇부터 해야 하는가? (2)

복잡성에 대한 문제가 있다면 해결하고 싶을 것이다. 그러나, 복잡성 그 자체를 해결하는 것은 사실상 불가능하다. 그래서 복잡성의 원인인 다양성 문제부터 해결해야 한다. 그 외에 많은 요인이 있겠지만, 불가피하거나 해결 불가능한 요인이라서 다양성에 초점을 맞추는 것이다.

다양성 문제를 해결해 복잡성을 처리하려고 한다면, 다양성을 분석해야 한다. 그 대상은 제품군(Product Family), 모델, 모듈, 부품, 공정, 작업, 설비 등 우리가 비용을 들여 만들었거나 구매한 것들 모두이다. 처음에는 부품과 모델 정도로 한정하여 분석하다가 그 범위를 점차 넓히는 것이 적절하다.

5. 세그먼트 오브 원^{Segment of One}

'나 하나만을 위한 제품(서비스)'이 있다면 아마 다른 것은 거들떠도 보지 않을 것이다. 가격이 동일하다면 더더욱 그럴 것이다. 기업들이 가급적 개별 고객들을 위해 맞춤형 제품(서비스)을 제공하려고 노력하는 이유도, 가급적 고객들에게 선택을 받기 위해서다.

그런데, 고객에게 맞춤형 제품(서비스)을 무한정 제공하는 것은 현실적으로 불가능하다. 물론, 맞춤을 위한 노하우와 기술은 앞으로 계속 향상될 것이다. 하지만 그에 따른 비용도 기하급수적으로 늘어날 것이다. 그러니 기업은 고객 세분화 전략(segmentation)의 수준을 정하여 비용과 효과의 최적점을 추구한다. 즉, 시장을 특정 기준에 따라 균일하게 세분한 뒤, 같은 부문에는 같은 제품을 제공하는 선에서 타협한다.

이러한 세분화 전략을 더욱 세분화하여 '1 대 1 맞춤형 서비스'라든가 '당신만을 위한 서비스(제품)'이라는 수준까지 고객에게 맞춰주는 것이 보스턴컨설팅그룹(BCG)이 제시한 '세그먼트 오브 원^{Segment of One}' 전략이다. 본래 세그먼트 오브 원 전략은 IT 기술을 활용하여 최소의 비용으로 고객에게 최대한 맞춘 제품과 서비스를 제공하자는 전략이다. 이 책에서는 모듈러디자인과 연계하여 살펴보겠다.

독자 여러분들도 이미 숙지했다시피 모듈러디자인의 개념은 최소의 모듈로 최대의 모델을 만들어내는 것이다. 세그먼트 오브 원 전략에서는 고객 별로 최대한 많은 제품이 필요하다. 그런데, 모듈러디자인은 최대한 많은 모델을 출시해도 내부적으로는 복잡성을 한정시킨다. 그렇게 하면 비용이 몇 개의 모델로 시장의 요구에 대응하던 때의 것과 비슷해진다.

그런 의미에서 모듈러디자인은 내부의 복잡성을 한정시킨다는 점은 물론, 고객의 만족도를 최대한 높여 기업의 경쟁력을 끌어올리는 데에도 도움을 준다고 볼 수 있다. 즉, 모듈러디자인은 진정한 세그먼트 오브 원을 달성하도록 도울 수 있는 수단이다.

요점 정리

▴ 지나친 복잡성은 기업이 수익을 내는 것을 방해한다.

▴ 복잡성을 줄이는 가장 좋은 방법은 다양성을 최적화하는 것이다.

▴ 플랫폼 전략은 공통성을 강조함으로써 복잡성을 줄여준다.

▴ 모듈러디자인은 변동성을 적극적으로 관리해 복잡성을 줄여준다.

제2장. 모듈러디자인 개론

1. 제품아키텍처

모듈러디자인을 본격적으로 다루기 전에 기본 개념 먼저 살펴보자. 모듈러디자인은 제품이 가진 아키텍처architecture(구조)를 인티그럴아키텍처integral architecture(조율형 구조)에서 모듈러아키텍처modular architecture(조합형 구조)로 바꾸는 것이다. 그렇기 때문에 모듈러디자인의 개념을 명확히 정의하지 않으면 모듈러디자인 활동의 방향성을 잘못 잡을 수 있다.

Box 6. 아키텍처의 개념

1. 제품아키텍처(product architecture)

제품의 기능(function)을 형태(form)로 전환하는 과정에서 만들어지는 결과물이다. 즉, 제품의 구성 요소인 컴포넌트component(구성 요소) 및 서브시스템subsystem(하부 조직)과 그들 간의 인터페이스interface, 이를 통한 상호작용을 포함한 제품을 위한 청사진이다.

※ 또는 아키텍처를 만드는 행위를 의미하기도 한다. 제품아키텍처를 만드는 것을 아키텍팅architecting이라고 따로 언급하는 경우도 있다. 제품 디자인(product design)과의 차이점은 제품아키텍처가 '기능을 형태로 표현(function to form)'에 대한 맵핑mapping(전환)을 의미하며, 제품 디자인은 '형태를 좀 더 상세한 형태로 표현(form to form)'에 대한 맵핑을 의미한다.

2. 아키텍처의 종류(type of architecture)

① 제품아키텍처 – 특정 제품의 레이아웃과 관련이 있다. 제품의 대상 시장 및 성능에 관한 제품 설계 전략과도 관련이 있다.

② 포트폴리오아키텍처portfolio-architecture – 제품 그룹 및 제품군과 관련이 있다. 포트폴리오 안의 제품들 중에서 컴포넌트를 어떻게 공용화하며, 또한 어떤 형태로 공용화할지 결정하는 디자인 전략을 포함한다.

3. 제품아키텍처의 종류(type of product architecture)

① 조율형 제품아키텍처(integral product architecture) – 보조적 기능들이 하나 또는 몇 개의 물리적 요소에 맵핑되는 물리적 구조를 의미한다. 물리적 요소를 기능에 따라 나누려고 해도, 요소들 간의 인터페이스나 인터렉션이 복잡해 나눌 수 없는 제품아키텍처이다.

② 조합형 제품아키텍처(modular product architecture) – 제품 내의 보조적 구조들과 보조적 기능들을 1 대 1 맵핑할 수 있는 제품아키텍처다. 물리적 요소를 보조적 기능에 따라 나누는 것이 가능하며, 그들 간의 인터페이스나 인터렉션이 상대적으로 간단하다. 그래서 나누어진 보조적 구조를 재조합해 제품을 만들어낼 수 있는 제품아키텍처이다.

4. 제품아키텍처의 장단점

	장점	단점
모듈러아키텍처 modular architecture	• 시장 변화에 따른 제품의 재구성이 용이함 • 새로운 제품 출시 속도를 향상시킴으로써 제품 구성을 다양화할 수 있음 • 유지/보수성 및 시비스 용이성이 증가함 • 업무들 간의 의존도를 낮춤 • 제품들 간의 컴포넌트와 모듈 공유로 스케일메리트scale merit를 이용할 수 있음	• 제품 간의 차별성 부족 • 경쟁사의 리엔지니어링 및 모방하기가 쉬움 • 제품의 성능 최적화 미흡 • 조율형 설계에 비해 비용이 늘어남(조립 비용 증가)
인티그럴아키텍처 integral architecture	• 경쟁사가 모방하기 어려움 • 인터페이스에 대한 문제가 적어서 팀들 간의 타이트한 협업이 가능함 • 제품의 성능 최적화가 가능함 • 제품 생산 비용을 줄일 수 있을 가능성이 높음 • 기능을 공유함으로써 중복되는 부품을 제거함 → 조립할 부품의 수를 줄일 수 있음	• 양산 단계에서 설계를 변경하기가 어려움 • 제품의 다양성이 낮음 • 업그레이드나 재구성을 하기가 불리함 • 단일 기능 조정이나 미세 조정이 어려움 • 부품이나 모듈이 고장 나면 교체하기가 어려움

5. 모듈화의 종류(type of modularity)

① 기능 기반의 모듈화(function-based modularity) – 제품이 가지고 있는 보조적 기능에 따라서 구조를 나누고, 보조적 기능과 구조를 맵핑하는 방식에 따라서 모듈화를 고려한다. 기능 기반의 모듈화는 일반적으로 제품의 맞춤형 설계/개발이 가능하도록 함으로써 시장 대응력과 개발효율성을 높이기 위해 설계/개발 중심으로 추진하는 모듈화이다.

[참고] 슬롯모듈화(slot modularity), 버스모듈화(bus modularity), 섹션 모듈화(sectional modularity), 혼합 모듈화(mix modularity) 등으로 구분한다.

② 생산 중심의 모듈화(manufacturing-based modularity) – 제품과 관련된 생산 방식과 조립 과정에 따라서 모듈화를 고려한다. 생산 중

심의 모듈화는 일반적으로 생산 공정의 효율성을 최대화한다는 목
적에 따라 추진한다.

[참고] OEM 모듈, 조립 모듈(assembly module), 구조 중심의 모듈(sizable module), 기능 중심의 모듈(conceptual module)로 구분한다. 구조 중심의 모듈은 청소기의 솔이라든가 믹서기의 날처럼 다른 기능을 가졌지만, 물리적 사이즈는 같은 모듈이다. 그리고 개념적 모듈도 다른 물리적 구조를 가졌으나, 기능은 동일한 모듈이다.

[참고] Kevin Otto & Kristin Wood, Product Design - *Techniques in Reverse Engineering and New Product Development*, 2001

제품은 그것을 구성하는 요소들 간의 상관관계로 이루어져있다. 이를 '제품의 구조'라고 한다. 일반적으로 우리가 눈으로 볼 수 있는 제품의 형태를 구조라고 보면 이해하기 편하리라. 즉, 제품아키텍처란 제품의 구조와 기능을 맵핑한, 제작자의 의도와 컨셉이 포함된 결과물이다.

좀 더 자세히 이야기하자면, 모든 제품은 본연의 기능뿐만 아니라 제품을 만들기 전에 사업 전략과 제품 전략으로 이어지는 비기능적 목적성도 가지게 된다. 모든 제품은 이를 달성하기 위해 의도적이든, 그렇지 않든 제품아키텍처를 가지게 된다. 제품아키텍처는 제품 내부의 구성 요소들 간의 인터페이스, 이를 통한 인터렉션을 포함한 구조 자체가 가진 전략적인 의도 등을 담은 제품 기획 활동의 산물이다. 이 제품아키텍처는 크게 모듈러아키텍처와 인티그럴아키텍처로 나눌 수 있다. 어떤 제품이든 순수하게 한쪽으로 완벽히 치우치지는 않는다. 그렇다고 해도 제품은 〈그림 4〉에서처럼 모듈러아키텍처와 인티그럴아키텍처 사이에 존재한다고 보면 된다.

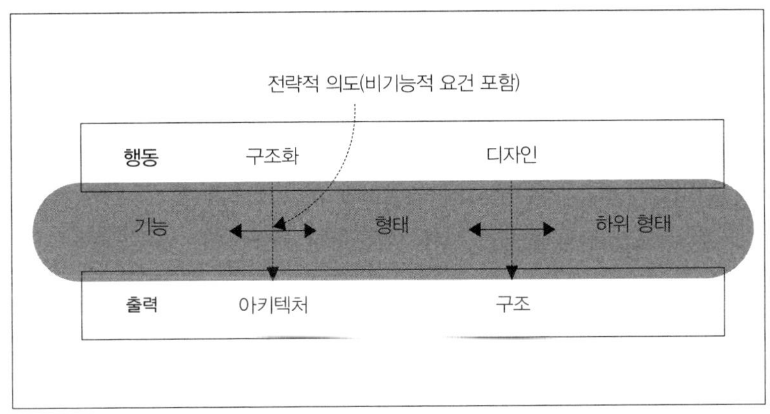

그림 4. 아키텍처(architecture)와 구조(structure)의 차이

Box 7. 제품 구조(product structure)와 제품아키텍처 (1)

제품 구조와 자주 혼용하는 용어가 제품아키텍처다. 그러나 이 책에서는 이 둘을 구분하겠다.

제품아키텍처는 제품을 만드는 제작자의 일관된 의도나 컨셉을 포함하고 있다. '구조'와 상반되는 개념이 앞서 언급했던 '기능'이다. 기능은 제품이 그것을 사용하는 사람이나 시스템이 가치를 가질 수 있도록 해주는 제품의 행위나 특성이다.

제품을 만든다는 것은 제품이 가져야 할 기능들을 구조라는 형태로 변환한다는 의미다. 이 과정을 우리는 '제품 설계(product design)'라고 부른다.

정리하면, 제품 설계는 '사용자가 원하는' 혹은 '제품이 당연히 갖춰야 할' 기능과, 이를 실현시키기 위한 구조를 맵핑하는 행위다. 즉, 제품이 가져야 할 기능의 목록을 제품 설계자가 받아들인 뒤 그것을 어떻게 구현할 것인가를 고민하고, 실현될 제품 구조의 설계도를 그리는 과정이다.

앞서 이야기했듯이 설계자는 단순히 기능을 구조로 맵핑하는 행위만 하지 않는다. 가격, 서비스, 확장성, 내구성, 분리 용이성 등 기능과 무관한 요구 사항들도 고려해야 한다. 이러한 요구 사항을 비기능적 요구 사항이라고 부른다.

비기능적 요구 사항은 기술적 제약, 비즈니스적 제약, 품질 특성 등으로 구성된다. 이러한 비기능적 요구 사항을 고려하는 이유는 제품을 설계할 때 제작자의 일관된 의도와 컨셉이 포함되기 때문이다. 예를 들면, 스마트폰의 기능은 전화를 걸고, 문자를 주고받고, 인터넷을 사용하는 것 정도다. 헌데 스마트폰 설계자가 고려해야 할 비기능적 요구 사항은 이런 것이다. "가격을 경쟁사 것보다 무조건 싸게 만들어야 한다"라든가 "이때에는 설계할 때의 가격과 관련된 제약이 발생했다. 새로운 기능을 구현하려고 해도 가격을 고려하면서 설계해야 하고, 적정한 가격대를 넘지 않는다는 선에서 칩 셋이나 메모리 용량을 결정해야 한다" 같은 것이다.

이처럼 제품아키텍처라는 것은 단순히 제품을 설계하는 것에 머물지 않고, 기술, 비즈니스, 품질 등 다양한 부분의 비기능적 요구 사항까지 만족시킬 수 있도록 조율한 결과물이다.

2. 제품 설계

앞에서는 제품 설계에 대해 '구조와 기능 사이에서 맵핑하는 과정을 설계(design)하는 것'이라고 설명했다. 그러면 좀 더 자세히 다루어보자. '설계'라는 말을 이해하려면 기능과 구조에 대한 이해가 필요하다. 카를로스 Y. 볼드윈과 킴 B. 클라크의 《디자인룰(*Design Rules Vol.1 : The Power of Modularity*)》(2000년 출간)에는 구조가 설계 파라미터(design parameter)의 집합과, 그들의 값의 조합이라고 설명되어 있으며, 계층형으로 표시된다.

반면에, 기능은 설계의 결과물이 제공해야 할 목적이자, 제품이 가치를 가지는 이유이다. 이 기능은 그 중요성에 따라 크게 주 기능과 보조 기능 등으로 나뉜다. 간단히 말하면, 구조는 제품을 구성하는 가시화된 구성 요소를 의미한다. 또한 '기능'은 그 구조로 제품이 사용자에게 제공하는 가치를 전달하는 수단이라고 한다.

자, 그러면 기능과 구조 중 어느 것이 더 중요할까? 당연히 기능이 중요하다. 기능은 그 결과물, 제품, 서비스가 존재하면서 가치를 가지는 이유이다. 반면에, 구조는 그것을 전달하는 매개체일 뿐이다. 왜 그럴까? 일단, 우리가 스마트폰을 사용하는 이유를 떠올려보자. 의사소통하려고? 음악을 들으려고? 게임 등 어플리케이션을 이용하려고? 웹 서핑을 하려고? 이 모든 질문에 대한 답들이 사용자가 크든 작든 가치를 제공하는 기능들이다. 이러한 기능을 사각형의 형태로 제공하든, 시계 모양으로 제공하든, 그것은 중요하지 않다. 가장 좋은 제품은 '존재하지 않으면서 그 기능을 제공하는 것'이다.

구조는 눈에 보이기 때문에 중요하다고 생각할 것이다. 하지만 그 형태가 어떠하든, 가장 중요한 과제는 기능을 온전히 전달하는 것이다. 설계(design)는 지금까지 이야기한 기능과 구조를 연결하는 활동이다. 즉, 기능을 제공하기 위해 구조를 결정하는 활동이다.

그러면 이것이 설계의 모든 것일까? 아니다. 설계 과정에서의 구조는 기능을 전달하기 위한 수단이자 제약 사항이다. 《디자인룰》에 따르면, 설계 파라미터의 조합으로 설계 영역(design space)을 구성하게 되는데, 그중에서 환경적 제약 사항을 고려한 '가능한 설계 영역(available design space)'이 있을 수 있고, '가장 이상적인 설계 영역이면서도 가능하지는 않은 영역(ideal design space)'도 있을 수 있다. 기능을 온전히 전달하기 위해 계층 형태로 설계 파라미터를 결정하여 구조를 결정하게 되는데, 여기서 비용, 기간, 품질, 성능 등의 다양한 요건 때문에 이상적인 파라미터 집합을 선택하지 못하게 된다. 그러면 설계 영역 중 가능한 영역의 한 점을 선택하게 된다.

요약하자면, 설계는 제품/서비스의 결과물이 제공하는 기능과 구조를 맵핑하고, 구조의 구성 요소인 설계 파라미터를 선택하는 과정인 것이다.

설계란?

1. 기능과 구조를 연결하는 활동
2. 구조를 이루는 설계 파라미터를 구조화하고, 실현 가능한 값으로 정의하는 활동

3. 모듈러디자인

그러면 이제 모듈러디자인에 대해 이야기하겠다. 독자 여러분도 폭스바겐의 모듈러 전략, 구글의 '조립식 스마트폰'인 아라[Ara] 프로

젝트 등을 들어봤으리라. 그런 사례들처럼 모듈러디자인도 좁은 의미와 넓은 의미로 나누어 정의해볼 수 있다. 허나, 본 장에서는 좁은 의미의 모듈러디자인에 대해서만 이야기하겠다.

모듈러디자인의 디자인^{design}은 앞서 언급했듯이 '설계/개발'이다. 일단 유/무형의 제품을 정의한 뒤, 그 제품이 가지고 있는 기능을 정의한다. 그런 다음 기능을 서브시스템이나 부품 등 구조적 요소로 나눈 뒤, 맵핑이나 서브시스템과 같은 상위의 구조적 요소를 다시 부품과 같은 하위의 구조적 요소로 나타내는 생산 이전의 과정이 설계, 즉 디자인이다. 모듈러디자인을 '모듈러 설계/개발'이라는 용어로 대치할 수 있다.

다음으로 모듈러^{modular}라는 말의 의미를 살펴보자. 이 용어도 앞서 아키텍처를 설명할 때 나왔다. '인티그럴아키텍처'와 '모듈러아키텍처'에서의 모듈러가 바로 이 모듈러다. 앞서 이야기했듯이, 설계/개발 과정에서 구조적 요소와 기능적 요소를 맵핑하게 되는데, 그 맵핑 방식에 따라 인티그럴아키텍처와 모듈러아키텍처로 나뉜다. 인티그럴아키텍처는 기능적 요소와 구조적 요소가 'm 대 1', 'm 대 n', '1 대 n' 등으로 1 대 1 맵핑이 안 되는 제품아키텍처이다. 모듈러아키텍처는 1 대 1로 맵핑되는 제품아키텍처이다. 모듈러디자인은 결국 모듈러아키텍처로 제품을 설계/개발하는 것이다.

모듈러아키텍처를 갖춘 제품의 기능적 요소이자 구조적 요소인 서브시스템이 모듈^{module}이다. 여기서 모듈은 다음과 같은 세 가지 조건을 만족해야 한다.

① 제품을 구성하는 요소여야 한다.

② 미리 정의된 인터페이스interface가 있어야 한다.

③ 정의할 수 있는 고유의 기능성을 가져야 한다.

　이렇게 모듈러아키텍처를 가지게끔 하는 이유는 그것의 특징 때문이다. 즉, 업그레이드가 쉽고, 재조합을 통해 제품의 다양성을 추구할 수 있으며, 복잡성을 관리하기가 쉽기 때문이다. 그러나, 복제가 쉽고 성능 최적화가 미흡하다는 등의 단점이 있어서 인티그럴아키텍처에 비해 절대적으로 우수한 편은 아니다.

Box 9. 모듈의 조건

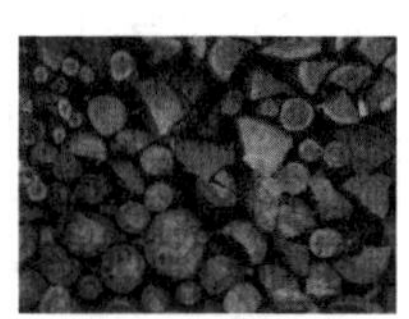

1. 제품을 구성하는 요소　　2. 미리 정의된 인터페이스가 있음　　3. 고유한 기능이 있음

　모듈러아키텍처의 예로 가장 많이 드는 것이 PC(Personal Computer)이다. IBM 호환 구조가 확립되기 전에는 개별 컴퓨터 회사들이 자기들만의 고유한 제품아키텍처를 갖춘 PC를 출시했다. 제품에 들어가는 부품들도 직접 설계하거나, 자신들의 제품에 맞는 부품 설계를 의뢰해서 PC를 만들었다. 그러나 IBM이 자신들의 컴퓨터 구조를 공개하자 거의 대부분의 컴퓨터 회사들이 그 구조를 따랐다. 그

러자 CPU, 메모리, 그래픽카드 등 다수의 서브시스템 설계/개발에 특화된 회사들도 생겼다. 오늘날에는 IBM 호환 구조라는 틀 안에서 주요 부품 회사, OS 회사, 컴퓨터 조립 회사 등으로 분화되어 PC 시장의 발전을 이끌고 있다.

. . .

지금까지 우리는 모듈러아키텍처의 장단점을 모두 살펴보았다. 장점은 개별 모듈이라고 생각되는 구성품들이 미리 정해진 규칙과 인터페이스에 따라 개별적으로 발전하는 데 달렸다. 즉, 분업을 통한 모듈들의 개별 발전이 PC의 전체 성능 발전을 가져왔다는 점이 그 예이다. 아울러 정해진 구조 안의 규칙과 인터페이스, 최소의 제약 사항을 부품들 간의 조합을 통해 소비자들이 원하는 다양한 제품으로 만들어낼 수 있었다.

단점이라면 초기에 구조를 공개하지 않고 거의 대부분의 구성 요소를 직접 설계/개발했던 애플의 PC에 비해 상대적으로 성능이 떨어졌다는 점과, 복제하기 쉽다 보니 기존 PC 업체들은 단순 조립 업체로 전락했다는 점이다. 아울러 특정 주요 부품 회사의 힘이 막강해졌다는 점이다.

그렇다면 왜 모듈러디자인으로 제품을 만들까? 앞에서 간략히 설명했듯이, 모듈러아키텍처의 특징 때문이다. 모듈 단위로 제품을 개발하면 모듈의 특성에 따른 기획/개발/관리가 가능하다. 또한 일정한 인터페이스로 모듈들을 조합해 제품을 만들기 때문에 한정된 수의 모듈로 다양한 제품을 만들어 시장에 대응할 수 있다. 즉, 개발효율성과 시장대응력을 높이기 위함이다. 물론, 이는 좁은 의미의 모듈러디자인에 한정된 이야기이다. 더욱 넓은 의미로 모듈러디자인을 본다면 더욱 많은 장점을 추구할 수 있다.

Box 10. 제품군의 의미

용어	의미
Product Category (제품의 범주)	제품을 분류했다는 뜻이다
Product Line (제품계열)	한 회사에서 만드는, 하나의 그룹을 형성하는 다른 제품들이다
Product Family (제품군)	기술, 공정, 부품, 서브시스템 등 플랫폼, 즉 공통 요소를 가진 제품들의 집합이다
Product Series (제품의 시리즈)	동일한 컨셉concept이나 아이덴티티identity를 가진 제품들의 집합으로, 보통 마케팅용 언어로 사용한다

우리가 사용하는 '제품군'이라는 용어에는 다양한 의미가 섞여있다. 여기에서는 제품군이라는 용어의 의미를 정리해보겠다. 물론 여기에서 정리된 내용이 정답은 아니다. 사용 부문이라든가 상황이 다르기 때문이다. 그럼에도 이렇게 정리해두는 이유는, 독자 여러분들이 먼저 '왜 이 용어를 사용하는가?'를 이해해야 하기 때문이다.

1. product category(제품의 범주)

세탁기, 냉장고, 디지털 TV 등 그 제품의 분류를 의미할 때 제품군이라는 용어를 사용한다. 예를 들면, LG생활건강의 페리오치약이나 죽염치약은 '치약'이라는 제품군에 속한다. 이때 사용하는 제품군의 의미는 상품범주(제품의 범주)이다.

2. product line(제품계열) – 한 회사에서 만들어진 제품들의 집합

위 정의와 같이, 한 회사에서 만들어지는 '제품군'을 형성하는 제품들이다. 예를 들어, LG생활건강에서 만드는 페리오치약이나 죽염치약은 하나의 제품계열(제품계열)이다. 그런데, 제품계열에는 제품계열공학(제품계열 engineering)이라는, 제품계열 내의 공통성과 변동성을 관리하는 기법 등이 포함되어 있다. 이 때문에 단순히 제품계열이 아니라 공통성을 가진 제품들을 제품계열이라고 한다. 이때는 제품군과 그 의미가 유사하다.

3. product family(제품군)

공통적인 제품 플랫폼을 사용하는 제품들의 집합이다. 이 제품들은 공통적인 서브시스템, 기술, 공정 등을 사용하는데, 이를 '제품 플랫폼(product platform)'이라고 부른다. 제품 플랫폼에서는 전개 시장, 전개 고객, 차별화 요소 등을 달리하여 제품을 만들어낸다. 본 의미에서는 제품 플랫폼을 제외하고는 설명이 불가능하다. 기술, 공정, 부품, 서브시스템 등 플랫폼, 즉 공통 요소를 가진 제품들의 집합이 제품군이다. 예를 들어, LG생활건강의 페리오치약과 죽염치약이 재료만 차이가 날 뿐 같은 공정을 사용한다면, 바로 그 같은 공정은 공정 플랫폼이 되고, 페리오치약과 죽염치약은 이 공정 플랫폼을 기초로 한 제품군이다.

4. product series(제품의 시리즈)

동일 컨셉이나 아이덴티티를 가진 제품들의 집합으로, 보통 마케팅용 언어로 사용된다. 예를 들어, LG생활건강의 페리오치약이 페리오딸기, 페리오잇몸, 페리오스트롱이라는 브랜드를 갖췄다고 가정해 보자. 그러면 페리오라는 브랜드의 컨셉과 아이덴티티 등을 유지한 이 제품들은 같은 시리즈이다. 물론, 페리오라는 같은 브랜드 플랫폼을 가진 '제품군'인 것이다. 즉, '제품군'과 '제품의 시리즈'는 다른 부문에서 사용되는 언어다. '제품군'은 기획/개발 부문에서, '제품의 시리즈'는 마케팅/영업 부문에서 사용하는 언어인 것이다. 그러니 혼동하거나 섞어서 쓰지 않도록 주의해야 한다.

※ product portfolio(제품의 포트폴리오)

사전적인 의미로는 한 회사에서 개발/생산/판매하는 제품들의 집합이다. 제품포트폴리오는 다른 제품들로 전체 제품들의 효과를 극대화시키고, 제품들 간의 균형을 이루며, 자원을 효율적으로 분배하는 것도 신경 써야 한다는 점 때문에 중요하다.

Box 11. 고정부, 준변동부, 변동부의 의미

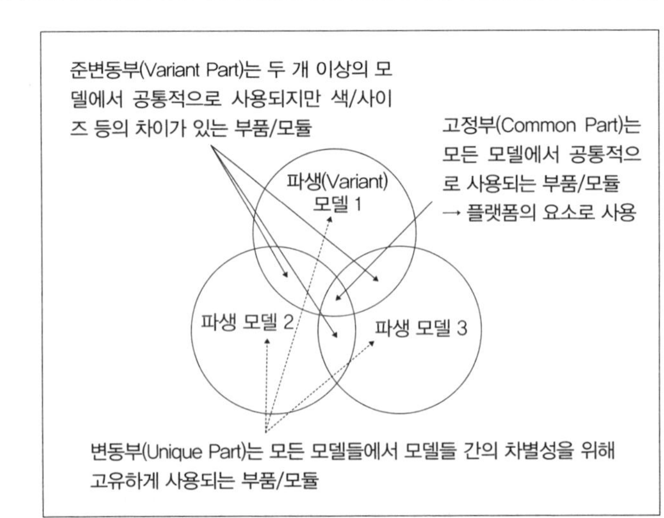

앞으로 나올 '고정부 모듈'이나 '변동부 모듈' 같은 용어를 이해하려면 플랫폼 개념에서 사용되는 용어인 '고정부', '준변동부', '변동부'에 대한 이해가 필요하다.

① 고정부(common)는 모든 모델에서 공통적으로 사용되는 부품
이나 모듈로, 플랫폼의 요소로 사용된다.

② 준변동부(variant)는 두 개 이상의 모델에서 공통적으로 사용되
는 부품이나 모듈로, 색과 사이즈 등 일부 특성의 수치가 다른
점이 특징이다.

③ 변동부(unique)는 모델에 따른 차별화를 위하여 사용되는 고유
한 부품이나 모듈이다.

플랫폼 전략에서는 고정부는 최대한 늘리고, 변동부는 최소화하
고, 준변동부는 그 비용을 최소화하도록 권장하고 있다.

요점 정리

▸ 제품아키텍처는 제품의 기능을 형태(form)로 전환하는 과정에서
만들어진 결과물이다. 아울러 비기능적 요구 사항에 기반을 둔 전
략적 의도를 내포하고 있다.

▸ 제품아키텍처는 기능과 형태 간의 맵핑 관계에 따라서 모듈러아키
텍처와 인티그럴아키텍처로 나눌 수 있다.

▸ 제품 설계는 (1) 기능과 구조를 연결하는 활동과 (2) 구조를 이루
는 설계 파라미터를 구조화하고, 실현 가능한 값으로 정의하는 활
동으로 이루어진다.

▸ 모듈은 미리 정의된 인터페이스와 고유의 기능성을 갖춘 제품의
구성 요소다.

제3장. 우리 회사에 모듈러디자인 도입하기

1. 모듈러디자인의 도입 배경

모듈러디자인의 목적

① 운영효율성

② 시장대응력

앞서 언급했듯이, 기업이 존재하는 이유는 지속적으로 새로운 가치를 창출하여 소비자들에게 제공하기 때문이다. 즉, 소비자들에게 선택을 받는 기업은 그것으로 이윤을 창출해 생존할 수 있다. 결국 기업의 존재 이유는 가치 창출이며, 기업의 생존 조건은 이윤 창출인 것이다.

이 사실을 토대로 기업이 시장에서 제대로 활동하고 있는가, 건강한가를 평가할 때 주로 보는 수치가 있다. 바로 기업이 시장에서 거두는 매출과 이익이다. 매출은 기업의 현재와 미래의 모습을 매력적으로 보이게 하는 성장에 관한 지표다. 이익은 기업이 건강한가, 그렇지 못한가를 나타내는 체질에 관한 지표다.

매슈 S. 올슨과 데릭 반 베버가 쓴《스톨 포인트 - 성장 정체를 뛰어넘는 기업의 조건》(2008년 출간)에는, 대부분의 기업들이 성장 후에 매출 정체를 겪는 시점이 있는 바, 그것이 스톨 포인트Stall Point라고 표현했다. 존 마리오티는《히든 리스크 - 복잡성의 위험》(2009년 출간)에서 기업의 성장과 함께 부득이하게 발생하는 복잡성 때문에 기업의 수익성이 나빠지는 문제를 이야기했다. 결국 성장 정체와 수익성 악화 같은 문제를 해결하고, 불확실성이 높은 환경에서 시장경쟁력을 확보하려는 기업들의 많은 시도들이 있었다.

모듈러디자인도 그러한 시도 중 하나다. 모듈러디자인은 기업이 겪는 복잡성 문제를 제품아키텍처를 최적화하는 방식으로 해결하는 것이다. 좁게 보면 모듈러디자인은 제품개발방법론 중 하나로 볼 수 있지만, 넓게 보면 기업의 수익성을 개선하고, 성장의 기회를 만드는 혁신방법론이다. 즉, 시장의 요구에 민첩하게 반응해 수익을

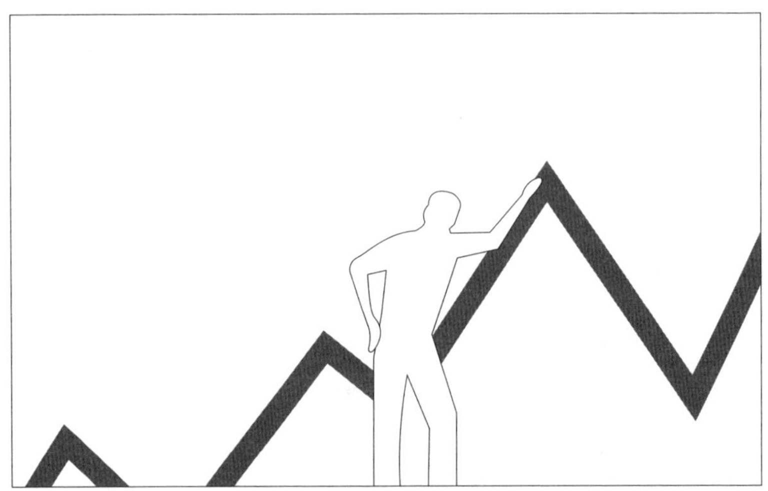

그림 5. 모든 기업에는 성장과 수익이 정체되는 구간이 찾아온다

개선하고 매출을 향상시키며, 모듈러디자인 덕에 절약할 수 있었던 비용을 성장을 위해 재투자할 수 있다. 그럼으로써 스톨 포인트도 극복하게 된다. 스웨덴의 스카니아와 이를 인수한 폭스바겐 같은 자동차 회사들은 모듈러디자인을 자신들의 전략으로 도입한 뒤 철저하게 실천했다.

요약하면, 모듈러디자인은 복잡성 관리를 위한 혁신방법론이다. 모듈러디자인을 도입한 기업은 복잡성을 관리함으로써 개발/운영상의 효율성을 높이고, 대량 생산과 맞춤화를 결합시킨 매스커스터마이제이션mass customization을 구현하여 시장대응력을 높일 수 있다. 그럼으로써 회사 전체의 수익성을 높이고, 개선된 수익성을 토대로 새로운 성장을 위한 동력을 마련할 수 있다. 앞서 이야기했듯이, 모듈러디자인으로 직접적인 매출 성장을 이룰 수는 없다. 허나, 매출이 성장하는 토대를 마련할 수 있다. 즉, 모듈러디자인으로 기업의 현재 체질을 개선하여 성장의 토대를 마련함으로써 '수익성 높은 성장(profitable growth)'을 이룰 수 있다.

2. 모듈러디자인의 이점

그러면 수익성 높은 성장을 달성하기 위해 도입한 모듈러디자인에는 과연 어떤 이점이 있을까?

(1) 연구개발

연소수의 모듈들을 조합해 다수의 제품들을 만들 수 있으니, 소수의 모듈 개발에 연구개발 리소스를 집중할 수 있다. 한 번 만든 모듈을 세대 간 또는 세대 내에서 공용화할 수 있기에, 모듈 자체의 신뢰성을 확보할 수 있다. 또한 설계 자료를 재사용할 수 있으며, 한정된 자원으로 제품군을 만들어내는 것이 가능하기 때문에 자원을 효율적으로 운영할 수 있다.

연구개발을 위한 자원이 풍부한 회사는 없다. 그리고 모든 연구개발 활동을 통한 산출물은 결국 회사 입장에서는 무형 자산이다. 이를 최대한 공용화하고 재사용할 수 있다면 그 활동에 들어간 투자비와 시간도 회사 입장에서는 손해가 되지 않는다.

◢ 연구개발

1. 개발 산출물의 신뢰성 증가

2. 설계 자료 및 산출물의 재사용

3. 한정된 자원으로 다양한 제품군을 만들어낼 수 있음

(2) 생산

조립라인을 모듈 단위로 구성하면 라인 구성을 단순화할 수 있다. 아울러 모델 변경에 따른 비용을 줄일 수 있다. 또한 생산 공정 계획을 재사용할 수 있고, 생산 과정에서의 민첩성과 유연성도 높일 수 있다. 엄밀히 따지면, 생산 입장에서는 모듈러디자인이 탐탁지 않다. 왜냐하면 모듈러디자인 때문에 모델 수가 증가하기 때문이다.

> ◢ 생산
>
> 1. 조립 라인 단축
>
> 2. 모델 변경 비용 절감
>
> 3. 생산 계획 재사용
>
> 4. 생산 과정에서의 민첩성과 유연성 확보

(3) 구매

모듈과 부품을 다수의 모델에 공동으로 사용하기 때문에 재고의 양을 줄일 수 있다. 모듈의 종수나 부품의 종수가 많으면 그 종류에 따라 안전재고와 서비스재고를 확보해야 한다. 현물은 물론, 그것을 만들 수 있는 도구와 지그^{jig} 같은 장비도 함께 확보해야 한다.

관리해야 하는 모듈과 부품의 수를 줄일 수 있다면, 그것을 만드는 협력사들을 관리하는 업무도 단순해진다. 이는 더욱 향상된 협력사 관리로 이어진다. 아울러 소수의 협력사들과 설계 과정에서부터 좀 더 심층적인 협업을 추진할 수 있다.

> ◢ 구매
>
> 1. 재고 물량 절감
>
> 2. 향상된 협력사 관리
>
> 3. 협력사와의 설계 과정부터의 협업 증가

(4) 마케팅과 영업

대량 생산 체계보다 좀 더 고객 맞춤형 제품을 제공할 수 있다.

예전에는 좀 더 다양한 고객들의 요구를 받아들이려고 할 경우 많은 제품을 만든 뒤, 이를 판매하는 데 한정된 마케팅/영업 역량을 소비해야 했다. 그에 비해 모듈러디자인을 도입하면 시장과 고객에 더 빨리 대응할 수 있다. 아울러 좀 더 빨리 업그레이드할 수 있으며, 서비스와 유지보수성이 좋아지고, 영업 프로세스가 단순해진다.

> ◢ 마케팅과 영업
>
> 1. 맞춤형 제품 제공 가능
> 2. 빠른 업그레이드 가능
> 3. 서비스/유지보수성이 높아짐
> 4. 신속한 시장 대응
> 5. 영업 프로세스 단순화

Box 12. 모듈러디자인 도입의 어려움

> 모든 혁신 활동이 그러하듯이, 경영자들은 성과를 빨리 보고자 한다. 그러나 H. 토머스 존슨과 안데르스 브렘스의《측정할 수 없는 이익》에서는 활동 대신 목표에 집중하면 본질이 왜곡된다고 한다.
>
> 모듈러디자인도 그렇다. 우리는 모듈러디자인의 이점을 예상할 수 있다. 아울러 거기에 도달할때까지 너무나 많은 현실적 난관을 돌파해야 한다. 그럴 때 '효과를 돈으로 산출하라'는 지시는 황금알을 낳는 거위의 배를 가르는 행위가 될 수 있다. 모듈러디자인이라는 활동에 집중해야지, 그 효과를 가시적으로 나타내려는 순간 모듈러디자인은 왜곡될 수 밖에 없다. 모듈러디자인의 효과를 뽑아내려면 기존의 원가, 부품, 개발, 인력 관리 방식을 모두 뜯어고쳐야 한다. 그것이 힘든가? 그렇다면 일단 중요한 것은 경영자의 확신과 믿음이다.

누구든 단기간에 효과를 뽑아내고 싶어한다. 허나, 우직한 기다림도
절실히 필요하다. 모듈러디자인을 전략의 축으로 삼은 폭스바겐은
모듈러디자인에 대한 KPI를 관리한다거나, 부품 종수 절감 효과를
돈을 산출한다거나, 모듈의 종류 수를 목표 대비 산출해보고 만약 미
달했다면 신호등을 띄우는 식의 활동을 하지 않을 것이다. 다만, 폭
스바겐의 회장 마틴 빈터콘은 현장 방문 때마다 부품 수 절감과 공
용화를 강조한다. 회장이 모듈러디자인에 대해 이렇게 상향식으로
관심을 가지고 전파한다면 누가 이를 무시하겠는가? 이런 활동이 필
요한 때다.

Box 13. 모듈러디자인의 단점

어맨다 이거, 케이트 엘삼, 리섀어 굽타, 마티아스 벨린더가 공동
집필한 백서인 〈모듈러디자인 플레이북(Modular design playbook)〉
에는 모듈러디자인의 단점이 정리되어있다. 그 내용을 자세히 다루
어보겠다.

1. 높은 초기 투자 비용

기존 시스템과 프로세스를 재정비하기 위한 초기 비용은 높다. 예
를 들어, 기존의 제품아키텍처를 모듈러아키텍처로 재정의하고, 모
듈러디자인을 구현하기 위한 개발/구매/생산 프로세스를 정비하려
면 시간과 비용이 필요하다. 그러나 이러한 초기 투자 비용 덕에 얻
을 수 있는 효과나 편익은 쉽게 산출할 수 없다. 그래서 실행 초기에,
심지어 시작도 하기 전에 모듈러디자인을 포기한다.

2. 고객중심적 사고의 부족

기존 제품 개발 방식에서는 고객의 니즈^{needs}(요구)에 맞춰 제품

의 사양을 결정한다. 그러나 모듈러디자인에서는 고객의 니즈는 물론 비용효율성도 고려해야 한다. 이 두 가지 목적을 균형 있게 반영하기는 어렵다. 고객의 니즈를 너무 반영하다 보면 비용효율성이 떨어지고, 비용효율성을 지나치게 고려하면 고객의 니즈를 무시하게 되면서 제품경쟁력이 떨어질 수 있다.

3. 조정에 대한 복잡성 증가

모듈러디자인 활동의 많은 부분은 각 부문들의 협업(cross-functional)으로 이루어져야 한다. 그런데 이 과정에서 오히려 프로세스가 중복되고, 제품의 사양과 구매/생산 계획과 관련하여 일관성을 잃는 등의 문제가 발생할 수 있다. 이러한 복잡성 문제를 해결할 수 없다면, 품질 및 안정성과 관련된 문제를 겪을 수 있다.

4. 공급자 리스크

모듈러디자인으로 초기에 제품아키텍처를 재정의하고 최적화까지 했다면, 이에 맞춰 공급망도 개편해야 한다. 바로 이 개편 과정에서 공급자로 인한 문제가 발생할 수 있다. 예를 들어, 공급 지연, 품질 관련 이슈, 핵심 모듈에 대한 협력사 의존도가 높아져 경쟁력을 잃거나, 협력사에 대한 통제력을 잃을 수 있다.

5. 예상치 못한 상황에 대한 유연성 부족

제품아키텍처를 재정의했다는 것은 그에 맞춰 조직 구조도 개편했다는 뜻이다. 이는 회사 내의 프로세스 구조를 재정의했다는 뜻이기도 하다. 이 상황에서 갑작스럽게 예상치 못한 제품아키텍처 변경을 해야 한다면, 효과적으로 대처할 수 없을 것이다. 노키아의 CEO도 자신들의 위치를 '불타는 플랫폼'에 비유했었다. 즉, 노키아의 플랫폼은 그들의 비용효율성을 위한 최대의 자산이었으나, 스마트폰이 부각되면서 노키아의 자산은 큰 부채로 전락했다. 물론 조직적인 문제도 있었다. 피처폰에서의 성공 체험은 노키아로 하여금 변화를 거부하게 만들었다. 결국 피처폰 자체가 노키아의 자산이 아니라 발목을 잡는 부채가 된 것이다.

7. 폭넓은 기술에 대한 요구 사항

8. 지적 자산에 대한 리스크

모듈러디자인으로 재정의된 제품아키텍처는 단순화된다. 이는 경쟁사가 쉽게 리엔지니어링하여 따라할 수 있다는 단점으로 작용한다. 특히, 핵심 모듈을 아웃소싱으로 확보했다면 회사가 단순 조립업체로 전락할 위험도 있다.

3. 모듈러디자인의 원리

지금까지 모듈러디자인 도입 배경과 그 이점을 살펴봤다. 그렇다면 모듈러디자인의 무엇이 그러한 이점을 가지게 했고, 많은 기업들이 도입하게 했을까? 이를 모듈러디자인의 원리로 알아보자.

(1) 분할(decomposition)

모듈러디자인의 첫 번째 원리는 '분할'이다. 분할은 말 그대로 제품을 잘게 나누는 것이다. 모듈러디자인에서는 '모듈'이라는 구성 요소에 따라 제품을 특정한 목적과 기준에 맞춰 나누게 된다. 또한 각각의 모듈은 독립성과 기능성을 가지게 된다. 그렇다면, 왜 모듈 단

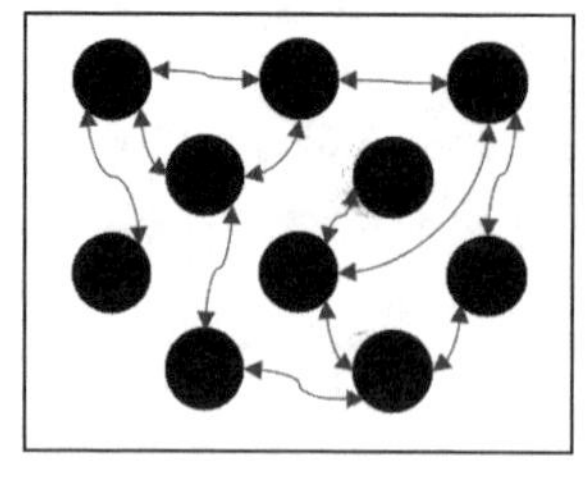

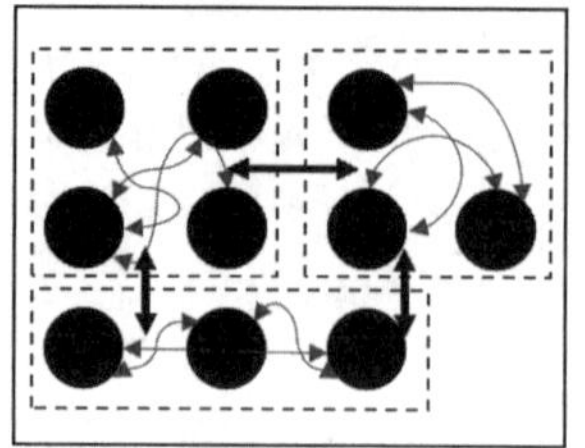

조율형 제품
• 구성품 : 10개
• 복잡성 : $\dfrac{10(10-1)}{2} = 45$

조합형 제품
• 구성품 : 10개, 모듈 : 3개
• 복잡성 : $\dfrac{3(3-1)}{2} + \dfrac{4(4-1)}{2} + \dfrac{3(3-1)}{2} + \dfrac{3(3-1)}{2} = 15$

※ 여기서는 제품 내의 구성품 간의 상관관계로 인한 복잡성만 고려

그림 6. 조율형 제품과 조합형 제품의 복잡성 산출

위로 분할하려고 할까?

모든 제품은 소비자를 위해 해결되어야 할 문제를 가지고 있다. 이러한 문제는 제품의 구성 요소가 직접, 또는 여러 개의 구성 요소들의 상호작용으로 해결한다. 제품이 n개의 구성 요소로 구성되어 있고, 모든 구성 요소가 서로 상호작용한다는 가정을 해보자. 그리고, 제품이 가진 복잡성은 내부 구성 요소들의 상호작용의 수와 관련이 있다고 가정한다면, 그 복잡성의 크기를 단순히 표현하면 다음과 같다.

$$\frac{n(n-1)}{2}$$

그런데 여기서 n/m개의 구성 요소를 가진 m개의 모듈로 나눈 뒤, 같은 방식으로 구성 요소들 간의 상호작용으로 복잡성의 크기를 계산하면 다음과 같아진다.

$$\frac{M(M-1)}{2} + \frac{M(\frac{n}{M}-1)\frac{n}{M}}{2}$$

이 크기는 모듈로 나누기 전보다 작아진 것이다. 복잡성을 단순히 인터페이스로만 계산했기에 정확하다고 볼 수는 없다. 하지만 그 원리만 이해한다면 문제 하나를 직접 해결하기보다는 나눠서 그룹핑grouping한 뒤 해결하는 것이 더 효율적임을 이해할 수 있다.

소프트웨어공학에서 활용되는 문제를 '분할하여 해결하는(divide and conquer)' 접근 방식을 동일하게 적용할 수 있는 것이다. 즉, 제품이 제공할 기능을 분할하고, 그것과 관련된 부품들의 구성 요소가 해결하게 한다는 점과, 그 구성 요소의 내부와 외부를 분리하여 해결 과정의 복잡성을 줄인다는 점은 동일하다. 즉, 분할의 목적은 시스템이 가지고 있는 복잡성을 줄이는 것이다.

그런데 앞으로는 '분할' 대신 '모듈화'라는 용어를 사용하게 될 것이다. 물론 모듈러디자인에서 분할의 목적은 제품을 모듈로 나누는 것이다. 그렇기 때문에 '분할'과 '모듈화'를 구분하지 않고 사용해도 된다. 하지만 굳이 구별하고 싶다면 '모듈화의 수단이 분할이다'라고 보는 것이 좋다.

(2) 조합 - 짜맞추기(mix and match) 또는 배열하기
　　　(configuration)

생물의 DNA는 A, G, T, C 등 네 가지 염기의 조합으로 만들어진다. 사람마다 그 기질, 외모, 체형, 지능 등이 다 다르지만, 이 또한

결국 이 네 가지 염기의 조합의 결과물일 뿐이다. 이렇듯 네 가지 염기의 조합으로 사람의 다양성이 결정되듯이, 모듈러디자인의 목적은 모듈들 간의 조합으로 다양한 제품을 만드는 것이다. 조합의 효과를 보려면 다음과 같은 두 가지 조건을 만족시킬 것을 모듈러디자인은 요구하고 있다.

① 모듈은 내부적으로 기능적 응집성을 가져야 한다. 다양한 모듈을 조합한다는 것은 그 결과물인 제품이 기능적으로 중복되거나, 누락되는 상황이 발생하지 않아야 한다는 뜻이다. 이를 위해서는 모듈 자체가 기능적으로 응집성을 가지도록 함으로써 모듈 간의 기능의 간섭이나 중복을 최소화해야 한다.

② 모듈들 간의 독립성이 확보되어야 한다. 조합을 했는데, 특정 모듈들이 서로 의존성을 갖는다면, 모듈을 자유롭게 다른 모듈로 대체하거나, 제거하거나, 변형할 수 없을 것이다.

카를리스 벨드윈과 킴 클라크가 쓴 《디자인룰》(2000년 출간)에는 이 두 조건을 만족시키려면 구분하여 설계해야 한다고 나와있다. 설계 규칙(visible rules)과 히든인포메이션hidden information이 바로 그것이다. 전자는 모듈들 간의 독립성을 확보하기 위해 변화하지 않는 모듈들 상호 간의 규칙을 관리해야 한다는 것이다. 후자는 모듈의 성능을 담당하는 설계 파라미터 등 내부 정보를 모듈 외부에서 수정하거나 참고할 수 없도록 숨겨진 정보를 의미한다.

`모듈화를 할 때 고려 사항

모듈화를 할 때 고려해야 하는 몇 가지 요인을 살펴보자.

A. 제품의 라이프사이클과 구성 요소의 라이프사이클의 차이

일반적으로 새로운 제품을 개발할 때에는 과거에 개발했던 부품이나 서브시스템을 재사용하려고 노력한다. 개발에 사용되는 역량과 자원은 한정되어있고, 시장에서 원하는 요구 사항은 무한하기 때문이다. 그래서 이러한 상황에 좀 더 효율적으로 대응하고자 계속 노력한다.

또는 형태를 가진 구성 요소가 아니더라도, 아울러 설계 산출물이나 시험 데이터 등 과거에 만들어진 자료들을 참고할지라도, 사실상 '완전히 백지 상태에서' 설계하고 개발하는 제품도 흔치 않다. 새로운 카테고리의 제품이 아닌 이상 말이다.

여기서 유념해야 할 것은 바로 제품의 라이프사이클과 제품을 구성하는 구성 요소의 라이프사이클이 다르다는 점이다. 예를 들어, 제품의 라이프사이클이 1년일지라도, 그 내부를 구성하는 부품이나 서브시스템은 1년 이상 사용되는 경우도 있다. 그래서 제품을 만들 때에는 가급적 구성 요소들의 라이프사이클을 함께 고려해야만 한다.

B. 구성 요소들 간의 특성의 차이

제품의 구성 요소들이 모두 똑같은 특성과 중요성을 가진 것은 아니다. 어떤 구성 요소는 제품의 핵심 특성을 드러내는 데 필요한 아주 중요한 구성 요소일 것이고, 또 어떤 구성 요소는 핵심 기술을 보호하는 데 필요한 비기능적인 요구 사항을 수행하는 것일 수도 있다. 어떤 구성 요소는 제품과 사용자를 연결해줌으로써 제품 디자인에까지 큰 영향을 줄 수도 있다. 어떤 구성 요소는 쉽게 고장나거나 마모되기에 애프터서비스를 쉽게 할 수 있도록 만들어야 할 수도 있다. 이와 같은 특성을 반영하여 모듈을 구분해 설계해야 한다.

C. 시스템 특성에 따른 분할 방법의 차이

'분할'로 문제를 나누는 방향에 따라서, 혹은 문제의 성격에 따라서 수직으로 나눌 수도 있다. 또한 추상화(abstraction) 정도에 따라서 수평으로 나눌 수도 있다. 전자의 경우가 보통 하드웨어나 기구에 해당하고 '청킹chunking'이라고 부르기도 한다. 후자는 소프트웨어에 해당할 경우 '레이어링layering'이라고 부른다.

D. 모듈화 시점의 차이

분할로 확보한 모듈을 어디에서 정의하고 구현하느냐에 따라 그 목적, 효과, 운영 방식이 달라진다. 그래서 '설계 시점에서의 모듈화(Modularity in Design)', '사용 시점에서의 모듈화(Modularity in Use)', '생산 시점에서의 모듈화(Modularity in Production)' 등으로 그 방식을 나눈다. 여기서는 이들을 하나씩 간략하게 살펴보겠다.

① '설계 시점에서의 모듈화'는 설계/개발 단계에서 모듈화를 진행하는 것이다. 그 목적은 개발을 하면서 발생하는 복잡성을 줄이고, 개발효율성을 높이기 위한 것이다. 대표적인 예가 폭

스바겐의 모듈러 툴킷 전략이다. 이 수준에만 머문다면, 소비자는 모듈화가 이루어졌는지 모른 채 제품을 인도받게 된다.

② '사용 시점에서의 모듈화'는 사용자가 실제로 제품을 사용하는 과정에서 모듈화한 것이다. 대표적인 예로는 다양한 용도로 사용될 수 있도록 모듈화를 적용한 구글의 아라폰 등이다. 그 목적은 사용자가 다양한 제품을 제공받을 수 있도록 하는 것과, 사용자가 자신에게 맞는 제품을 제공받게 하는 것이다.

③ '생산 시점에서의 모듈화'는 생산 과정에서 모듈 단위로 공급을 받아 조립해 완제품을 만드는 과정에 모듈화를 활용한 경우다. 이는 회사 내부에서의 운영효율성을 높인다. 제조업체에서 많이 추진한 '모듈 생산 방식'이 이에 해당된다. 다만, '설계 시점에서의 모듈화'가 보장되지 않았을 때 '생산 시점에서의 모듈화'를 하는 것은 변동 요인 등 내부의 복잡성을 밖으로 퍼뜨리는 결과만 낳을 뿐이다. 그래서 오히려 제품의 전체적인 경쟁력을 악화시킬 수 있다.

이 세 가지는 서로 배타적이지 않다. 그러니 세 가지 모듈화의 가치를 고려하여 최적화된 모듈 기반 제품아키텍처를 정의해야 한다. 한편으로는 개발 관점, 사용자/시장 관점, 생산/내부 운영 관점에서 모듈 기반의 제품아키텍처를 정의할 필요가 있다고도 볼 수 있다.

모듈러디자인은 왜 실행하기 어려울까?

앞서 이야기했듯이 모듈러디자인의 원리는 분할(나중에 '모듈화'를 나타냄)과 조합이다.

일반적으로 제품을 분할(나누기)하는 것까지는 잘한다. 그런데 그 나눠놓은 기준이 불명확해서 업무와 연계되지 않고, 모듈들 간의 인터페이스룰interface rules, 즉 설계 규칙을 정하는 일에도 소홀하다 보니, 단순히 종류의 수만 관리하다가 조합의 효과는 어느새 무시한다. 그러다 보니, 그냥 제품의 수를 세듯이 모듈의 수나 세면서 실행하는, 말 그대로 '관리만을 위한 관리'로 전락한다. 물론 나누는 것은 중요하다. 하지만 나눌 때 그 기준을 명확히 하고, 인터페이스룰을 확정하여 분할 이후에 조합하더라도 문제가 없도록 해야 한다. 무엇보다도, 모듈을 나누는 작업이 결과적으로 업무와 연관되어야 한다.

모듈을 정의하는 것과 인터페이스를 정의하고 표준화하는 것만큼 중요한 것은 이를 관리하는 것이다. 프로세스상으로는 표준 규칙을 어기지 않도록 관리해야 하고, 시스템상에서 자연스럽게 규칙을 지킬 수 있도록 자료를 제공해야 하며, 설계에 반영하도록 지원해야 한다. 일반적으로 앞의 일에 집중하느라 후자에 해당하는 시스템 관리를 못해 활동을 지속시키지 못하는 경우가 많다.

요점 정리

◢ 모듈러디자인의 목적은 운영효율성과 시장대응력을 높이는 것이다.
◢ 모듈러디자인의 원리는 모듈화에 해당하는 분할과 조합이다.

제4장. 영역별 지식 및 방법론

 이 장에는 모듈러디자인을 위한 분야별 방법론을 문헌과 실무 경험에 따라 정리했다. 물론 사업/제품의 특성과 산업 환경 등 내외부의 환경 관련 요소들이 제각각이기 때문에, 이 장의 내용을 곧이곧대로 받아들이는 것은 굉장히 위험하다. 그러니 이 장의 내용은 모듈러디자인 활동 시 참고용 문헌 정도로 활용하는 것을 권한다.

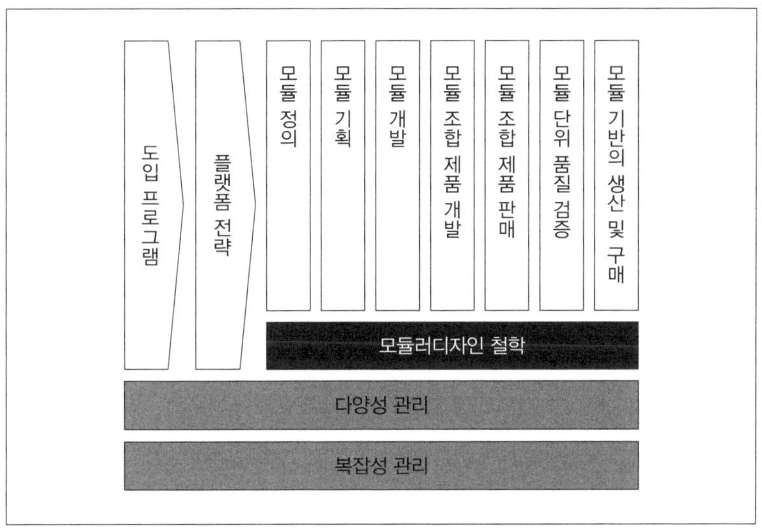

그림 7. 모듈러디자인의 영역별 방법론

모듈러디자인은 다양성 관리(variety management)에 토대를 두고 있지만, 더 깊숙한 곳을 들여다보면 복잡성 관리(complexity management)가 그 기초를 이루고 있음을 알 수 있다. 그래서 모듈러디자인을 시작하기 위해 이해하고 실행해야 하는 영역이 도입 프로그램과 플랫폼 전략이다.

모듈러디자인의 자체적인 활동으로는 그 토대가 되는 모듈러디자인 철학(the philosophy of modular design), 모듈 정의, 모듈 기획, 모듈 개발, 모듈 조합 제품 개발/판매, 모듈 단위의 품질 검증, 모듈 기반의 생산/구매 등이 있다.

1. 모듈러디자인 철학
(the philosophy of modular design)

모듈러디자인 활동의 올바른 방향성을 설정하기 위하여 반드시 숙지해야 하는 내용을 '모듈러디자인 철학'으로 정리했다. 모듈러디

그림 8. 모듈러디자인 활동을 위한 기반이 필요하다

자인을 추진할 때 기준점이 되는 내용이 모듈러디자인 철학이기 때문이다. 나중에 나올 모듈러디자인방법론은 모두 이 철학에 따라 만들어졌다. 또한 기본적으로 사업/제품 특성에 맞춰 모듈러디자인방법론이나 프로세스가 변형될지라도 이 내용만은 변하지 않는다. 그러니 모듈러디자인방법론을 익히기 전에 모듈러디자인 철학에 정리된 내용을 먼저 확실히 이해하자.

＼ 모듈러디자인 철학

① 복잡성에 대한 문제의식을 갖는다.

② 다양성은 복잡성의 주 원인 중 하나이다.

③ 다양성은 절감이 아닌 최적화의 대상이다.

④ 고객에게 가치를 제공하지 않는, 의도하지 않는 다양성은 절감의 대상이다.

⑤ 다양성을 최적화하려면 먼저 그것이 드러나게 한 뒤 원인을 분석한다.

⑥ 모든 구성 요소는 고정성과 변동성이 있다.

⑦ 변동성이 다양성을 일으키는 원인이다.

⑧ 변동성을 효율적으로 관리하는 것이야말로 모듈러디자인의 역할이다.

⑨ 모듈화와 조합은 모듈러디자인의 핵심 원리다.

⑩ 변동성과 고정성을 고려한 뒤, 분할로 모듈화한다.

⑪ 모듈화를 이룬 뒤, 조합으로 다양성을 만들어낸다.

⑫ 모든 모듈러디자인의 시작은 기획이다.

⑬ 기획이 이루어진 후, 철저한 실행으로 성과를 만들어낸다.

⑭ 실행 후에는 지속적인 관리로 최적화 상태를 유지한다.

⑮ 사업 관점에서 전체 최적화에 따라 모든 것을 판단한다.

⑯ 경영진의 지원과 관심, 올바른 방향성, 전 조직의 참여가 모듈
러디자인 성공의 요인이다.

⑰ 지표관리는 관리의 형태 중 하나일 뿐이다.

⑱ 본질을 잃은 지표관리는 무의미하다.

⑲ 복잡성을 완벽하게 측정할 수 있는 지표는 존재하지 않는다.

⑳ 모든 활동은 중장기적인 관점에서 기획하고 실행해야 한다.

㉑ 제품이 아닌 제품군으로 승부한다.

2. 도입 프로그램(adoption program)

모듈러디자인 추진 체계는 한번에 도입하기가 힘들며, 심지어 불가능할 수도 있다. 잘못 실행하면 효과를 보기도 전에 활동이 왜곡되고, 구성원들의 피로감으로 인해 단기적인 전시성 활동으로 그칠 수 있다. 그래서 모듈러디자인 도입 초기에는 이를 정착시키기 위한 별도의 활동 프로그램을 진행해야 한다. 여기서 소개할 도입 프로그램이 바로 그 역할을 담당하게 된다.

도입 프로그램의 첫 단계는 바로 이 프로그램을 실행하기 위한 구성원 선정과 진행에 대한 일정을 수립하는 '준비(set-up) 활동'이다. 이 단계의 추진 멤버는 2~3명이며, 주로 상품 기획/개발 업무

경험을 가진 선임 이상의 멤버들로 구성한다. 이 프로그램의 멤버는 사전 활동 경험을 살려 이후 추진 프로젝트에도 계속 참여할 수 있을 사람이어야 한다.

(1) 준비(set-up)

기가 – 1주

① 추진 TF(task force) 팀 구성(도입 프로그램에 한정)

② 도입 프로그램 일정 수립

초기 도입 프로그램을 위한 팀원 선정은 이후 모듈러디자인의 성공 여부를 결정짓는 가늠자가 된다. 그렇기 때문에 각 팀의 유능한 멤버를 확보하도록 신경을 써야 한다. 준비 활동이 마무리 되면, 모듈러디자인 추진을 위한 역량/체계 평가를 진행한다. 평가는 사전에 준비된 평가 항목을 기준으로 진행하되, 그 내용은 일반적으로 부문별 복잡성 관리 수준, 공통성/변동성 관리 및 재사용 수준 등을 담는다. 이렇게 평가된 내용에 따라 모듈러디자인 추진 단계를 정의하고, 이후 목표를 수립한다.

(2) 현재 수준 평가

기간 – 2주

① 모듈러디자인 역량/체계 평가 : 역량 및 체계 평가 항목을 준비한다

– 공통성/변동성 관리 수준 또는 재사용 수준

- 부문별 복잡성 관리 수준 등

② 모듈러디자인 추진 단계 정의/목표 수립

평가가 마무리되고 추진 단계를 정의한다. 이에 따라 목표 수립이 완료되면, 비즈니스 컨텍스트business context를 분석한다. 이는 사업을 하기 위한 내외부의 환경을 분석하는 활동이다. 이로써 분석한 자료에 따라 모듈러디자인 관련 활동 방향을 결정한다. 필자는 비즈니스 컨텍스트 분석의 상세 설명 부분에 '제품 특성 분석'까지 비즈니스 컨텍스트 분석의 일환으로 포함시키려고 했으나, 여기서는 협의로 생각하여 사업 내외부 환경 분석으로 한정시키겠다.

(3) 비즈니스 컨텍스트 분석

기간 – 2주

① 외부 요인 분석 – 산업 특성 분석 : 비즈니스룰 및 제약 사항, 산업 성숙도, 산업의 경쟁 구도, 산업속도(클락스피드clock-speed)

② 자사 요인 분석

- 사업 전략 및 비즈니스모델(제품 전략 : 제품 라인업, 로드맵 등/ 운영 전략, 개발 전략 등)

- 조직 구성

- 프로세스 분석

③ 경쟁사 분석 – 자사 요인 분석과 최대한 동일하게 맞춤

비즈니스 컨텍스트 분석이 중요한 이유는 실제로 활용 가능하고,

효과를 얻을 수 있는 실무로서의 모듈러디자인이 필요하기 때문이다. 사업마다 그 특성과 형태, 해당 회사가 속한 위치가 다른 법이다. 비즈니스 컨텍스트 분석을 하지 않으면 현실을 무시한 채, 오히려 회사의 경쟁력을 갉아먹는 모듈러디자인을 만들 수 있다. 그래서 비즈니스 컨텍스트 분석에 집중해야만 한다.

그 다음 단계는 제품 특성을 파악하는 단계다. 먼저 현재의 제품 아키텍처를 분석/평가하여 이후 모듈화 기초 자료로 활용한다. 그리고 하드웨어, 기구, 소프트웨어의 비중을 조사하여 모듈화 방식을 결정한다. 마지막으로, 경쟁사의 제품을 분석하면서 또는 제품을 분석한 내용을 참고함으로써 제품아키텍처가 경쟁력을 가질 수 있도록 한다.

(4) 제품 특성 분석

기간 – 1주

① 현재의 제품아키텍처 분석/평가

② 하드웨어, 기구, 소프트웨어의 비중을 조사

③ 경쟁사 제품 분석(벤치마킹)

제품 특성 분석까지 완료했다면, 시범 제품을 선정한 뒤 체계 구축부터 시작한다. 동시에 전 제품군에 대해 체계 구축을 진행하면 좋겠지만, 자원과 시간의 제약 때문에 볼륨/매출 비중이 큰 제품군 등 사업에서 중요한 비중을 차지하는 제품을 시범 대상 제품군으로 선정한다. 그 뒤 공식적인 프로젝트를 준비하면서 프로젝트 종료 후

의 조직 구성, 프로세스 최적화, 제품군 확대 등 확산 관련 계획도
작성한다.

(5) 추진 프로젝트 기획
　　기간 - 1주
　　① 시범 대상 제품군 선정
　　② 프로젝트 목표 및 일정 수립
　　③ 프로젝트 팀 구성
　　④ 이후 확산 계획을 재수립함 - 조직 구성, 프로세스 최적화, 제
　　　품군 확대

　지금까지 모듈러디자인 체계를 도입하는 데 필요한 도입 프로그
램에 대해 설명했다. 도입 프로그램은 도입 속도에 따라서 단축이나
연장이 가능하다. 다만, 이러한 활동의 결과물이 이후에 모듈러디자
인의 밑거름이 된다는 점에서 분석은 치밀하게 하고, 결과는 확실하
게 내놓아야 한다. 주의해야 할 점이라면 도입 프로그램은 이후 모
듈러디자인의 방향을 결정한다는 점에서 사내 최고의 전문가들을
팀원으로 뽑은 뒤, 그들과 함께 체계를 다져야 한다는 점이다. 그러
나 이러한 자원을 가지고 지나치게 오랫동안 이러한 활동에 전념한
다면, 오히려 모듈러디자인 도입에 대해 사내에서 회의적인 목소리
가 나올 수 있다. 그러니 최대한 빨리 집중하여 성과물을 내놓아야
한다.

Box 15. 비즈니스 컨텍스트 분석
(business context analysis, 산업 환경 분석)

모듈러디자인을 적용해 최상의 성과를 내려면 우리를 둘러싼 산업 환경을 분석해야 한다. 우리가 획득하려는 제품과 관련하여 현 시점에서는 인티그럴아키텍처가 적합할 수 있다. 혹은 점차 모듈러아키텍처(modular architecture)를 쥬비해야 할 때도 올 수 있다.

우리가 처한 산업 환경에서 적합한 방법론을 찾아내 적용하려면 먼저 우리 주변부터 둘러봐야 한다. 이미 산업 환경을 분석하는 프레임워크는 상당수 존재하지만, 모듈러디자인을 적용하는 데 필요한 산업 환경 분석 시스템은 적당한 것이 보이지 않는다. 그래서 필자가 직접 분석할 필요가 있는 내용을 중심으로 정리했다.

공간과 시간 (place & time)	경쟁이 이루어지는 시장의 상황(공간과 시간)을 파악한다. • 시장 규모/성장률 등 시장 환경 ⇒ 시장 내에서 돌아가는 원리와 경쟁 규칙 등을 파악한 뒤, 시장 내에 존재하는 변동 요인을 분석하고, 이후의 변동 요인까지 예측한다. 소위 말하는 게임의 규칙을 포함시켜야 한다. • 시장성숙도 및 주요 타겟target(목표) 시장 현재의 제품에 대한 시장성숙도와 현재 자신의 회사가 집중하는 시장의 영역(tier)을 분석힌다. ⇒ 시장의 성숙도에 따라, 어느 시장을 타겟으로 하냐에 따라 적정한 모듈화 정도와 변동 요인이 달라진다. 가장 비싼 스포츠카인 람보르기니에 모듈러아키텍처를 강요할 수 있을까? 고품질/고가격대 시장(high-tier)을 타겟으로 하느냐, 중간급(middle-tier) 심지어 저품질/저가격 시장(low-tier)을 타겟으로 하느냐에 따라서 해당 전략도 달라져야 한다.
개체 (player)	시장에서 움직이는 개체가 가진 힘을 파악한다. • 주요 공급사/주요 고객/주요 경쟁사의 세력(forces) 분석 • 주요 플레이어의 시장점유율 경쟁 전략의 대가 마이클 포터 교수가 제시한 5가지 세력의 체계(5 Forces Framework)를 활용해도 된다. 핵심 부품의 공급사, 주요 고객, 주요 경쟁사의 힘을 분석한다. ⇒ 스마트폰의 경우, 주요 공급사로는 칩셋 업체인 퀄컴, OS 공급사인 구글, 주요 LCD 공급 업체, 그리고 주요 고객사인 통신사

	의 힘을 고려해야 한다. 이 분석 결과에 따라 우리가 제어할 수 있는 변동 요인과 제어할 수 없는 변동 요인을 구분할 수 있다.
행동 (movement)	개체들의 행동을 파악한다. • 출시 속도(rates of change) 신제품 출시 주기를 말한다. 산업 평균/경쟁사/자사의 신제품 출시 속도를 비교해볼 수 있다. • 모델의 다양성(model variety) 한 주기에 출시되는 제품의 다양성 또한 산업 평균/경쟁사/자사의 경우로 나누어 분석해볼 수 있다. ⇒ 우리 회사는 신제품 출시 속도를 빠르게 하여 시장 변화를 주도하는 회사인가? 아니면, 다양한 제품으로 승부하는 회사인가? 둘의 상관 관계 및 시간에 따른 비교, 경쟁사와의 비교가 필요하다.
제품 (product)	경쟁하는 제품의 특성을 파악한다. • 하드웨어, 소프트웨어, 기구의 비중 비용과 기간 관점에서 그 비중을 구하다. • 제품의 모듈화 정도 산업계 평균/경쟁사/자사의 수준으로 하드웨어/소프트웨어/기구로 나누어 평가한다. ⇒ 현재 제품이 가지고 있는 모듈화 수준을 파악한다. 이를 위한 대표적인 도구로는 DSM(Design Structure Matrix)가 있다.

다음 내용으로 넘어가기 전에 포르쉐 컨설팅Porsche consulting의 모듈러디자인 관련 보고서의 내용을 소개하겠다. 모듈러디자인을 성공적으로 도입하기 위해 생각해봐야 할 핵심 질문 일곱 가지를 제시했는 바, 필자가 보기에 생각해볼 만한 질문들이기 때문에 꼭 소개하겠다.

아래의 질문들 중에서 개인적으로 가장 중요하다고 생각하는 질문은 '제품 전략을 명확히 정의/표현했는가?'이다. 회사가 가려는 방향에 맞춰 수립된 제품 전략, 그리고 이를 가장 효과적으로 지원하기 위한 수단이 모듈러디자인이어야 한다. 방향도 제시되지 않은 상태에서 실행되는 모듈러디자인은 그 자체가 돈과 시간을 낭비하는 행위이자 회사에 부담이 될 수 있다.

① 제품 전략을 명확히 정의/표현했는가?

모듈러디자인은 개발/운영효율성을 높임으로써 고수익을 창출하는 데 초점을 맞춘다. 그런데, 이 효율성에 집중하다 보면 정작 엉뚱한 고지로 진격하고 있는 자신을 발견하게 된다. 그래서 명확히 정의/표현된 제품 전략은 타겟을 향해 제대로 가고 있는지를 보여준다. 당연한 이야기 아니냐고? 허나 실제로는 가장 잘 안 지켜지는 부분이다.

② 모듈러디자인로 얻으려는 목적이 무엇이며, 그것은 경제적으로 실현이 가능한가?

결국 모듈러디자인도 '수단'일 뿐이다. 그러니 기업이 이루려는 목적에 모듈러디자인이 적절한지 고려해야 한다. 그리고, 목적에 부합된다면 경제적으로 실현이 가능한지를 검토해야 한다. 사실, 모듈러디자인은 초기에 아키텍처와 표준을 정의하는 과정에서 시간과 비용을 투자해야 한다. 제품의 라이프사이클이 짧은 제품은 이에 대한 투자 여력이나 여유가 없을 수 있다. 그러니 모듈러디자인이 적합하지 않을 수 있다. 아무리 좋은 활동도 투자비가 엄청나다면 과감히 포기해야 한다.

③ 제품포트폴리오의 어느 영역이 표준화로 얻을 수 있는 잠재력을 가지고 있는가?

제품 전략에 따라 만들어진 제품포트폴리오에 표준화를 적용할 수 있는지, 그 수준과 범위(프로세스, 부품, 모듈, 시스템)는 어느 정도인지 살펴야 한다. 제품포트폴리오 내의 제품들이 완벽히 차별화되어 표준화할 부분이 없다면, 오히려 모듈러디자인이 적합하지 않을 수 있다.

④ 모듈러디자인으로 바뀌어야 하는 운영 프로세스는 무엇인가?

모듈러디자인을 도입한다면 제품은 물론 일하는 방식도 바꿔야 한다. 제품아키텍처가 모듈 기반으로 변경되었다면, 그것을 만들어 내는 프로세스도 모듈 기반으로 변경되어야 한다.

⑤ 제품아키텍처와 조직 구조가 어울리는가?

위의 일하는 방식과 프로세스뿐만 아니라 조직도 모듈 기반으로 변경되어야 한다. 외부에서는 산업 구조와, 내부에서는 조직 구조와 제품아키텍처가 어울려야 한다.

⑥ 모듈러디자인에 대한 인식과 필요성이 경영진을 포함한 구성원들의 마인드셋mindset(사고방식)에 어떻게 자리잡고 발전할 것인가?

모듈러디자인은 기업의 혁신 담당자만의, 개발 부문만의 활동이 아니다. 앞서 이야기했듯이 프로세스와 조직이 바뀌면서 경영진과 실무진을 포함하여 회사 전체적으로 이와 관련된 마인드셋을 확립해야 한다. 회사의 직원이라면 누구든 모듈러디자인의 정의, 목적, 활용 원리를 설명할 수 있을 정도는 되어야 한다.

⑦ 모듈러디자인을 지원하기 위한 시스템과 도구로는 어떤 것을 들 수 있는가?

프로세스가 변화했다면, 이를 지속적으로 유지시키고 강제화할 수 있는 도구나 시스템이 필요하다. 이 부분은 중요도가 가장 낮지만, 조직 내에 모듈러디자인을 내재화하는 데 큰 기여를 할 수 있다. 다만, 프로세스나 조직의 변화, 구성원의 마인드셋 확립 없이 무조건 도구나 시스템을 도입하는 것은 오히려 활동을 방해하는 요인이 될 수 있으니 주의해야 한다.

3. 다양성 관리(variety management)

필자는 다양성 관리에 관한 글을 몇 차례 썼다. 그때마다 생각을 정리하고 강의를 해도 이에 대해 명확하게 이해하는 사람을 별로 볼 수 없었다. 복잡성과 다양성의 차이점을 설명하고, 둘의 관계를 정의해주어도 사람들은 아직도 혼용할 뿐만 아니라, '다양성을 관리한다'는 것의 의미를 명확하게 이해하는 사람도 극히 드물다.

모듈러디자인과 관련하여 다양성 관리는 기본 중 기본이다. 또한 모듈러디자인 도입 이유 중에는 효과적인 다양성 관리도 있다. 그렇기 때문에, 모듈러디자인을 성공시키려면 다양성 관리를 명확히 이해해야 한다. 〈그림 9〉은 다양성 관리에 대한 큰 그림이다. 다양성 관리를 제대로 이해하지 못한 채 모듈러디자인을 시행하려고 한다면 오히려 회사에 손해를 입히게 된다.

① 모든 기업은 성장과 이익을 동시에 추구한다. 성장은 기업의 매력도를 높이고, 이익은 기업의 지속성을 높인다.

② 기업은 성장하면서 의도하지 않은 비용을 지출함으로써 수익성이 악화되곤 한다. 그런 비용을 '복잡성 비용'이라고 한다. 일반적인 기업의 역량 이상으로 복잡성이 크면, 이를 극복하기 위한 복잡성 비용이 요구된다.

③ 복잡성 비용을 해결하여 '수익성 있는 성장(profitable growth)'을 이루어내려면 두 개의 활동 방향에서 접근해야 한다. 첫 번째 방향은 복잡성을 줄이는 것이고, 두 번째 방향은 복잡성에 대한 비용을 줄이는 구조를 갖추는 것이다.

④ 복잡성의 발생 원인은 컴포넌트, 인터페이스, 프로세스 등의 종류와 수, 그리고 이러한 구성 요소들 간의 상호작용의 강도, 기술적 난이도, 비즈니스 환경 등을 들 수 있다.

⑤ 대부분의 원인들은 직접 해결하기 어렵거나, 어쩔 수 없이 받아들일 수 밖에 없는 요인이다. 그중 컴포넌트, 인터페이스, 프

다양성 관리

수익성 있는 성장을 방해하는 요인 중 하나가 복잡성이다. 조직이 가질 수 있는 역량 이상의 복잡성은 비용을 발생시킨다. 이를 허결하기 위해 복잡성을 직접 해결하고 싶지만, 사실상 불가능하다. 그래서 복잡성을 일으키는 원인을 제어하는 방법을 찾게 된다. 이를 다양성 관리(Variety Management)라고 한다.

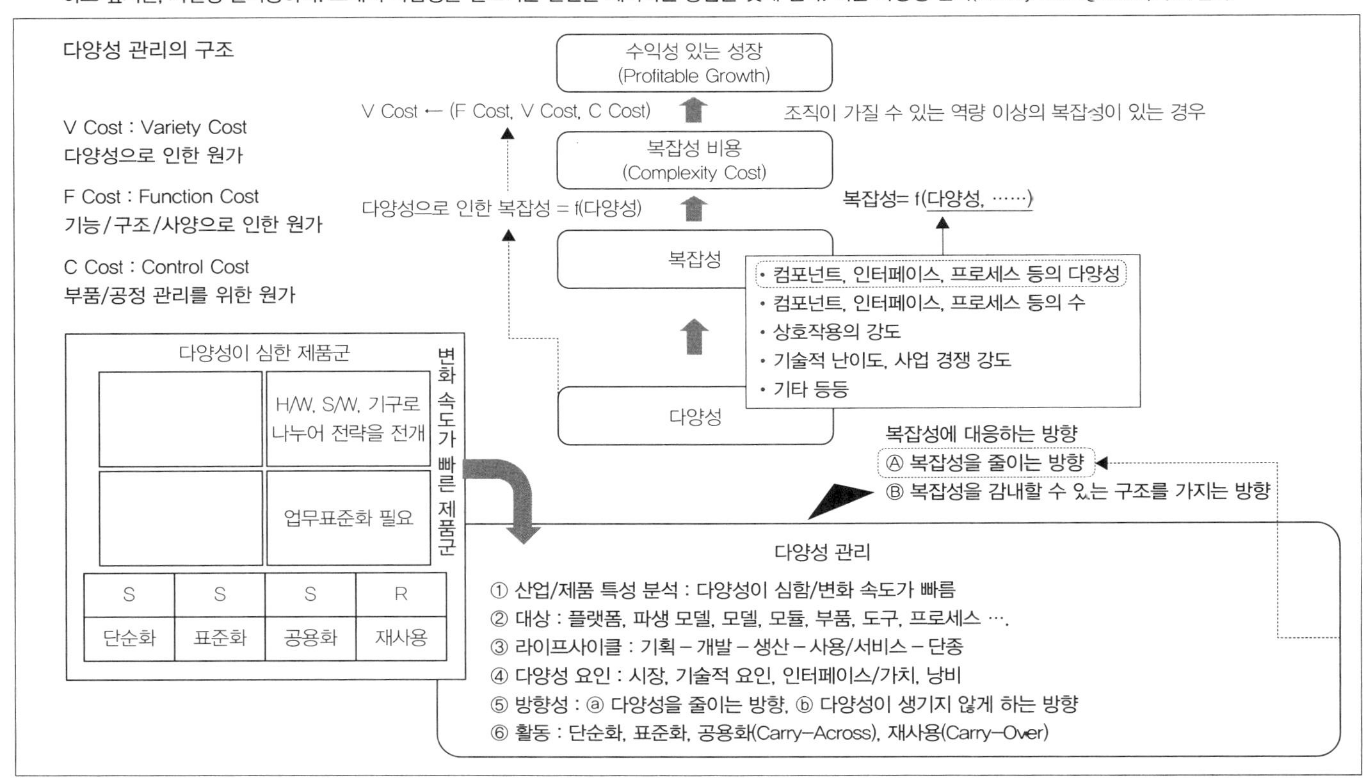

그림 9. 다양성 관리

로세스 등의 종류, 즉 다양성은 상대적으로 해결하기 쉬운 요인이다.

⑥ 즉, 우리가 해결하려는 복잡성은 엄밀히 말하면 '다양성 때문에 발생한 복잡성(variety-induced complexity)'이다.

⑦ 다양성을 해결하기 위한 관리 방안으로는 다음과 같이 크게 여섯 가지 구성 요소가 있다.

(1) 산업/제품 특성

산업/제품 특성에 따라 다양성의 발생 방향과, 그것을 해결하기 위한 방안이 달라진다. 동일한 계열의 산업/제품들에 다양성이 많으냐 적으냐에 따라서, 즉 '모델 다양화에 대한 강도(variety-intensive)'가 있는가에 따라서 나눌 수 있다. 혹은 시계열(time series)상의 변화 속도가 빠르냐 느리냐에 따라서, 즉 '모델 변화에 대한 강도(change-intensive)'가 있는가에 따라서 나눌 수 있다. 결국 이렇게 하면 총 네 가지로 제품 특성을 분류할 수 있다.

예를 들어, '모델 다양화에 대한 강도'와 '모델 변화에 대한 강도'가 강한 대표적인 제품군이 전자제품이다. 이에 대해서는 변화 속도가 빨라서 단순화나 재사용보다는 표준화/공용화 활동을 강조해야 한다. 아울러 회로, 소프트웨어, 기구로 나누어 활동을 나타내주어야 한다. '모델 다양화에 대한 강도'가 강하지만 '모델 변화에 대한 강도'가 약한 제품군은 가전제품군이다. 이에 대해서는 단순화/재사용/

표준화/공용화를 모두 실행해야 한다.

(2) 대상(target)

다양성 관리를 해야 할 대상을 선정해야 한다. 플랫폼이 대상인가? 모델이 대상인가? 부품이 대상인가? 물론 이론적으로는 다양성을 가진 모든 구성 요소가 다양성 관리의 대상이 될 수 있다.

(3) 라이프사이클^{life-cycle}

라이프사이클은 관리를 언제 할 것인가를 결정한다. 결과물이 생성되기 전에 관리할 것인가? 생성되는 동안 관리할 것인가? 생성된 후에 관리할 것인가? 사용, 서비스 단계, 폐기 단계에서 할 것인가? 이에 따라서 활동의 난이도나 효과가 결정된다.

(4) 다양성 요인(variety factor)

발생 요인도 정리해야 한다. 시장 요인으로 발생했는가? 엔지니어링 과정에서 임의로 발생했는가? 다른 구성 요소와의 인터페이스 관계 때문에 발생했는가? 이에 따라 분류하여 이후 활동의 방향성을 결정하는 데 활용한다.

(5) 방향성(direction)

다양성을 줄이는 방향으로 활동할 것인가? 다양성을 더 이상 늘리지 않도록 활동할 것인가? 이를 결정해야 한다.

(6) 활동(activity)

마지막으로 활동을 정의한다. 가시화/분석/단순화/표준화/공용화/재사용으로 활동을 구분해볼 수 있다.

Box 16. 다양성 관리를 통한 복잡성 절감

비용을 발생시키는 복잡성을 줄이려고 해도, 복잡성을 일으키는 많은 요인들은 우리가 제어할 수 없다. 하지만 복잡성 중 기업의 가치 요소의 종류(variety)와 수에 대한 부분은 제어할 수 있다. 가치 요소란 기업이 가치를 발생시키기 위해 비용을 들여서 만들어주거나, 외부에서 조달하거나, 원래 가지고 있던 요소들이기 때문이다. 예를 들어, 부품과 서브시스템, 제품, 법인, 사람, 부서 등이 가치 요소에 해당된다. 가치 요소 각각의 상호작용으로 복잡성이 발생한다. 그렇기 때문에 그 원인이 되는 가치 요소의 다양성을 조정하는 것이 복잡성을 해결하는 가장 기본적인 방법이다.

(7) 다양성 관리의 필요성

복잡성은 기술의 발전과 시장의 변화 같은 외부 요인과, 제품/조직/프로세스 요인 같은 내부 요인 때문에 발생하는 시스템의 고유한 특성치이다. 또한 조직이 가지고 있는 역량 이상의 복잡성이 발생할 때, 수익성을 악화시킬 만큼 비용을 발생시킨다.

복잡성을 관리할 때 시장에서 경쟁력을 확보하기 위한 방법 중 하나가 모듈러디자인이라는 사실도 이미 잘 알고 있을 것이다. 그렇다면 복잡성을 어떻게 해결해야 할까? 일단 복잡성을 줄여야 한다.

그렇다면 복잡성을 어떻게 줄여야 할까? 줄인다는 것은 그것을 측정하고, 수치화하고, 가시화할 때에만 가능한 일이다. 그러나 복잡성은 직관적으로 파악될 뿐 측정할 수도, 수치화할 수도, 가시화할 수도 없다. 물론 복잡성을 수치화하려는 시도가 없지는 않았지만, 그러한 경우의 수치는 상대적인 것이다 보니 경영상의 의사 결정을 위해서는 좀 더 강한 논리와 조직 내의 합의가 필요하다. 그래서 복잡성의 원인이 되는 요인들을 조정해보려는 시도는 눈에 보이는 다양성을 관리하는 일의 시작이다. 그렇다면 복잡성의 원인은 무엇일까? 필자는 주로 제품에 의해 발생하는 복잡성에 한정시켜 네 가지 원인을 들겠다.

① 기술의 난이도를 들 수 있다. 제작에 필요한 기술이 거의 일반화되거나 낮은 수준의 기술이 필요한 제품과, 최첨단 기술이 요구되는 제품을 만들 때에는 복잡성 차이가 상상을 초월한다.

② 시장의 경쟁 강도를 들 수 있다. 독점시장(monopoly market)에서 한계이익 이상의 편익을 추구하는 회사와 달리, 치열한 경쟁을 하면서 생존을 걱정해야 하는 회사는 제품 자체에 경쟁력을 담아야 한다. 그래서 늘 제품을 변화시켜야 하고, 고객들의 불평불만도 허투루 넘기지 말아야 한다. 결국 그만큼 복잡성도 커진다.

③ 조직, 프로세스, 제품의 구성 요소(부품, 모듈, 서브시스템)를 들

수 있다. 이들의 개수와 종류, 제품을 구성하는 구성 요소 자체의 개수가 많거나, 제품 라인업에 걸쳐있는 제품의 종류가 다양하다면, 이를 처리하기 위한 조직의 관리도 높은 복잡성을 보일 것이다.

④ 구성 요소들 간의 상호작용 강도 등을 들 수 있다. 이는 조직 내에 복잡성을 일으킨다.

결국, 복잡성은 이러한 원인들의 함수 관계로 나타나는 특성이다. 보다시피 복잡성의 원인들 중 거의 대부분은 우리가 직접 조정하거나 제어할 수 없다. 즉, 그 자체를 있는 그대로 받아들일 수 밖에 없다는 뜻이다. 그나마 한 제품의 구성 요소(부품, 모듈, 서브시스템)의 종류, 즉 다양성만은 상대적으로 직접 조정할 수 있다. 그래서 일반적으로 다양성을 관리해 복잡성을 제어한다. 여기서 반드시 명심할 것은, 다양성은 복잡성과 달리 줄여야 할 것이 아니라 최적화시켜야 할 것이라는 점이다. 그러나 최적화된 다양성을 직접 구하기가 어렵다보니, 초기에는 다양성마저 무조건 줄이는 편이었다. 물론 그때에도 다양성이 어느 정도 줄어들면 최적화했다.

다양성 자체는 외부의 원인 때문에 발생하는 '외부 다양성(external variety)'과, 외부 다양성에 대응하기 위한 '내부 다양성(internal variety)'으로 나뉜다. 예를 들어, 시장에서 팔리는 제품군/제품의 종류, 그리고 이쪽에서 대응하는 시장과 바이어 등이 외부 다양성에 해당된다. 이를 위해서 사용하는 부품/모듈/서브시스템/공정/가공

방법의 종류 등이 내부 다양성에 해당된다.

기존의 시장에서 경쟁력을 가지고, 새로운 시장을 지속적으로 개척하고, 고객들로부터 선택을 받으려면 가급적 외부 다양성에 대응해야 한다. 그러나 이로 인해 발생하는 내부 다양성은 결국 내부적으로는 비용과 연결된다. 그래서 외부 다양성에 최대한 대응하면서, 내부 다양성을 최소화하는 방안을 찾게 된 결과 3S와 같은 다양성 관리 또는 최적화(optimization) 기법인 것이다. 모듈러디자인은 이러한 내부 다양성 최소화 방안의 근간을 이루는 축들 중 하나다. 즉, 앞서 설명했듯이 모듈러디자인의 컨셉은 최소한의 모듈들을 조합해 최대한 많은 제품을 만들어내는 것이다. 그러니 어떻게 보면 그 자체가 다양성 관리 기법을 활용하고 있다고 볼 수 있다.

이후에는 이에 대한 방법론에 대해서 정리해보겠다.

(8) 다양성을 관리할 방법

앞 장에서 다양성을 관리해야 하는 이유를 살펴봤다. 다시 한 번 정리하자면, 다양성은 회사의 수익이 줄어드는 원인인 '조직의 역량 이상의 복잡성'을 줄이기 위한 것이다. 그래서 그 복잡성의 원인이 되는 다양성을 관리하고 최적화하는 방법을 선택하는 것이다. 이번에는 어떻게 다양화해야 하는지를 구체적으로 살펴보자. 일단, 다양성을 관리하는 활동은 크게 두 가지로 나눌 수 있다.

① 다양성을 줄이는 활동
② 다양성이 더 이상 증가하지 않도록 억제하는 활동

①은 다양성의 발생 원인을 분석한 뒤, 해당 다양성 자체를 줄이는 활동이다. "모듈러디자인의 기본 개념 - 다양성 최적화"에서 간략하게 살펴봤듯이, 3S 활동 중 단순화(simplification)와 공용화(sharing)가 이에 해당된다. 제품으로 따지면, 주로 양산 이후의 단계에 있는 제품, 모듈, 부품에 관한 활동이다. 그렇기 때문에 실행의 효과가 한정적인데다, 관련된 이해관계자들을 모두 설득하면서 활동해야 하기에 일시적 활동이 될 가능성이 높다.

②는 이미 발생한 다양성의 요인들을 분석하여 아직 발생하지 않은 다양성에 대한 최적안을 마련하는 것이다. 즉, 다양성이 발생하기 전 단계에서부터 증가하지 않는 방향으로 관리하는 활동을 말한다. 3S에서는 표준화(standardization)와 공용화(sharing)가 해당된다. 기획 단계에 있는 제품, 모듈, 부품 등에 관한 활동이기 때문에 실행의 효과는 상대적으로 크다. 하지만 분석하고, 표준을 선정하고, 일어나지 않도록 기획하면서 지속적으로 관리해야 하기에 난이도가 높은 활동이다.

보다시피 공용화는 두 가지 활동 방향성 모두에 속해있다. 이는 공용화 자체가 기존의 다양성을 줄여주면서 더 이상 증가하지도 않도록 억제하기 때문이다.

필자는 두 활동 모두를 권장하고 있다. 하지만 제품의 라이프사이클이 긴 제품에 대해서는 두 방향성을 모두 강조하는 반면, 제품의 라이프사이클이 짧은 제품에 대해서는 ②에 좀 더 집중하는 편이다. 그 이유는 제품의 라이프사이클이 길면 상대적으로 오랫동안 양산되고 사용되기에 이미 발생한 다양성을 줄이는 것이 비용 면에서 상대적인 효과를 볼 수 있기 때문이다. 하지만 제품의 라이프사이클이 짧은 제품은 양산이 곧 중단되고,. 사용 기간도 짧다. 결국 단순화의 효과를 높게 볼 수 없다. 그래서 상대적으로 ②에 집중하는 편이다.

그러면 "모듈러디자인의 기본 개념 – 다양성 최적화"에서 간략하게 살펴봤던 다양성 관리 활동인 단순화, 표준화, 공용화를 〈Box 20〉에서 좀 더 구체적으로 살펴보자. 필자는 공용화에 재사용(reuse)도 포함시켰다.

Box 17. 다양성관리방법론으로서의 3S

1. 단순화(simplification)

단순화는 이미 생겨난 다양성 관련 상황을 분석하고, 이를 줄이기 위한 방향성을 설정하여 본격적으로 줄여나가는 활동이다. 단순화를 하려면 미리 다양성의 발생 요인을 조사하고, 이에 대한 원인을 분석해야 한다. 원인 중에서 시장 요인 등 꼭 필요한 요소 때문에 발생한 경우가 아니라면 줄이는 방법을 찾아야 한다. 줄일 수 없다면, 그 발생 원인이 다시 나타나지 않도록 해줄 방안을 찾아야 한다.

그림 10. 단순화는 필요 없는 것을 잘라내는 활동이다

a. 대상 선정, 다양성 현황 조사, 가시화

- 부품의 종수를 줄이기 위한 대상을 선정하는 경우, 효과가 큰 부품부터 선정한다.

(a) 타입type 분류 : 용량이나 세대 같은 기준으로 분류한다(로직트리logic tree를 사용한다).

(b) 타입 별 종수 계산 : 분류된 타입 별로 부품의 종수를 계산한다.

(c) 타입 간 절감 가능성 확인 : 타입 자체가 설계 방향 또는 모델 적용 방향에 따라서 절감 가능한지를 파악한다.

(d) 타입 내 절감 효과 계산 : 타입 간, 타입 내 종수를 계산하여 절감 효과를 계산한다.

(e) 대상 선정 - 먼저 상대적인 중요도를 파악한 뒤 대상을 선정한다. 부품의 종수를 절감하는 효과가 기존 부품 대비 10퍼센트 이상이라면 대상으로 선정한다(부품들 간의 공용화 비율을 고려하여 절감할 부품을 결정한다).

b. 부품 기능 분석

- 절감 대상인 입고 부품의 하위 부품에 대한 기능을 분석해 필요 없는 하위 부품을 없앤다.

(a) 입고 부품 기능 정의 : 입고 부품의 기능을 정의하여 원래의 기능을 제외한 기능을 가진 하위 부품을 없앨 수 있는지를 파악한다.

(b) 하위 부품 목록 나열 : 입고 부품의 하위 부품을 목록에 따라 나열한다.

(c) 입고 부품과 하위 부품 간의 매트릭스matrix를 정리 : 특정 입고 부품에만 적용된 하위 부품에 집중한다.

(d) 하위 부품 기능 정의 : 하위 부품의 기능을 정의함으로써 필요 없는 부품을 선택한다.

(e) 하위 부품 줄이기 : 주기능, 보조기능, 손실기능 등으로 하위 부품의 기능을 분류한 뒤, 손실기능을 가진 부품은 없애고, 보조기능을 가진 부품은 줄일 수 있는 절감 아이디어를 발굴한다.

c. 모델 연계 분석 및 설계 방향 고려

- 생산되고 있는 모델의 생산량과 앞으로의 설계 방향을 고려하여 부품 절감 방향을 결정한다.

(a) 해당 부품의 생산 모델 조사 : 입고 부품이 포함된 모델의 최근 3개월 간의 생산 상황을 조사한다.

(b) 단종 모델에 따른 부품 종수 절감 일자 지정 : 단종 모델에 해당하는 부품인 경우, 종수 절감 일자만 지정한다.

(c) 설계 방향에 따른 부품 변동 사항 정리 : 부품 담당자에게 설계 방향을 문의하여 추후 설계 방향에 따라 너무 오래된 부품을 정리한다.

(d) 중요도 설정 : 해당 모델에 적용된 생산량과 설계 방향을 고려하여 중요도를 설정한다.

(e) 부품 절감 방향 결정 : 중요도에 따라 절감대상부품을 지정한다(실적이 저조하거나, 설계 방향이 너무 오래된 부품, 단종 대상 등이 해당된다).

d. 다양성 분석

- 부품의 품목(사양仕樣, spec)과 다양성(variety)을 분석하여 시장/성능/인터페이스 요인에 따라 절감할 수 있는 아이디어를 내놓는다.

(a) 해당 부품의 사양 테이블을 정리 : 분석에 필요한 부품의 사양 테이블을 작성한다.

(b) 사양들 간의 중요도 표시 : 설계자에게 문의하여 사양들 간의 중요도 및 변경 사유를 조사한 뒤, 중요도에 따라서 테이블을 정리한다.

(c) 다양성에 따른 그룹핑 : 나열된 사양을 다양성에 따라 그룹핑
한다.

(d) 다양성 요인 조사 및 절감 아이디어 내놓기 : 다양성 요인을 조
사하여 절감 아이디어를 내놓는다(5WHY기법을 이용한다).

(e) 아이디어 실행 가능성 점검

	정의	아이디어 도출하기 위한 질문
엔지니어 요인	설계자 때문에 발생한 다양성 요인	• 다른 부품으로 대체 사용이 가능한가? • 부품을 줄일 경우, 문제가 될 수 있는 상황은 무엇인가? • 설계자가 임의로 지정한 스펙을 표준화할 필요가 있는가?
시장 요인	시장의 요구로 발생한 다양성 요인	• 비중이 작은 시장의 요인은 무시해도 되지 않는가? • 두 개 이상의 시장의 요구를 동시에 만족시킬 수 없는가? • 요구 자체를 설계 요인으로 고정시킬 수 없는가?
인터페이스 요인	상대 부품과의 형합 관계로 발생한 다양성 요인	• 상대 부품은 표준화가 되었는가? • 상대 부품과의 관계 자체를 표준화(고정)할 수 있는가? • 상대 부품의 치수를 사전에 결정할 수 있는가?
성능 요인	성능 문제로 발생하는 다양성 요인	• 성능에 크게 문제가 되는 스펙인가? • 종수를 줄였을 때, 문제가 되는 성능 요인은 무엇인가? • 성능 문제를 발생시키지 않으면서 스펙을 표준화할 수 있을 방법은 없는가?

e. 절감 활동

(a) 상대 부품 인터페이스 표준화

(b) 성능 테스트

(c) 보고 협의

(d) 도면 변경

(e) 자재 소진 및 서비스 부품 관련 협의

표준화는 다양성 관리의 대상인 구성 요소의 사양과 특성 등에 대한 표준을 정하고, 새로이 발생하는 구성 요소를 표준에 맞추게 함으로써 다양성을 관리하는 활동이다. 표준화에서 중요한 것은 표준 자체를 정하는 것이다. 또한 그 이후에 표준이 실효성을 가지도록 계속 업데이트하고, 표준을 준수할 수 있도록 프로세스와 조직, 시스템을 정비해두는 것도 포함된다. 내개 표준을 지정하기 위한 노력에만 집중히느라 이를 관리하지 못해 경쟁력이 약한 표쥰을 유지하거나, 구성원들이 따르지도 않는 허울뿐인 표준을 가지는 경우가 있다. 이는 오히려 표준을 가지고 있지 않을 때보다 더욱 심각한 낭비다.

표준화 활동은 두 가지로 나뉜다. 하나는 부품 또는 부품 간의 인터페이스에 대한 표준을 정하는 활동이다. 부품을 표준화하면 공용화 단계에서 새로운 부품을 만드는 대신 표준화된 부품을 사용하도록 유도할 수 있다(부품 표준화). 다른 하나는 부품들 간의 인터페이스를 표준화함으로써 한 가지 부품의 변화가 다른 부품의 변화로 이어지지 않도록 하는 활동이다(인터페이스 표준화).

표준화는 크게 표준품 선정, 표준품 공용화, 표준품 관리로 나뉘는데, 그 내용은 다음과 같다.

a. 표준품 선정

나중에 공용화하여 사용할 표준품을 선정하는 과정이다. 현재까지

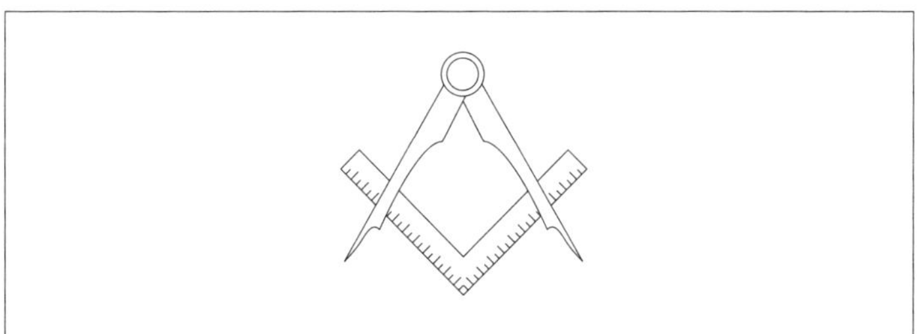

그림 11. 표준화는 이후 활동의 기준을 만든다

양산된 고정부 부품을 물량과 가격 등에 따라 분석함으로써 공용화 효과가 큰 부품을 표준품으로 선정한다. 그렇게 하면 종수를 줄일 수 있다.

b. 표준품 관리

한번 표준화된 부품을 지속적으로 관리함으로써 구형 표준품의 기능을 개선하거나, 가격적인 면에서 유리한 새로운 부품으로 대체하거나, 기존 표준품의 종수를 줄이는 관리 활동이다.

c. 표준품 공용화

새로운 제품을 개발할 때 발생하는 새로운 부품을 관리하는 과정에서 표준 부품을 활용하도록 강제하는 것이다. 대체할 필요가 있는 부품은 신규 표준품을 선정함으로써 변경하는 활동이 해당된다.

d. 표준품 선정 프로세스

(a) 표준품 지정 : 표준품 리스트업에 ABC 분석을 이용한다.

(b) 사양 분석 : 사양의 목록을 정리한 뒤 분석한다. 부품들을 그룹핑한 뒤 1/2차 사양 분석 내용을 리뷰한다. 이 과정에서 부품 사양, 도면/현물, 형합 부품 관계/조합, 설계 문서 등을 분석한다.

(c) 표준품 선정 : 표준품 선정 리뷰를 한 뒤 인정 시험을 봄으로써 표준품을 선정한다.

(d) 표준 시스템 등록 및 공지등록 양식을 작성하고 부품 분석 자료를 등록한다. 그 다음에 표준품 리스트를 수정한다.

(e) 구매 스케일메리트scale-merit를 산정한다. 이때 부품 가격 분석 테이블을 이용한다.

(f) 도면 및 BOM(자재명세서)을 변경한다.

(g) 다양성을 분석하고 줄인다.

e. 표준품 관리 프로세스

(a) 부품 모니터링 : 표준품을 나열하고, 표준품 종수도 확인한다. 이 과정에서 ABC 분석을 활용하며, 표준품 관리 일지도 작성한다.

(b) 다양성 분석 : 표준품의 다양성이 발생한 원인을 분석한다. 새로운 부품인 경우 사양을 분석한다.

(c) 표준품 추가 선정 : 표쥰품 선정 리뷰를 한 뒤 인정 시험을 봄으로써 표준품을 선정하거나 재선정한다.

(d) 표준 시스템 등록 및 공지 : 등록 양식을 작성하고, 부품 분석 자료를 등록한다. 이 과정에서 부품 사양 분석 문서를 작성한다.

(e) 구매 스케일메리트 산정 : 부품 가격 분석 테이블을 활용한다.

(f) 도면 및 BOM 변경

(g) 다양성 분석/절감

3. 공용화

새로이 발생하는 다양성의 대상을 신규 개발하지 않고 기존에 발생한 것을 재사용하는 것이다. 그 종류로는 유용화, 대체화, 공통화를 들 수 있다.

유용화는 재사용(carry-over)을 의미하는 바, 기존에 만들어진 것을 재사용하는 것이다.

대체화는 새로 만드는 것으로 기존의 것을 대체하고, 기존 구성 요소를 삭제하는 활동이다.

공통화는 기존 구성 요소를 대체할 수 없으니 처음부터 다시 새로 만들되, 앞으로는 그것을 사용하도록 조정하는 것이다.

공용화는 일시적인 활동이 아니기 때문에 프로세스와 조직상의 변화를 요구한다. 여기서 일단 명심할 점은 공용화 또는 재사용에 대한 장단점을 충분히 고려해야 한다는 것이다. 공용화 또는 재사용이 절대적으로 긍정적인 효과만 있는 것이 아니기 때문에 전체를 보면서 결정해야 한다. 가장 안 좋은 것은 무조건 공용화하도록 또는 재사용하도록 강요하는 것이다.

(a) 신규 파트 넘버 요청

(b) 신규 부품 사양 확인 : 표준품과 비교하고, 사양을 분석하며, 품질과 가격 향상 요인도 분석한다. 이때 부품 사양 분석 문서를 활용한다.

(c) 기존 표준품 단종 처리 : 표준품을 단종 처리할 수 있는지를 파악한 뒤, 가능하다면 신규 퓨준품을 등록하기 위해 기존 표준품을 단종시킨다.

(d) 표준품 사용 : 표준품 사용을 권장하고, 표준 등록 일지를 작성한다. 이때 부품 신규 등록 일지를 활용한다.

(e) 공유회 진행 : 표준품을 단종시킨 뒤 신규 표준품을 등록한다.

◀ 공용화의 종류
① 부품유용화 : 표준품을 사용하기보다 기존품을 재사용하는 활동이다.
② 부품대체화 : 담당자가 승인한 대상 대신 신규 개발품으로 기존품을 대체하는 활동이다.
③ 부품공통화 : 조직책임자가 승인한 대상 대신 이후 개발되는 제품에는 본 개발품을 공동으로 사용하는 활동이다. 기존 부품을 대체하지는 못하기 때문에 하는 활동이다.

유용화, 대체화, 공통화에 대해 〈그림 12〉로 부연 설명을 하겠다. 유용화는 기존에 쓰이던 부품과 모듈을 신규 개발되는 모델에도 재사용하는 것이다. 기존 모델 1에는 부품 A와 B가 쓰였다. 그런데 신규 모델 2와 3을 개발하면서 A', A''를 신규 개발했다. 그렇지만 부품 B는 기존 모델 1에 쓰던 것과 같은 것을 사용했다. 이렇게 예전에 개발했던 부품이나 모듈을 그대로 사용하는 경우가 유용화다.

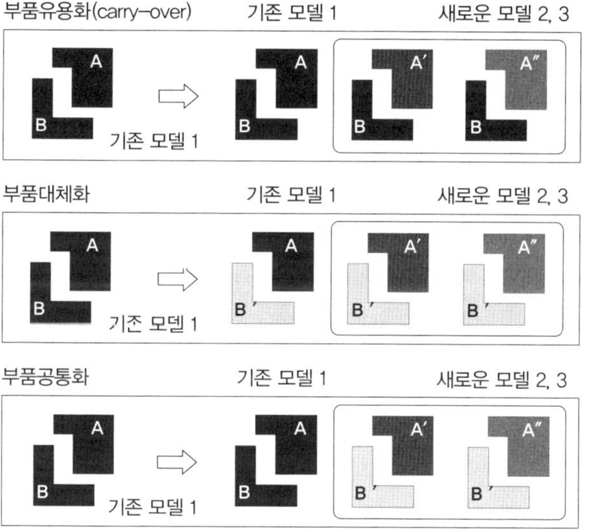

그림 12. 공용화의 종류

대체화는 기존 모델 1에서 부품 A와 B를 사용했던 바, 신규 모델 2와 3에서는 새로이 개발된 부품 B'를 사용하는 것이다. 아울러 기존 모델 1에도 부품 B 대신 B'를 사용하기로 결정하고, 기존 부품 B를 단종시키는 것이다.

공통화는 기존 모델 1에서 부품 B를 재사용하거나 새로 만드는 B'를 기존 모델에 사용하는 것이 불가능할 때, 기존 모델 1에는 부품 B를 그대로 사용하는 대신, 모델 2와 3을 포함한 신규 모델에는 신규 부품인 B'를 사용하기로 약속하는 것이다. 이 경우에는 부품의 총수가 늘어난다. 그러니 모델 1을 단종시킬 시점에 맞춰서 부품 B를 단종시킬 것과, 이후에는 부품 B'만 사용할 것을 약속해야만 한다.

제품 설계는 소비자가 원하는 피처feature(특성)를 제품에 공학적인 관점의 시스템 내외의 기능으로 표현하는 것이다. 또한 그 제품이 가져야 하는 기능적 요소를 다시 구조적 요소로 나타내는 과정을 거친 뒤, 구조적 요소를 계층 형태로 전개해나가는 과정도 포함한다. 즉, 제품이 가져야 할 기능에 대한 명세서가 제품 설계의 입력 단계라면, 눈에 보이는 구조가 설명된 설계도면과 그 도면이 실현된 시제품은 출력 단계인 것이다.

제품의 본질은 제품이 응당 가져야 할 기능이다. 하지만 그것을 실현시켜주는 것이 제품의 구조다. 제품의 구조는 기능을 전달하는 수단으로 작용하지만, 오히려 그것을 방해하는 제약 사항이 되기도 한다. 그리고 설계자마다 같은 생각을 말이나 글로 표현하는 방식이 다르듯이, 설계자들이 같은 기능을 표현하는 구조를 내놓을 수는 없다.

한 제품만 만들고 끝나면 상관 없겠지만, 여러 세대에 걸쳐 제품군 단위로 제품을 설계하고 개발할 때에는 설계자가 의도한 대로 제품을 설계하고 만들어서는 안 된다. 단일 제품 단위에서는 최적화된 제품구조이고 제품형태일지 몰라도, 제품군 단위로 살피면 또는 세대 단위로 살피면 그것이 최적화되지 않은 것일 가능성도 높다. 그래서 구조와 관련된 최소한의 규칙과 제약 사항을 정하는 것은 제품아키텍처를 정의할 때 주된 활동 중 하나다. 즉, 이후에 꼭 지켜야 할 설계룰과 제약 사항을 아키텍처에 적어놓는 것이다. 만약 제품아키텍처를 모듈에 따라 정의했다면 표준 모듈을 정의한 뒤, 모듈들 간의 인터페이스를 표준화해 이를 달성할 수 있다. 하지만 그렇지 않다면 표준적인 제품 구조를 정의하는 활동을 별도로 진행해야 한다.

그렇다면 무엇부터 진행해야 할까? 먼저 표준적인 제품 구조를 정의한 뒤, 달성하려는 목적을 설정해야 한다. 예를 들어, 제품 구조를 표준화하여 공정상의 도구와 지그 등을 단순화하고, 더 나아가 자동화 하거나 작업 방법을 표준화하는 등의 목적을 먼저 확실히 설정해야한다. 그 다음에는 표준화하려는 대상을 정해야 한다. 일반적으로 제품 구조라고 하면, 구성 요소 자체에 대한 것과 그 배치에 관한 레이아웃 등으로 나눌 수 있다. 그 상세한 내용도 구성 요소(컴포넌트 component), 구성 요소의 위치, 사이즈, 전체 사이즈, 구성 요소들 간의 인터페이스 등을 들 수 있다. 아래의 예에서 표준화가 가능한 부분을 찾아보자.

제품 구조 대상
  ⓐ 컴포넌트
  ⓑ 컴포넌트들 간의 인터페이스
  ⓒ 컴포넌트의 위치
  ⓓ 컴포넌트의 사이즈
  ⓔ 전체 사이즈
  ⓕ 제품 구성

제품 구조를 표준화하기 전에 먼저 단순화해야 한다. 즉, 벌어진 컴포넌트들의 다양성을 줄이고, 컴포넌트들 간의 불필요하거나 복잡한 인터페이스를 단순화하는 작업이 필요하다. 이는 결국 모듈 기반의 제품아키텍처를 정의하는 과정과 유사하다. 그러니까, 모듈 기반의 제품아키텍처 정의 과정 자체가 표준 제품 구조를 정의하는 데에도 동일하게 활용될 수 있다는 뜻이다.

Box 19. 표준화 도구 (1) – 디자인가이드

변동부 모듈은 외관을 포함한 디자인 요인이다. 그래서 제품들이 공유할 수 없기에 변동을 허용한다. 헌데 변동부 모듈에서만 변동이 일어난다면 상관이 없겠으나, 변동부 모듈의 변화가 고정부 모듈로 이어진다면 이야기가 달라진다. 변동부 모듈은 변동을 허용하더라도, 이 때문에 고정부 모듈이 변화하지 않도록 하는 것이 디자인가이드design guide이다.

사실 디자인 부문에서는 이런 제약 사항을 두는 것을 굉장히 꺼려하는 편이다. 디자이너의 창의성을 막는다고 보기 때문이다. 허나, 이는 디자이너가 창의성을 발휘하는 데 최소한의 제약 사항으로 작용할 뿐이다. 사실, **진정한 창의성(creativity)이란 제약(constraint)에서 나오는 것이기 때문이다.** 자원의 제약, 시간의 제약, 공간의 제약이 없다고 해보자. 누구든 멋진 작품, 화려한 작품을 만들어낼 것이다. 오히려 제품이 경쟁력을 갖추려면 디자이너가 제약을 돌파해야 한다. 실제로 인류 역사상 획기적인 발명품과 아이디어는 제약 때문에 나온 것이다. 다만, 이 제약이라는 사항은 정말 고정부 모듈의 변동을 막는 데 '필요최소한'으로 한정해야 한다. 아울러 그런 것을 정할 때에도 디자이너를 반드시 참여시켜서 실효성 있는 가이드 안이 나오게 해야 한다. 이렇게 해서 디자인가이드가 결정되면, 이를 제품 개발 프로세스상에서 준수하는지 점검함으로써 실효성 있는 관리가 이루어지도록 해야 한다.

디자인가이드를 만들려면 일단 변동부 모듈의 디자인과 관련된 부분과 단순히 디자이너가 관여하는 부분을 먼저 구분해야 한다. 그 뒤 해당 부분들과 고정부 모듈의 인터페이스를 표준화하는 방안을 정의한다.

Box 20. 표준화 도구 (2) ‒ 사양정의서

표준화 프로세스에서는 표준 부품을 선정한 뒤 이를 공용화하는 기준을 마련했다. 그런데 그 공용화 기준을 문서화해두지 않으면, 그리고 정기적으로 업데이트하지 않으면 프로세스를 아무리 잘 만들

104

어도 실효성이 없어진다. 그러니 표준품의 주요 사양, 적용 모델, 사용정보, 관련 부품의 현황 같은 정보를 '사양정의서'로 정리한 뒤, 개발자가 개발 과정에서 부품 사용에 대해 참고할 수 있는 레퍼런스로서 제공해야 한다.

이 사양정의서는 초기에는 부품이나 모듈의 종수를 줄이는 데 활용된다. 하지만 많은 부품에 대해 일일이 사양정의서를 만드는 것이 쉽지는 않다. 초기에는 개발 팀의 지원을 받아 부품과 모듈에 대한 사양정의서를 정리하고, 한번 정리된 사양정의서를 백서 형태로 관리하면서 업데이트하면 업무량이 줄어들 것이다.

Box 21. 표준화의 폐해

지금까지 표준화의 장점만 언급했지만, 사실 표준화로 인한 폐해도 상당하다. 예를 들면, 피처폰을 주로 사용하던 시기에 와이파이 WIPI(Wireless Internet Platform for Interoperability)가 무선 인터넷의 표준이었다. 그 전에는 이동통신사마다 무선인터넷 플랫폼이 다르다 보니, 콘텐츠 제공 업체들도 이에 맞춰 중복되는 서비스를 제공하고 있었고, 그래서 무선 인터넷 표준인 와이파이를 도입해 서비스 관련 자원 낭비를 막고자 한 것이다. 그런데 이것이 훗날 스마트폰의 발목을 잡아 발전을 방해했다는 지적이 나왔다. 물론 다양성에 따른 낭비를 막고자 표준화하는 것은 바람직하다. 그러나 이러한 표준은 그 생명력을 고려해야만 한다. 그 표준의 변화와 개선을 계속 시도해야만 한다. 한번 정해놓은 표준을 그대로 둔다면, 오히려 환경 변화에 뒤쳐지면서 관련 산업의 발전을 가로막게 된다.

공용화도 위험할 수 있다. 도요타자동차의 대규모 리콜 사태에서 보듯이, 공용화는 그 대상의 부품이나 모듈의 품질 면에 문제가 있을 경우, 해결해야 하는 일의 규모가 그만큼 커진다는 뜻이다. 그렇기 때문에 공용화 대상인 구성 요소의 품질을 확실히 검증해야 한다.

또한 공용화되는 모델들 간의 차별성이 없다는 주장도 있다. 예를 들어, 폭스바겐은 독일에서 만드는 아우디와 폭스바겐 중국 공장의 자동차의 부품을 공용화하라는 압력을 받고 있다. 그러나 폭스바겐은 이를 거부하고 있다. 아우디 같은 고급차는 다른 차와 차별되어야 하기 때문이다. 폭스바겐의 사례를 보면서 '차별성을 우위에 둘 것인가? 아니면, 내부 효율성을 우위에 둘 것인가?'를, 즉 그 균형점을 고민해볼 것을 권한다.

(9) 다양성 관리의 범위

다양성 관리의 기본이나 활동 방법은 적용 대상이 무엇이든 별로 차이가 없다. 다만, 그 적용 시점과 관리 범위에서 차이가 생긴다. 예를 들어, 부품을 대상으로 설정하여 다양성 관리 방법을 설명하더라도, 모듈, 모델, 플랫폼, 프로세스까지 다양성을 특정지을 수 있는 대상이라면 적용 방식은 동일하다. 다만, 그 난이도는 대상의 규모에 따라 달라진다. 대체로 부품에서 모듈, 모듈에서 모델로 규모가 커지면, 그에 따른 다양성 관리의 어려움도 커진다.

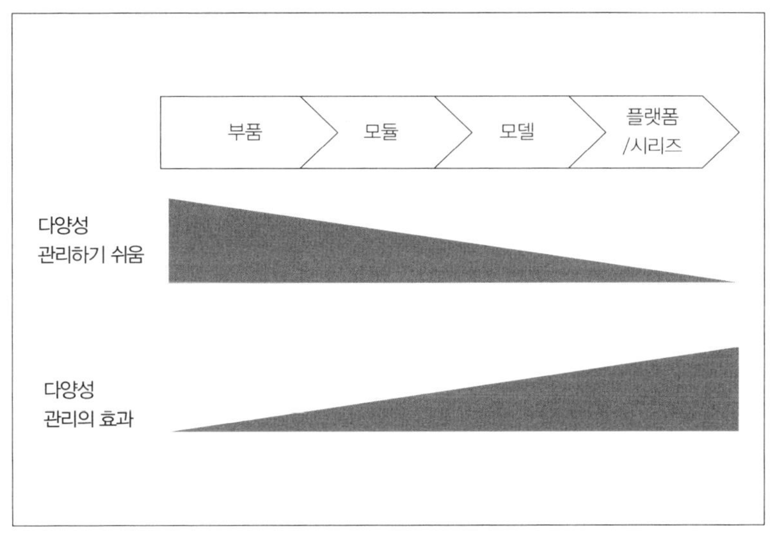

그림 13. 다양성 관리의 범위

Box 23. 다양성 가시화의 중요성(variety visualization)

기업은 투자나 지출 등 비용을 들여 가치를 낼 수 있는 결과를 시장에 제공하고, 이로부터 이익을 얻는 유기체다. 이 Box에서는 비용을 들여 만들어내는 요소를 '가치 요소'라고 부르겠다.

가치 요소에는 크게 제품 또는 서비스의 구성 요소인 부품, 모듈, 모델 등과, 더 나아가서는 제품군, 플랫폼, 시리즈도 포함된다. 또한 투자로 만들어진 공정, 작업, 레이아웃, 공장, 법인 등도 가치 요소라고 볼 수 있다. 앞서 기업의 수익성을 악화시키는 나쁜 복잡성에 대해 설명했는 바, 이러한 가치 요소의 다양성은 복잡성의 원인 중 하나다. 수익성을 악화시키는 복잡성을 줄이려면 이러한 가치 요소의 다양성을 최적화해야 한다. 그렇다면, 최적화를 어떻게 해야 할까? 많은 방법론이 다양성을 줄이는 데 초점을 맞추고 있지만, 사실 이상점을 향해 나아가는 데 적합한 다양성을 갖추기 위해서 최적화하기 위한 방법론이 더 필요하다.

그러면 무엇부터 시작해야 할까? 다양성을 관리하려면 먼저 문제점을 드러내야 한다. 아울러 다수의 대상에 대한 다양성 관리를 하다 보면, 대상들 간의 연계가 이루어진다는 점 때문에 다양성 가시화(variety visualization)도 중요하다. 즉, 다양성 관련 문제를 해결하려면 현상을 분석해야 하고, 현상을 분석하려면 그 현상을 드러내야 한다. 그런 다음 그 현상의 원인을 분석해 최적화 포인트를 찾아내야 한다. 개별 가치 요소의 현상이 드러났다면, 개별 가치 요소와 관련된 기업의 부문에서 개선 활동을 진행해야 한다.

아울러 관리를 하려고 한다면 적어도 한 번은 꼭 해야만 하는 활동이 가시화 활동이다. 예를 들어, 한 모델을 단종시키면 어느 모듈과 부품이 같이 단종될지, 또한 부품 하나를 단종시켰을 때 또는 대체시켰을 때 영향을 받게 될 모듈이나 제품이 무엇인지 추적하기 위해서, 혹은 단순히 다양성 관리의 중요성을 깨닫기 위해서 꼭 해야만 하는 작업이 다양성 가시화인 것이다.

결론을 짓자면, 다양성에 대한 가시화 없이 그것을 최적화하는 것은 무의미하다. 아울러 모든 가치 요소를 통합하여 가시화하지 않는다면 뿌리는 그대로 둔 채 곁가지만 건드리는 활동이 되리라.

Box 24. 다양성 관리는 단계적으로 실행하는 것이 중요하다

다양성을 가시화하다 보면, 엄청난 데이터 양과 업무에 압도당하기 마련이다. 그러면 "도대체 어디서부터 시작해야 하는 거야?"라고 비명을 지르게 된다. 그러면서 데이터의 늪에 빠지거나, 분석의 함정에 빠지곤 한다. 이를 사전에 방지하려면 한꺼번에 모든 시스템을 적용하는 빅뱅식 접근법으로 실행하되, 활동 범위나 수준은 단계적으로 설정해야 한다. 아래는 그 예를 들어놓은 것이다. 독자 여러분은 활동이 점차 정규화되고, 범위가 커지는 것을 알 수 있을 것이다. 독자 여러분에게 필요한 것은 실행이다. 실행 가능한 수준에서 점차 범위와 수준을 늘려가면 경험과 지식이 쌓이기 마련이다. 그러니 점차 작은 성공 체험이라도 할 수 있도록 계속해야 한다.

◢ 다양성 관리 단계(참고)

stage 0 : 다양성이 필요함을 인지

- 부분적인 다양성 개선 활동을 실행(임시 과업 성격의 활동)

stage 1 : 부분적으로 다양성을 가시화

- 부문별 개선 활동 실행(임시 과업 성격의 활동)

stage 2 : 부분적으로 다양성을 가시화 및 원인 분석

- 부문별 최적화 활동 절차화 및 지속적으로 실행(정규 활동)

stage 3 : 모든 다양성 가시화

- 회사 전체 차원에서 최적화 활동을 실행(일부 부문 주도)

stage 4 : 모든 다양성의 원인 분석

- 회사 전체 차원에서 최적화 활동 절차화 및 지속적으로 실행(경
  영진 주도)

stage 5 : 최적 다양성 예측 및 선행 대응

- 업계/시장 등 원인의 외부 다양성 주도

Box 25. 공용화(commonality)와 재사용(reuse)의 차이점

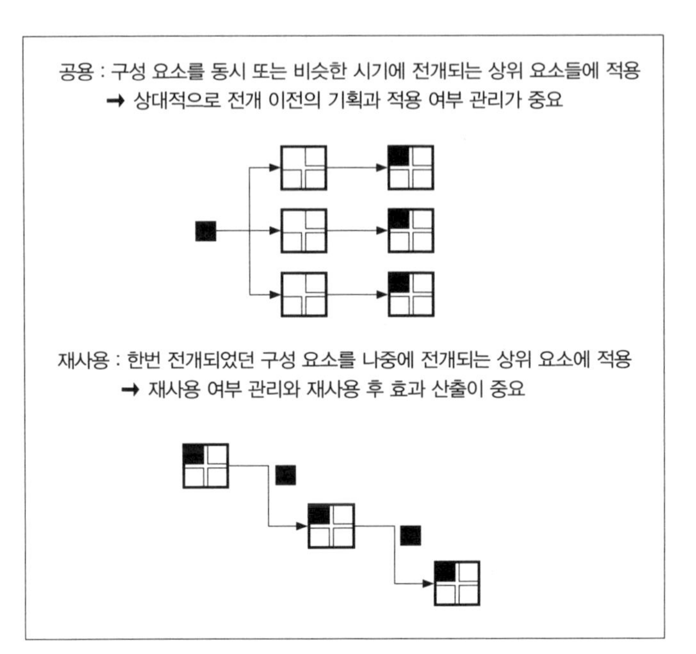

그림 14. 공용화와 재사용의 차이점

일반적으로 공용화와 재사용의 개념을 구분하지 않는 경우가 많다. 하지만 그 활용이나 기대 효과를 잘못 활용하지 않으려면 공용화와 재사용 사이의 차이를 분명히 해야 한다.

1. 공용화와 재사용의 개념

공용화는 다양한 제품들이 컴포넌트, 모듈, 서브시스템 등을 공동으로 사용하는 것이다.

재사용은 이전에 개발 또는 구현된 구성 요소를 새롭게 개발되는 제품에 있는 그대로 또는 일부 커스터마이징customizing(원하는 형태로 만들기)할 또는 조정한 후에 다시 사용하는 것이다.

공용화는 보통 동시계열상에 있는 제품들에서 활용되고, 재사용은 연속되는 시계열(time series)상에 활용된다. 이 때문에 공용화는 동시에 개발되는 제품들이 일부 구성 요소를 같이 사용하도록 기획한 뒤 실행한다. 그래서 반드시 공용화를 위한 기획 과정이 필요하다.

반면에 재사용은 시간상의 선후 관계가 있는 제품들 사이에서 이전 제품을 만들 때 개발된 구성 요소를 그대로 또는 일부 조정하여 사용하는 경우다. 그래서 이를 위한 기획 과정에서 나중에 제작될 제품에서 재사용할 구성 요소를 점검하는 과정이 필요하며, 기획 활동보다는 재사용을 위한 관리 과정도 더욱 필요하다.

2. 공용화와 재사용의 효과

공용화는 처음부터 한 개 이상의 제품에 적용할 구성 요소를 기획한 뒤 개발에 들어가는 경우다. 그렇기 때문에, 공용화 대상이 될 구성 요소에 대한 개발투자비를 적용할 제품들 간에 분배해야 한다.

하나의 제품에 최적화된 구성 요소를 개발하는 데 드는 비용과, 다양한 제품에 사용될 구성 요소를 개발하는 데 드는 비용 중 후자가 더욱 크다. 그 이유는 먼저 다수의 기술 사양들을 만족시키기 위한 유연성을 확보해야 하며, 일부 제품에 구성 요소가 너무 많이 최적화되지 않도록 프로세스나 조직을 분리해야 하기 때문이다. 이는 제품 단위의 개발 과정에서 코스트 이노베이션cost innovation(비용 면에서의 혁신)을 거스르는 일이지만, 제품군 전체로 보면 비용이 절감되는 효과가 있음도 고려해야 한다. 결론적으로 공용화의 효과나 그 비용은 공용화 대상이 되는 구성 요소를 적용하는 제품군과 관련하여 고려해야 한다.

반면에, 재사용은 한번 만들어진 구성 요소에 대한 비용을 가장 처음 진행된 제품 개발 비용에 전담시킨다. 이후 재사용할 때마다 개발투자비 절감 효과, 기존 도구, 공정, 생산 방법 등을 재사용함으로써 이루어질 절감 효과까지 측정해야 한다.

3. 공용화와 재사용 사이의 최적점

공용화와 재사용 모두 다양한 제품을 만드는 기업에 꼭 필요한 활동이다. 초기에는 재사용 위주로 활동을 진행하겠지만, 점차 공용화 활동을 강화하게 될 것이다. 두 활동의 효과에 차이가 있기 때문에, 공용화/재사용 활동 모두 활용하면서 그 사이에서 최적점을 찾을 필요가 있다.

공용화는 제품 라인업상의 전략과 제품 구조 자체의 개념적 무결성(conceptual integrity)을 해치지 않으면서 전체 비용을 최적화하는데 집중한다. 반면에 재사용은 적용 제품들 간의 차이에 대한 비용적 효과를 극대화하기 때문에 간혹 개념적 무결성을 해치며, 그대로 활용할 수도 없다. 그렇기 때문에 조정(adaptation) 또는 커스터마이징에 드는 비용이 재사용의 효과에 따른 비용보다 높을 수 있다는 역효과를 유념해야 한다. 이와 같은 재사용의 역효과를 방지하려면 제품아키텍처를 확립해야 하고, 그를 통한 인터페이스룰도 표준화해야 한다. 정해진 체계상에서 재사용이 이루어져야만 재사용의 역효과를 방지할 수 있다.

(10) 다양성 관리의 적용 시점

다양성을 관리할 때에도 다양성이 발생하기 전에 최적화하는 것이 가장 효과적이고, 비용도 적게 든다. 그래서 필자는 제품이 양산되는 시점보다 개발되는 시점에서, 개발되는 시점보다 기획되는 시점에서 활동하는 것을 강조한다. 이는 부문들 간의 책임과 역할, 관련 프로세스가 잡혀있어야 가능하다. 하지만, 아무리 많은 사후 활동들도 기획 단계에서는 제대로 된 활동보다 못하다. 물론, 기획 단계에서의 활동만 중요한 것은 아니다. 아무리 정리를 잘해놓고, 계

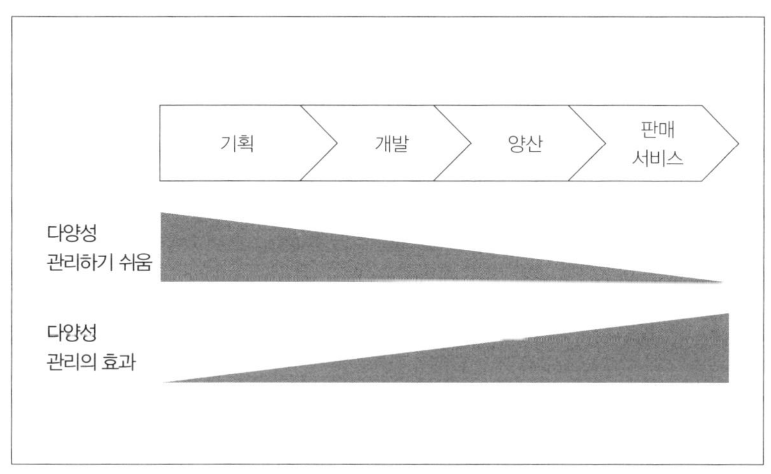

그림 15. 다양성 관리의 적용 시점

획도 잘 수립해도 실행에 대한 관리는 지속해야 한다. 마치 정기적으로 사무실을 청소해야 하듯이, 정기적인 정리 작업을 해야 한다. 그런 의미에서 제품의 라이프사이클상의 어느 단계에서도 다양성 관리가 배제되는 경우는 없다.

아울러 필자가 다시 한 번 강조하고 싶은 것은, 어느 시점에서 다양성 관리를 하든, 시작할 때에는 기획 단계부터 고려하고, 개발 단계에서는 그 기획대로 적용해야만 한다는 점이다. 예를 들어, 서비스 단계에서 부품에 대한 다양성 관리를 하더라도, 설계 단계에서 '서비스를 위한 설계(design for serviceability)'를 해야만 하고, 기획 단계에서 여러 제품군에 대한 적용 계획을 수립해두어야 좀 더 효과적인 다양성 관리를 할 수 있다.

Box 26. 소프트웨어 분야에서의 재사용

소프트웨어 분야에서는 양산에 드는 비용보다 개발투자비나 품질 보증 관련 비용이 더 크다. 그래서 공용화보다 재사용의 비중이 높을 수 밖에 없다. 이러한 소프트웨어 분야에서도 컴포넌트 공용화 같은 시도가 있었지만, 사실상 실패했다는 의견이 지배적이다. 그 이유는 먼저 개발 과정 자체를 분리하지 않고, 한번 만들어진 제품에서 컴포넌트를 정밀하게 하는 과정을 거치는 과정에서 너무 많이 최적화된 컴포넌트가 만들어지면서 재사용률이 떨어졌다는 점 때문이다. 아울러 공용화를 위한 기획이 소프트웨어 요구 사항의 변화 속도를 따라잡지 못한다는 점도 원인이다.

Box 27. 공용화 vs. 재사용 vs. 코스트 이노베이션(비용 면에서의 혁신)

공용화는 여러 제품들에 동시에 적용하기 위한 구성 요소를 개발하는 것이다. 그렇기 때문에 그 효과와 비용을 적용할 제품들을 고려해야 한다. 즉, '전체 비용(total cost)'이라는 관점에서 그 효과와 비용을 따져봐야 한다.

재사용은 구성 요소를 재사용할 제품들에 한정하여 그 효과를 고려해야 한다. 하지만 역효과도 있을 수 있음을 고려해야 한다. 특히 제품 구조가 가지고 있는 개념적 무결성을 해치는 경우를 피하기 위해 제품아키텍처를 정의하고, 인터페이스의 표준화를 먼저 진행해야 한다.

코스트 이노베이션은 제품에 대한 재료비/개발비를 줄이기 위해 아이디어를 구상하는 것이다. 코스트 이노베이션은 대부분의 제품 개발 프로세스에서 이루어진다. 그런데, 공용화나 재사용을 하다 보면 오히려 재료비/개발비가 증가하기도 한다. 이런 경우에는 '전체 비용' 관점에서 접근해야 한다. 제품 하나에서만 비용을 절감시킬 수 있는 아이디어가 전체적으로 따져보면 비용이 상승하는 요인이 되기도 하기 때문이다.

그러니 이 세 가지를 적절하게 활용하는 전략적 접근이 필요하다.

마지막으로, 필자는 재사용률(carry-over rate)과 공용화율은 분리되어야 한다고 본다. 재사용률은 앞서 기획하지 않았던 비율이다. 그 비율을 높이는 과정에서 오히려 제품군 자체의 경쟁력을 악화시킬 수 있다. 즉, 재사용을 강조하다 보면, 그 뒤에 이어질 제품 구조를 해칠 수 있다.

Box 28. 부품 공용화(part commonality)

부품 공용화를 하라면서도 구체적으로 어떤 절차를 거쳐서 해야 하는지를 명확하게 대답해주지 못하는 경우가 많다. 그렇다고 해서 회사에 있는 부품 공용화 관련 매뉴얼을 참고하는 경우도 별로 없다. 이 글에서는 부품 공용화에 대한 문헌상의 절차를 설명하면서 필자의 생각을 덧붙이는 식으로 전개하겠다.

1. 공용화 대상 선정

정량적인 분석으로 유지해야 하는 부품과 줄여야 하는 부품의 기준을 결정한다. 기준은 연간/월간 사용량이 많은 부품, 가장 많은 제품에 사용되는 부품, 매년 일정한 양이 사용되는 부품 등으로 정한다. 아울러 설계 트렌드도 고려해야 한다.

2. 조사된 부품 현황에 대한 기준선 확정

상위 항목과 하위 항목에 대해 이상한 점이 없는지를 전문가가 리뷰한 뒤 기준선을 확정한다.

2-1. 현재 부품 사용량을 파악

사용된 제품의 물량이 많거나, 적은 물량이지만 이후에 사용량이 계속 늘어날 부품 등의 목록에 대해 리뷰한 뒤 기준선을 확정한다.

3. 개발 중인 부품의 목록을 파악한 뒤, 사용량은 없지만 현재 개발 중인 부품을 추가

설계/자재/생산/구매/품질 부서와의 협의 후 현재 개발하는 부품을 추가한다.

4. 중복된 부품들을 통합

시스템상의 중복된 부품들, 즉 사실상 같은 스펙spec(사양)의 부품들을 통합한다.

5. 부품에 따라 스펙을 조사한 뒤, 스펙의 범위가 중복된 부품들을 통합

스펙의 범위가 중복되어 다른 부품으로 대체할 수 있는 부품들을 통합한다. 가급적 높은 스펙의 부품으로 낮은 스펙의 부품을 대체하는 식으로 통합하는 것을 고려한다.

6. 부품 가시화로 부품의 주요 스펙을 구조화

부품들의 타입별 고려 사양 파라미터를 선택해 부품들의 스펙을 구조화한다. 이러한 자료를 토대로 부품 표준화/공용화 활동이 이루어진다. 또한 이러한 자료는 이후 신규 부품에 대한 요청이 있을 경우 기준 자료된다. 그렇기에 가장 중요한 활동이다.

7. 설계 전문가 리뷰 및 피드백

결정된 부품 리스트에 대한 리뷰를 설계 전문가에게 요청한다. 이 활동은 부품 공용화가 일시적인 활동으로 끝나지 않도록 해주는, 반

드시 필요한 활동이다. 그렇기에 가능하다면 자재/서비스/생산 전문가들의 의견도 받아야 한다. 단종시키려는 부품들이 많은 자재를 가지고 있다면, 이 활동은 곧바로 실행하기 힘들다. 또한 서비스용 부품을 유지해야 하니, 대체품도 고려해야 한다. 그리고 대체했을 경우 품질에 문제가 없을지에 대해 품질 부서와 협의해두어야 한다.

8. 부서의 모든 연구원들과 공유하고 피드백 받기

　완성된 부품의 목록을 설계 연구원들 모두와 공유하고 피드백을 받는다. 또한 부품 공용화의 중요성을 설명하여 설계연구원들의 자발적인 참여를 이끌어내야 한다.

9. 모든 리뷰 및 피드백 완료 후 실행을 위한 부품 목록 완성

10. 부품 공용화의 실행 범위 결정

　완성된 부품 목록을 기초로 성과와 효과가 높은 순에 따라 활동 계획을 수립한다.

11. 개선안에 대해 구성원 모두를 교육

12. 공용화에 대한 효과를 파악하여 공유

　생산 유연성, 자동화 용이성, 오버헤드overhead(특정 목표 달성을 위해 간접적/추가적으로 필요한 자원) 비용 절감, 서비스 용이성 등 관련 효과를 파악하고 공유한다. 사실, 부품 목록을 연구원들에게 공표했더라도 그것으로 부품 공용화 활동이 끝난 것은 아니다. 부품 공용화를 할 수 밖에 없는 시스템과 환경을 만들어주는 것이 더 필요하다. 설계 도구에 반영한다든지, 설계룰이나 프로세스에 적용한다든지, 공정에 반영하는 것도 아주 많이 필요하다.

13. 공용화 대상 부품 목록 공표

※ 엄밀히 말하면 부품 공용화 활동은 한번에 끝나는 활동이 아니다. 그렇기 때문에 프로세스 변경이 필수적이다. 부품 공용화에서 가장 중요한 것은 부품 다양화를 가시화하는 것이다. 여기에도 부품에 대한 스펙 파라미터를 구조화하는 내용이 포함된다. 정량적/정성적 분석을 마친 뒤 가장 중요한 것은 부품 다양화의 요인을 파악하는 것이다. 그것을 위해서 그 요인을 필수적인 파라미터 요인과 불필요한 다양화 요인으로 나누어 정리해야 한다. 이 작업을 '가시화'라고 한다. 부품을 줄이라고 하면 무작정 목표를 세우고서 줄이려고 하는데, 이는 정말 비효율적인 행동이다. 그러니 그 원인을 가시화하는 일부터 시작해야 한다.

[참고]   David M. Anderson, *Agile Product Development For Mass Customization*, Mc Graw Hill

Box 29. 다양성 비용(cost of variety)과 모델 합리화

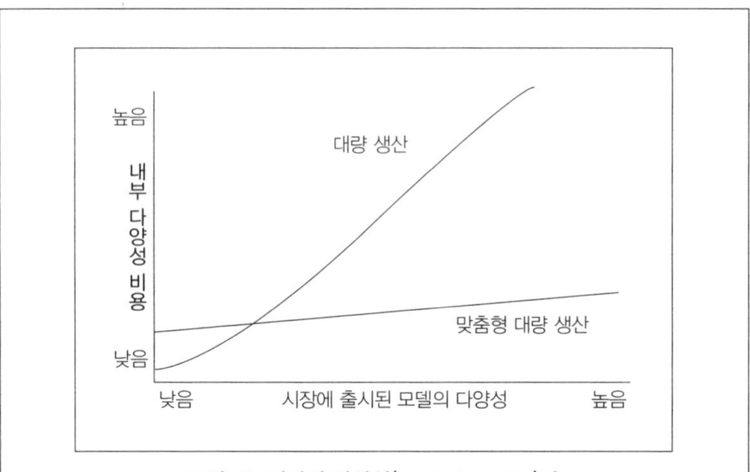

그림 16. 시장의 다양성(market variety)과
내부 비용(internal variety cost)의 관계

　모델이 다양화되면, 이전에 단일 모델을 생산하던 때보다 더 많은 비용이 든다. 이를 고려하고 극복하는 방안을 찾아야만 모듈러디자인을 통한 매스커스터마이제이션mass customization(대량 맞춤 생산)을 달성할 수 있다. 여기서는 모델이 다양화되면서 발생할 수 있는 비용의 종류를 정리해보겠다.

1. 다양성 비용

1) 재고

(1) 재고에 대한 비용 : 원제료/재공품/완제품 재고로 발생하는 비용

(2) 재고 관련 비용

- 재고 창고 관리 인원 비용 및 데이터 처리 비용
- 창고 부지 비용
- 재고 파손/노후화/부식으로 인한 비용
- 내부 수송 비용 : 분류/수송 장비 관련 비용, 노동 비용, 수송 공간 비용

2) 준비

(1) 공정 준비를 위한 노동 비용

(2) 가동률이 100퍼센트 이하인 기계로 인한 비용

(3) 노동 자원 가동률로 인한 비용

(4) 부품들을 공정에 투입하고 구성하는 데 필요한 노동비 및 공간 관련 비용

3) 모델 변경에 대한 비용

(1) 도구/지그/생산 인원 변경으로 인한 비용

(2) 공장 정지 시간에 대한 비용

4) 재료

 (1) MRP/BOM 관리 비용

 (2) 부품 관리 및 품질 유지 비용

 (3) 내부 부품 분배 관련 비용

 (4) 구매 관련 비용

   - 다양한 부품을 구매하기 위해 소모하는 협력사 조사 비용 및
     관리 비용

   - 구매 레버리지 및 규모의 경제에 대한 기회 비용

   - 긴급 주문에 따른 추가 비용

5) 작업(operation)

 (1) 다양한 부품에 대한 작업을 위한 도구/다이^{dies}/부자재(fixtures)
     관련 비용

 (2) 양산안정화 지연에 따른 비용

6) 커스터마이징/구성

 (1) 커스터마이징과 구성을 위한 공장 노동 비용

 (2) 커스터마이징을 위한 엔지니어링 적용 비용

 (3) 개별 커스터마이징에 대한 문서화 비용과 모든 문서를 변경하
     는 비용

7) 마케팅

 (1) 제품군 관리비, 문서화, 카탈로그, 가격표 비용

 (2) 부품 부족 또는 제품에 대한 수요에 빠르게 대응하기 못해 상
     실한 매출 기회

 (3) 잘 판매되지 않는 제품에 희귀한 부품을 사용함으로써 상실한
     매출 기회

 (4) 예측 실수로 인한 비용 : 할인/리베이트 관련 비용

8) 품질 : 배치 공정에서 일어날 수 있는 여러 결함에 관한 비용

9) 서비스
 (1) 과도하게 많은 부품들과 복잡한 절차로 인한 과도한 서비스
    비용
 (2) 과도하게 다양한 제품들로 인한 예비 부품 관련 물류비용

10) 유연성 : 유연한 생산을 지원하기 위한 설계/정보시스템 관련
    비용

2. 모델 합리화(SKU Rationalization)

1) 합리화 조건 : 판매 물량/매출, 부품 공용화(공용 부품 비율과 제
   품), 다양성 비용, 순이익, 투표 및 서베이, 공장 운영 기준, 유사
   기능성, 고객의 필요, 고유 역량, 시나리오 기법, 미래 가능성 등
   에 따라 최대한 폭넓은 기준으로 선정해야 한다.

2) 합리화 과정
 (1) 위의 합리화 조건에 대한 자료 수집
 (2) 객관적인 요소 분석
 (3) 제품군 분류
    - 생산 유지
    - 다양성 비용 절감 대상(모듈러디자인, 유연 생산 공정)
    - 브랜드 매각 및 아웃소싱
    - 합리화

[참고] David M. Anderson, *Agile Product Development For Mass Customization*, Mc Graw Hill

과거에는 대량 생산으로 경쟁력을 가질 수 있었지만, 현재는 다품종 소량 생산으로 시장에 대응해야한다. 물론 제품의 종류를 무턱대고 늘리다 보면, 그로 인한 비용을 감당하지 못해 기업 전체의 수익성에 악영향을 끼칠 수 있다. 그럼 수익성에 문제가 있다면 어느 정도까지 합리화해야 할까? 그 답을 구하던 필자에게 어느 분이 이런 말씀을 했다.

"현재 모델의 다양성은 사업의 결과라네."

그분의 말은 현재 발생한 모델의 다양성을 단순한 기준으로 합리화하면, 오히려 수익성이 안 좋아지거나 현재 상황과는 스케일만 다른 '같은 형태의 결과'만 나올 수도 있다는 말이다. 예를 들어, 어느 모델은 수익성이 안 좋지만, 우리가 가진 모델들 중 상위 등급의 모델을 보호하는 역할을 맡을 수 있다. 또 어떤 제품은 바이어와의 관계를 위해서라도 유지해야 한다. 어떤 제품은 타 제품과 보완 관계를 이루고 있을 수도 있다. 결국 숫자로 파악하려고 하지 말고, 좀 더 깊이 해석 작업을 해야 한다는 뜻이다.

80대 20 법칙'을 들어봤는가? 20 퍼센트가 80퍼센트를 좌우한다 법칙이다. '20퍼센트의 엘리트가 80퍼센트의 민중을 지배한다'는 식으로도 쓰인다. 만약 여기서 나머지 80퍼센트를 배제한다면 더 좋은 결과가 나올까? 아니다. 나머지 20퍼센트에도 80대 20 법칙이 적용될 것이다. 물론 산업계에서 80퍼센트에 속한 구성 요소인 보완재, 촉매재, 결합재 등은 결과에 간접적으로라도 기여하는 부분이 있을 수 있다는 것이다.

그러니 숫자로 모든 것을 파악하는 것은 위험하다. 이것이 이 책에서 다루는 모델 합리화 과정이 복잡한 이유이기도 하다. 그리고 이 또한 정답은 아니다. 세상에 '만병통치약'은 없다. 그러니 누군가가 단순한 해법이라는 것을 제시한다면, 그것에 낚이기 전에 그 역효과를 염두해야 한다.

4. 플랫폼 전략

최근에 가장 많이 회자되는 용어가 플랫폼platform이 아닐까? 플랫폼은 제품들의 집합이 계획대로 만들어질 수 있도록 기반에 정의된 공통 요소와 아키텍처 규칙이다. 플랫폼은 다음과 같은 구성 요소를 가지고 있다.

① 제품 라인 전반에서 공용화되고, 재사용되며, 다수의 제품을 만들어낼 수 있게 해주는 플랫폼 요소

② 기술과 서브시스템이 플랫폼의 요소로서 어떻게 통합될 수 있는지를 정의해주는 아키텍처의 규칙 및 표준

③ 제품 집합을 위한 기본적인 가치 제안, 경쟁적인 차별화, 역량, 비용 구조, 라이프사이클에 대한 정의

그럼 모듈러디자인과 플랫폼은 무슨 상관이 있을까? 또한 플랫폼 자체의 의미는 무엇일까? 이 질문들에 대해 필자와 함께 하나씩 살펴보자.

(1) 기본 개념

플랫폼의 기본 개념을 파악하기 위해 기본 용어들을 살펴보자.

정의 1. 제품군(product family)

공통적인 특성/부품/서브시스템을 공유하는 다수의 제품 그룹이다. 이렇게 제품군을 정의하는 이유는 다양한 특성을 가진 시장을 만족시키기 위해서이다. 물론 제품의 종류를 의미하는 데도 사용되는 표현이다. '제품군'과 자주 혼용되는 말이 '제품의 시리즈(product series)'이다. 엄밀히 따지면, '제품의 시리즈'는 제품계열이라고 봐야 하는 바, '제품군'과의 차이라면, '제품군'은 다음에 소개될 '제품 플랫폼'과 함께 사용되어야 한다는 점이다.

정의 2. 제품 플랫폼(product platform)

다수의 제품, 즉 제품군 내에서 공통적으로 사용되는 구성 요소, 기술, 부품, 모듈, 서브시스템이다. 논문마다 제품 플랫폼에 대한 정의가 약간씩 다른데, 한 예로 매니지먼트컨설팅그룹 Management Consulting Group(http://www.pwc.com)이 정의한 바로는, 기술과 서브시스템이 어떻게 통합될지 정의하는 아키텍처 규칙과 표준을 담겨 있으며, 제품군을 위한 기본 가치를 제안하고, 경쟁적 차별성과 역량, 비용 구조, 라이프사이클을 정의한다는 점이다.

정의 3. 파생제품(variants or derivatives)

파생제품은 제품 플랫폼에서 파생된 제품이다. 이러한 파생제품들이 모여 제품군을 이룬다. 파생제품을 만드는 방법은 크게 두 가지다. 첫 번째는 플랫폼의 크기를 하나 또는 그 이상의 좌표로 늘리거나 줄이는 방법으로 파생제품을 만드는 '규모 기반(scale-based)

제품군'이다. 두 번째는 제품을 이루는 하나 또는 그 이상의 모듈을 더하거나, 제거하거나, 대체해 파생제품을 만드는 '모듈 기반(module-based) 제품군'이다. '모듈 기반 제품군'은 파생제품 전개 방법과 모듈러디자인이 연결되기에 플랫폼 전략에서 모듈러디자인이 파생되었다고 보기도 한다.

Box 30. 플랫폼의 이해

카카오톡, 페이스북, 구글, 애플의 앱스토어와 아이튠즈iTunes 등을 우리는 당연하다는 듯이 '플랫폼'이라고 부른다. 그래서 플랫폼이 뭐냐고 물어보면 대개 모르겠다고 하거나 명확한 답을 내놓지 못하고 허둥댄다. 사실, 플랫폼 앞에 어떤 수식어가 붙느냐에 따라서 그 의미가 달라진다. 예를 들면, 카카오톡과 페이스북 등은 비즈니스 플랫폼business platform 또는 서비스 플랫폼service platform이다.

플랫폼은 플랫Plat(구획된 땅)과 폼Form(형태)의 합성어다. 즉, 일정하게 구획된 땅, 미리 결정된 형태를 뜻한다. 예를 들면, 기차에 타려는 승객들이 기다리는 정차구역인 플랫폼도 일정한 모양을 갖춤으로써 기차가 그에 맞춰 설계되게끔 하고 있다. 이에 따라 플랫폼을 '컴포넌트component(구성 요소) 및 그에 관한 룰rule을 가진 장場'이라고 표현하기도 한다. 즉, 플랫폼을 구성하는 요소들 사이의 규칙들이 플랫폼이라는 것이다. 아울러 미리 자원을 투자해 만든 공통 자산을 가지고 있다는 점도 특징이다. 예를 들면, 아래에 소개하는 서비스 플랫폼과 소프트웨어 플랫폼, 하드웨어 플랫폼, 브랜드 플랫폼 모두 이를 활용하기 위한 공통 자산을 가지고 있고, 플랫폼 구성 시점에서 투자가 이루어졌다. 그 최소의 투자만으로 더 큰 효과를 얻어내는 것이 플랫폼을 만든 목적인 것이다.

1. 비즈니스 플랫폼/서비스 플랫폼

비즈니스 플랫폼은 해당 플랫폼의 공급자가 사용자들에게 연결 기능, 비용 감소 기능, 검색 비용 절약 기능, 커뮤니티 형성에 따른 네트워크 효과, 삼각프리즘 효과 등을 제공해 가치를 발생시키는 플랫폼이다. 인터넷 쇼핑몰인 G마켓, 11번가도 일종의 비즈니스 플랫폼이다. 물론 남대문 시장 등도 오프라인상의 비즈니스 플랫폼이다. '서비스 플랫폼'은 비즈니스 플랫폼의 의미를 한정시킨 표현이다.

2. 소프트웨어 플랫폼software platform

안드로이드나 MS 윈도우Windows 등이다. 즉, 애플리케이션을 만드는 데 필요한 API, 지원 유틸, 시스템/자원 관리 태스크Task 등을 제공하는 운영 체제가 가장 대표적인 사례다. 그래서 소프트웨어 플랫폼과 서비스 플랫폼의 경계가 모호한 면도 있다.

3. 하드웨어 플랫폼hardware platform

CPU나 MPU 등 주요 하드웨어 칩셋으로 결정되는 컴포넌트 및 인터페이스다. 최근 오픈소스 하드웨어로 각광받는 아두이노나 라즈베리 등도 대표적인 사례다.

4. 브랜드 플랫폼brand platform

마케팅에서도 플랫폼이라는 용어를 쓸 수 있다. 브랜드 플랫폼brand platform이 대표적인 예다. 브랜드에 어떻게 플랫폼이 있을 수 있냐고 반문할 수도 있지만, 하나의 브랜드를 만들 기 위해서 투자했던 자원과 아이덴티티, 이미지, 상징, 경험사례 등이 브랜드 플랫폼(brand platform)의 구성 요소가 될 수 있다. 하나의 브랜드가 다양한 제품군을 섭렵하고 있고, 다양한 자식 브랜드를 가지고 있을 때, 자식 브랜드는 모 브랜드가 쌓아둔 자원을 그대로 이어받아서 시장에 진출하게 된다. 이 또한 하나의 플랫폼 사례로 볼 수 있다.

5. 제품 플랫폼(product platform)

모듈러디자인 업무를 하는 우리가 다루고 있는 플랫폼이다. 제품 플랫폼을 이해하려면, 먼저 위의 네 개 플랫폼에 대해 이해해야 한다. 제품플랫폼을 만들려면 먼저 플랫폼의 구성 요소들(components)과 그 구성 요소들 사이의 규칙(architectural rules)을 갖춰야 하며, 또한 미리 관련 자원에 투자해두어야 한다. 다만 유념해야 할 것이 있다. 제품 플랫폼의 범위는 관리상의 이유로 달라질 수 있다는 점과, 하나의 비즈니스 과정에서 다양한 플랫폼이 사용될 수 있다는 점이다. 그리고 그러한 플랫폼들 사이의 경계는 모호할 수 있다는 점이다.

6. 플랫폼의 공통점

① 초기에 일정한 자원을 투자하여 만들어진 공통 자산을 보유한다(플랫폼 구조 설계)

② 이후에는 이 공통 자산을 공용/재사용하여 효과를 발생시킨다(공용화/재사용)

③ 공용/재사용을 위한 규칙과 표준을 작성한다(인터페이스룰 또는 표준 설정)

④ 규칙을 따르는 특정한 역할을 하는 구성 요소가 존재한다(컴포넌트 인터페이스 정의)

⑤ 사용되는 경우가 늘어날수록 플랫폼의 효과도 향상된다(플랫폼 효과 창출)

◢ 플랫폼의 계층

브랜드 플랫폼(brand platform)		이 플랫폼들 중에서 제품 플랫폼(product platform) 의 범위를 어느 것까지로 봐야 할지를 결정해야 한다.
공정 플랫폼(process platform)		
서비스 플랫폼(service platform)		
하드웨어 플랫폼 (hardware platform)	소프트웨어 플랫폼 (software platform)	
기술 플랫폼(technology platform)		

LG전자의 TV인 '엑스캔버스'는 브랜드 플랫폼에 해당된다. LG 앱 마캣App Market은 서비스 플랫폼이고, 웹Web OS는 소프트웨어 플랫폼이다. 하드웨어 플랫폼은 특정 CPU를 사용함에 따라 구성되는 장치다. 특정 TV 모델군을 만드는 데는 공정 플랫폼이 필요하고, 액정인 LCD, PDP, LED 등은 디스플레이 기술에 따라 달라지므로 기술 플랫폼에 해당된다.

그리고 이 전체를 아우르면서 자원을 어떻게 투자해 가치를 만들어낼 것인가를 다루는 비즈니스 플랫폼이 존재한다. 그러면 이 플랫폼들 중에서 제품 플랫폼의 범위를 어디까지로 볼 수 있을까? 그것은 어떤 목적을 가지고, 어떻게 실행할 것인가에 따라서 달라진다.

(2) 공통성과 변동성을 관리하기

앞부분에서 복잡성(complexity)을 관리하려면 그 요인 중 하나인 다양성을 제어해야 한다고 했다. 그 다양성은 가치 요소들 간의 공통성(commonality)과 변동성 간의 함수 관계를 조정함으로써 조정된다. 즉, 복잡성 관리라는 최종 목표를 달성하기 위해 근본적인 원인인 공통성과 변동성까지 더욱 파고들어가는 것이다. 여기서 공통성과 변동성을 관리하는 방법을 크게 두 가지로 나눌 수 있다. 첫 번째 방법은 공통성을 증가시키는 것이고, 두 번째 방법은 변동성을 효율적으로 관리하는 것이다.

$$Complexity = f(Variety)$$
$$Variety = f(Commonality, Variability)$$

그림 17. 복잡성과 다양성 간의 관계

모듈러디자인이 변동성을 효율적으로 관리하는 방식이라면, 이번에 다룰 플랫폼 전략은 공통성을 증가시키는 방식이다. 이 플랫폼 전략을 가장 잘 활용하는 산업 중 하나가 바로 자동차 산업이다. 자동차 회사는 새로운 자동차를 생산하여 소비자에게 판매하기 전에 생산 공정과 엔진 등 핵심 모듈/부품 개발을 위해 상당한 액수의 초기 투자 비용을 사용해야 한다.

그래서 한번 투자한 기술, 부품, 모듈, 공정으로부터 최대의 효과를 얻기 위해 다양한 브랜드의 차량에 이들을 적용시키기 마련이다. 이때 활용하는 전략이 플랫폼 전략이다. 아울러, 한번 만들어진 공정으로 다양한 차량을 생산할 수 있도록 하자는 의미에서 차체만을 '플랫폼'이라고 부르기도 하고, 테스트를 포함한 연구 개발 기간이 긴 엔진까지 합쳐서 '플랫폼'이라고 부르기도 한다. 결국 플랫폼 전략의 활용 목적은 공통성을 증가시켜 연구투자비, 설비투자비, 선행 품질 등을 확보하려는 것이다.

① 플랫폼 전략의 활용

플랫폼 전략에 대해서는 마르크 H. 메이어와 앨빈 P. 레너드가 쓴 《제품 플랫폼의 위력(*The Power of Product Platforms*)》(2011년 출간)이라는 좋은 책에 자세히 설명되어 있다. 그러니 필자는 그 책에 나온 내용을 간략히 소개해보겠다.

◄ 플랫폼이 없는 경우(platform strategies : no leveraging)

	세그먼트 A	세그먼트 B	세그먼트 C
하이앤드	⇔	⇔	⇔
미들앤드			
로우앤드			

첫 번째 전략은 시장 세그먼트^{segment}(부분)별로 제품 플랫폼을 운영하는 것이다. 이 경우에는 세그먼트들 사이의 부품, 모듈, 서브시스템의 공용화가 거의 이루어지지 않았기 때문에, 사실상 세그먼트마다 플랫폼 없이 신규 제품을 개발하는 셈이다.

이 경우 단점으로는 세그먼트마다 제품을 개발하기 때문에, 여러 개발 팀들이 요구하는 R&D 자원이나 활동이 중복된다는 점, 공정 등의 자본 투자가 제품별로 이루어지기에 높은 비용을 감수해야 한다는 점, 하나의 제품에서 이루어진 공정 개선이 다른 제품에는 적용되기 힘들다는 점, 미처 신속하게 대응하지 못한 세그먼트 때문에 시장을 상실할 위험이 있다는 점 등을 들 수 있다.

◄ 플랫폼의 수평 전개(platform strategies : horizontal leveraging)

	새그먼트 A	새그먼트 B	새그먼트 C
하이앤드		⇔	
미들앤드			
로우앤드		⇔	

이는 동일한 영역에서 다른 세그먼트들 간의 플랫폼을 수평으로 전개하는 것을 의미한다. 예를 들어, 위의 그림에서처럼 세그먼트 A, 세그먼트 B, 세그먼트 C의 하이엔드High-End와 로우엔드Low-End가 두 개의 플랫폼으로 대응하고 있다. 즉, 시장은 달라도 영역이 같다면 플랫폼을 동일하게 가져가는 전략이다. 예를 들면, 미국 시장의 하이엔드에서 대응하던 제품 플랫폼으로 유럽 시장의 하이엔드 제품에 대응하는 식이다. 이러한 전략의 장점은 다른 고객 그룹에 신규 개발 없이 신속하게 제품을 팔 수 있다는 점, 리스크를 줄이고 좀 더 빨리 제품을 개발할 수 있다는 점, 공정과 구매에 관련된 비용을 최소화할 수 있다는 점이다.

◤ 플랫폼의 수직 전개(platform strategies : vertical leveraging)

이는 동일한 시장/세그먼트상에서 하이엔드에 있는 제품 플랫폼을 아래쪽으로 전개하거나, 로우엔드에 있는 제품 플랫폼을 위쪽으로 전개하는 식으로 이루어진다. 이 경우의 장점은 특정 시장 및 특정 고객 집단 안의 고객 정보를 재사용할 수 있다는 점, 제품 개발에 소요되는 비용이 줄어든다는 점이다. 허나, 제품군 자체의 경쟁력이 떨어질 수 있다는 약점이 있다. 예를 들어, 로우엔드에서는 확실히

가격으로 승부를 걸어야 한다. 그런데 하이엔드 제품 플랫폼을 기본으로 삼으면 재료비를 낮추는 데 한계가 생기면서 오히려 제품경쟁력이 떨어질 수 있다. 똑같은 이유로 로우엔드 제품 플랫폼을 위쪽으로 전개하다 보면, 하이엔드 제품의 경우 우수한 성능/기능으로 시장경쟁력을 갖춰야 한다는 점을 고려할 때 충분한 대응이 어려울 수 있다.

▲ 플랫폼 전략 – 특정 세그먼트의 제품을 수평/수직 전개

(platform strategies : beachhead leveraging)

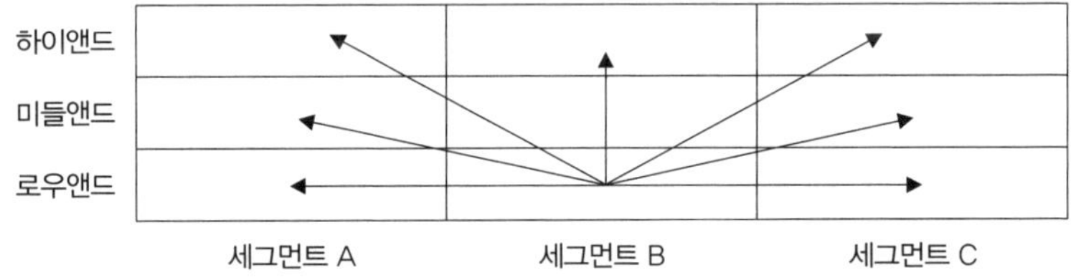

이름 그대로 플랫폼을 수직/수평으로 전개하는 플랫폼 전략이다. 이는 수직 전개와 수평 전개의 장점을 모두 가지고 있지만, 그만큼 실행하기가 어렵다. 플랫폼 전략을 실행할 때에는 '몇 개의 시장 세그먼트에 몇 개의 플랫폼으로 대응할 것인가?'를 먼저 고민해야 한다. 그리고 단순히 세그먼트별, 제품별로 최적화하는 데 머물지 않고, 전체를 최적화할 방향을 찾아야 한다.

Box 31. 플랫폼의 함정

> 플랫폼은 초기 투자 비용을 통해서 다수의 제품에 적용할 수 있는 규모/범위의 경제 효과를 얻으려고 할 때 사용된다. 노키아는 과거에 휴대폰 시장에서 부동의 1위였다. 1달러에 팔아도 돈이 남는다고 할 만큼 강한 운영효율성을 가졌다. 하드웨어/소프트웨어의 플랫폼을 만들어놓고, 다양한 제품에 그 플랫폼을 적용하여 운영효율성을 얻었던 것이었다.
>
> 그러나 플랫폼에는 수명이 있다. 애플이 스마트폰을 전면에 부각하자, 노키아의 성장 자산이던 플랫폼이 노키아의 발목을 잡았다. 노키아의 경우처럼 플랫폼 자체는 효율성을 위해 만들어진다. 하지만 시장에서의 효과는 지속되지 않다. 그래서 시장 환경이 불확실하고 변화가 심하면 단 한 번의 큰 투자로 만들어진 플랫폼은 자산이 아니라 부채가 될 가능성이 높다. 오히려 불확실성이 높고 유연성이 요구되는 사업 환경에서는 플랫폼 전략이 적합하지 않을 수 있다.

② **플랫폼 전략의 정의**(defining platform strategy)

그렇다면 플랫폼 전략은 어떻게 정의해야 할까? 또는 어떻게 해야 시장에서 성과를 낼 수 있는 플랫폼 전략을 정의할 수 있을까? 이 글에서는 플랫폼 전략을 정의하는 방법 두 가지를 소개하겠다. 물론 참고만 할 뿐, 이를 그대로 사용하지 말 것을 권한다.

(a) 플랫폼 정의 방법

ⓐ 다양한 부문의 인원들로 팀을 구성 − 설계/개발, 마케팅, 생산 등 최대한 다양한 부문의 인원들이 참석하는 것이 플랫폼 정의에 도

움이 된다. 여기서는 필수 부문만 표기했지만, 구매, 디자인, 상품 기획 등의 부문 인원들도 같이 참석해야 할 필요도 있다.

ⓑ 시장 세그먼트 구성

플랫폼 전략을 활용하는 데 기준이 되는 시장 세그먼트를 구성해야 한다. 대체로 다양한 모델로 시장에 대응한다면 상품 기획 같은 부서에서 시장 세그먼트를 구성해두지 않았을까 생각하기 마련이다. 이를 기준으로 결정해도 괜찮다.

ⓒ 성장 영역을 정의

판매량, 성장률, 점유율, 경쟁사 현황 같은 자료를 활용해 정의된 시장 세그먼트 중에서 성장하는 영역을 표기한다. 이 부분이 대체로 플랫폼 전략으로 대응할 영역이 된다.

ⓓ 현재 활용하는 제품 플랫폼을 정의하고, 시장 세그먼트에 표기

현재 수준에서 제품 플랫폼을 정의하고, 이 제품 플랫폼이 활용되는 시장 세그먼트를 표기한다. 이후 전개될 신규 플랫폼 전략에 대비하여 기존 플랫폼을 운영한다.

ⓔ 신규 제품 플랫폼을 정의

시장 관점, 운영 관점, 기술 관점에서 플랫폼을 정의하고, 이 플랫폼을 어떤 식으로 전개할지 결정한다. 시장 관점에서는 세그먼트 대응이 효과적이고 시장경쟁력도 있는가? 운영 관점에서는 운영효율

성을 높일 수 있는가? 제품의 기술우위성을 높이고, 투자해서 얻은 기술을 효율적으로 활용할 수 있는가? 등을 고려해야 한다.

ⓕ 시장경쟁력 확보 – 고객의 니즈와 경쟁사 제품에 대한 심층 분석

한번 정의해둔 플랫폼이 적어도 몇 년간 변화가 없어야만 초기 투자비를 확보할 수 있다. 그런데, '몇 년은 변화가 없다'는 것은 '쉽게 바꿀 수 없다'는 뜻이기도 하다. 그렇기 때문에 정의를 내릴 때에는 초기부터 시장경쟁력을 확보하기 위해 고객 니즈를 살피고 또 살펴야 한다.

ⓖ 운영효율성 확보 – 생산 공정 및 유통 채널 현황 파악과 분석

시장경쟁력이 확보되었더라도 내부적으로 쉽게 만들 수 없다면 의미가 없다. 더욱이 다수의 모델에 공통적으로 적용될 플랫폼이라면 운영효율성을 최대한 확보해야 한다.

ⓗ 신규 제품 플랫폼의 핵심 경쟁력 이해

시장대응력과 운영효율성이 확보되었다면, 진정으로 이 플랫폼이 가져야 할 핵심 경쟁력이 무엇인지 정의해야 한다. 이 과정은 플랫폼을 리뉴얼할 때마다 고려해야 한다. 그렇지 못하면 플랫폼의 함정에 빠져 경쟁력도 없는 플랫폼을 붙들고 있다가 시장에서 도태될 수 있다. 노키아처럼 말이다.

ⓘ 플랫폼 개발 팀, 프로젝트 일정, 예산 결정

마지막으로 플랫폼을 실제로 개발할 수 있는 개발 팀, 일정, 예산을 결정한다. 플랫폼에 대한 투자 비용은 플랫폼을 사용하는 제품들에 배분될 수 있도록 하고, 투자 대비 파생 모델들의 매출로 그 효과를 지속적으로 측정해야 한다. 플랫폼 개발 과정은 제품 개발 팀과 독립성을 유지함으로써 특정 모델에 과적합화하지 않도록 주의한다.

(b) 플랫폼 전략 정의방법론

브루스 캐머런 교수의 〈플랫폼 전략 정의방법론〉을 설명하겠다.

첫째, 플랫폼으로 어떤 효과를 얻을지 결정한다. 투자비를 아낄 것인가? 제품 개발 기간을 단축할 것인가? 품질 향상 효과를 얻을 것인가? 플랫폼으로 얻으려는 효과를 고민한다.

둘째, 무엇을 플랫폼으로 삼을지 결정해야 한다. 플랫폼은 초기 투자비가 많이 들고, 다수의 제품 또는 장기간 적용할 수 있는 기술, 구성 요소, 서브시스템, 공정, 브랜드 등에 따라 선정한다.

셋째, 플랫폼을 언제, 누가, 얼마의 비용을 투자해서 개발할 것인가? 어떤 제품에 적용할 것인가? 이에 대한 중장기 로드맵을 작성한다. 플랫폼 구축에는 적지 않은 비용이 투자되고, 다수의 부문이 연계된다. 그러니 올바른 의사 결정을 위해 역할과 책임(R&R), 재무적 효과 등을 명확히 해야 한다.

ⓐ 플랫폼의 전략적 의도 결정 - 비용 절감, 신규 시장 진출

무엇을 하든 그 목적을 명확히 해야만 한다. 특히 플랫폼의 경우

상당한 투자비가 들기 때문에, 플랫폼으로 얻으려는 것이 무엇인지, 그 전략적 의도가 무엇인지를 확실히 해두고 다음 단계를 진행해야 만 한다.

ⓑ 시장 세그먼트 정의

이전 방법과 동일하게 시장 세그먼트를 정의하여 플랫폼이 적용 될 시장의 세그먼트에 대한 기준을 명확히 한다.

ⓒ 공용화로 인한 효과 산출

공용화로 얻을 수 있는 효과를 정의하지 못한다면, 이 활동에 대한 지속성도 확보할 수 없다. 일반적으로 플랫폼 개발에 대한 투자 비 대비 적용 모델에 대한 매출을 측정함으로써 플랫폼별 효과를 산출한다.

ⓓ 고객이 기대하는 차별화/맞춤화 요인 결정

플랫폼 전략을 통한 공용화 효과만 생각한다면, 오히려 제품별로 차별화나 맞춤화할 수 있는 방법을 간과하기 마련이다. 이는 오히려 비용적인 측면을 강조해 제품 자체의 경쟁력을 떨어뜨리는 결과를 가져온다. 내부 운영 비용을 최소화하면서 고객에게 가치를 제공할 수 있는 차별화/맞춤화 요소를 제공할 방법을 고려해야 한다.

ⓔ 비용 구조 조사, 재무적인 효과 파악

플랫폼으로 인한 효과를 산출하려면 제품의 비용 구조를 파악해야 한다. 개발비가 많이 드는 제품인가? 그렇다면 개발비와 테스트 비용을 공유하기 위해 노력해야 한다. 생산 비용이 많이 드는 제품이라면, 구매비/자본비/노무비 중 어느 것이 많이 드는지에 따라 공용화 효과가 달라질 것이다. 즉, 비용 구조를 파악하고, 이를 플랫폼 전략 수립의 기준으로 삼아야 한다. 비용 절감 효과는 반복 발생 비용과 비반복 발생 비용으로 나눠서 산출한다.

ⓕ 시장 제품 전개 계획 및 생산량 관련 계획 작성

플랫폼을 만든다는 것은 제품별 개발 방식보다 투자비를 초기에 더 소모한다는 뜻이다. 투자비를 사용하려면 그만큼의 효과도 얻을 수 있음을 증명해야 한다. 플랫폼의 효과를 최대한 얻을 수 있도록 이 플랫폼을 활용한 시장 제품을 전개하는 계획과 생산량 관련 계획을 미리 작성해야만 한다.

ⓖ 플랫폼 전략 계획 수립 주기와 아키텍처 안정성 선택

플랫폼을 어느 범위까지 결정하느냐에 따라 계획 수립 주기나 아키텍처의 안정성이 달라진다. 주기를 짧게 잡으면 아키텍처 안정성이 떨어지겠지만 시장 변화에 민첩하게 대응할 수 있다. 주기를 길게 잡으면 아키텍처 안정성은 높아지겠지만 시장 변화에 둔감해질 수 있다. 주기를 길게 잡아서 위기에 처한 사례가 노키아다. 노키아의 사례는 플랫폼의 효과만큼이나 안고 가야 하는 리스크도 크다는 것을 보여준다.

ⓗ 공용화 수준, 공용화 대상 모듈 등의 공용화 전략 결정

이 부분이 모듈러디자인과 연계된다고 볼 수 있다. 플랫폼이라는 큰 틀에서 전략을 수립했다면, 개발 과정에서의 효율성과 효과성을 확보하기 위해 모듈 단위의 공용화 전략도 고려해야 한다.

Box 32. 무엇을 플랫폼으로 정의할 것인가?

사실상 플랫폼의 종류는 다양하고, 그렇기에 계층화하여 관리해야 한다고 필자는 말해왔다. 결국 플랫폼으로 어떤 효과를 볼지 생각한 후에 플랫폼 설계에 들어가야 한다.

그러나 현재 실행하기 쉬운 방향으로 플랫폼을 정의하다 보니, 결국 아무 의미 없는 결과물이 나온다. 그러니 먼저 자신이 개발하는 제품에 대한 비용 구조를 분석해야 한다. 어느 항목에서 가장 큰 비중을 차지하는지, 연구비/개발비/구매비/생산비/마케팅비 중 어디서 가장 많은 비용이 필요한지 알아보고, 이를 플랫폼 설계의 기준으로 삼아야 한다. 예를 들어, 어떤 제품은 개발비가 사실상 거의 안 들지만, 개발 중심으로 플랫폼을 설정하면 그 플랫폼을 공용화해 봤자 어떠한 효과도 볼 수 없을 것이다. 그래서, 이 제품이 만들어지기까지 어떤 항목에서 가장 큰 투자가 필요한지 분석해놓아야 한다.

소비재 대기업인 P&G는 브랜드 관리를 잘하는 덕에 많은 기업들의 비즈니스 모델이다. 만약 P&G가 제품의 플랫폼을 잡을 경우 어느 수준에서 설정할까? 필자는 P&G가 플랫폼 계층을 두 가지로 설정하지 않을까 생각한다.

먼저 최하단의 '기술 플랫폼'이다. P&G의 제품은 생활에 관련된 소비재다. 그래서 한번 개발된 기술의 수명이 짧지 않고, 그 활용도도 높다. 그러니 기술 개발에 상당한 비용을 투자했을 것이다. 이에 대한

효과를 극대화하려면 이 기술을 활용하는 제품군을 늘리는 것도 방법 중 하나다. 결국 첫 번째 플랫폼 계층은 기술 플랫폼이 이룰 것이다.

그 다음은 '브랜드 플랫폼'이다. P&G에서 관리하는 많은 브랜드는 소비자가 인지하고, 인식하고, 신뢰하고, 선호한다. 그 브랜드 자체가 하나의 자산인 것이다. 결국 그 자산을 활용해 재무적 효과를 볼 수 있다. 이 또한 플랫폼 전략 중 하나다.

자동차도 예로 들어보자. 자동차에서 가장 큰 비용이 투자되는 부분은? 엔진 및 제작 공정이다. 엔진은 연구개발비가 가장 큰 부분을 차지할 것이다. 그래서, 개발 후에는 그 개발 비용 대비 효과를 극대화하려고 최대한 많은 차량에 같은 엔진을 사용하거나 타사에 판매한다. 즉, 이 경우에는 엔진 자체가, 아니 '엔진과 그 주변 인터페이스'가 일종의 플랫폼이다.

제작 공정도 공장 안에 구성하는 데 많은 비용이 들기 때문에 최대한 많이 이용할 수 있도록 차체의 프레임을 공정 플랫폼에 맞춰 설계한다. 차체가 '차량의 플랫폼'으로 인식되는 이유도 이러한 공정의 공용화 때문이다. 즉, 제품 대신 공정을 위한 플랫폼을 만든 셈이다.

자동차도 브랜드가 중요하다. 소비자에게 어떤 이미지로 각인되었느냐는 그 회사의 매출과 직결된다. 더군다나 한번 새로운 차량이 나오면 몇 년 내내 판매해야 한다. 그러니 상당한 돈을 브랜드에 투자한다. 심지어 브랜드를 관리하기 위해 문제가 생길 경우 즉각 리콜을 하는 것이다. 이는 자동차 회사도 브랜드를 플랫폼화했다고 볼 수 있는 이유이다.

사실, 플랫폼은 필자가 강요하는 것만큼 특별한 것이 아니다. 실생활에서도 그 예를 쉽게 찾을 수 있는 익숙한 개념이다. 다만 플랫폼의 활용 폭을 넓히면 설계/구축에 소요된 투자비의 효과를 극대화할 수 있다.

③ 플랫폼 전략의 이점과 약점

지금까지 플랫폼 전략의 의미, 정의하는 과정, 활용 방법에 대해 살펴봤다. 마지막으로 플랫폼 전략을 사용해 얻을 수 있는 이점과 약점을 다루겠다.

Box 33. 플랫폼의 장점

1. 재고 절감
2. 표준화된 부품 사용량 증가
3. 제품 설계를 위한 리드타임lead time(제품의 생산 시작부터 완성까지 걸리는 시간) 절감
4. 시장 전개 용이
5. 설계 과정에서의 기술적 리스크와 비용 감소
6. 시장 요구의 변화에 신속히 대응
7. 표준화된 생산 공정 및 도구

플랫폼으로 얻을 수 있는 장점은 개발/운영상의 효율성과 빠른 시장대응력이다. 플랫폼을 다수의 제품에 공동으로 사용해 투자비를 절감하고, 소수의 부품, 모듈, 플랫폼을 활용하니 재고도 그만큼 줄일 수 있다. 아울러 생산 공정과 작업 등을 공용화해 운영효율성을 높일 수 있다. 나아가, 기존 플랫폼을 재사용해 새로운 시장에 신속히 대응할 수 있다. 허나, 노키아나 도요타의 사례가 보여주듯이 현재에 많은 이점을 가져다 준 자산인 플랫폼이 시장의 요구나 기술 발전 같은 변화에 신속히 대응하지 못하기 시작하면 회사의 발목을 잡는 부채가 될 수 있다.

1. 초기에 많은 투자 비용이 필요

2. 책임의 주체가 불명확함

3. 제품들 간의 차별성 희석

4. 혁신 부족

5. 광범위한 리콜recall

6. 고객의 요구 사항에 대한 대응력 미흡

7. 모델들 간의 카니발라이제이션cannibalization(신제품이 기존 제품의
   매출을 잠식하는 상황)

8. 영역(tier) 간의 성능 차별성 미흡

플랫폼에서 장점으로 생각된 모든 요소가 결국 플랫폼의 단점이 될 수 있다. 효율성을 위해 플랫폼을 도입했더니, 오히려 외부 변화에 취약해져 시장경쟁력이 떨어지거나 내부적으로는 문제가 발생했을 경우 책임의 소재가 불명확해져 책임을 묻기기 어렵다. 대표적인 예가 필자가 앞서 여러 번 소개한 스마트폰 산업의 최강자였던 노키아의 몰락이다.

(3) 플랫폼 전략과 모듈러디자인의 관계

플랫폼 전략은 공통성을 강조한 방법이고, 모듈러디자인은 변동성을 적극적으로 관리하는 방법이다. 이 점에서 상호보완적인 관계에 있다고 볼 수 있다. 하지만 플랫폼 전략은 모듈러디자인의 기본이다. 플랫폼 전략을 위한 분석 과정이 모듈러디자인 실행을 위한

토대가 되기 때문이다. 폭스바겐 그룹의 사례에서 초기의 플랫폼 전략이 모듈러 전략, 그리고 최근에는 모듈러 툴킷 전략으로 발전해온 것을 보더라도, 플랫폼 전략을 기본으로 삼아 모듈러 툴킷 전략이 만들어졌다고 보는 것이 정확할 것 같다.

5. 모듈러디자인 관련 상품 기획/마케팅/영업

이 책에 나온 모듈러디자인 관련 활동은 개발과 운영에 집중되어 있다. 아무래도 그 시작이 개발방법 중 하나이다보니 모듈러디자인의 상품 기획, 디자인, 마케팅 관련 부문들의 역할에 대해서는 명확하게 정의하지 못했다. 그러나, 상품 기획과 마케팅/영업을 빼놓고 복잡성 개선에 대해 이야기한다는 것은 어불성설이다.

아울러 모듈러디자인의 모토는 "최소의 모듈로 최대의 모델을 만들어낸다"는 것이다. 그런 면에서 이 최대 모델을 "얼마나 '시장에서 원하는 모델'로 채울 것인가?" 혹은 "얼마나 경쟁력을 갖춘 모델들로 꾸밀 것인가?" 같은 상품 기획/마케팅의 역할이란 점에서 보면, 상품 기획/마케팅의 역할을 살펴보는 것도 큰 의미가 있다. 좁은 의미로는 모듈러디자인에서 이미 주어진 모델 라인업과 제품군을 얼마나 효율적으로 만들 것인가에 대한 문제를 다루다 보니, 그에 앞서 "그 모델 라인업과 제품군을 어떻게 구성할 것인가?"라는 문제는 상품 기획과 마케팅이 이미 잘 이루어졌다는 전제하에서 논의되어야한다.

아무리 효율적으로 제품을 만들었어도, 그것이 팔리지 않는다면 아무 소용없지 않겠는가! 그런 의미에서 여기서는 상품 기획과 마케팅 부문에서의 모듈러디자인을 위한 역할과 책임에 대해 정의해보겠다. 이는 엄밀히 말하면, 모듈러디자인의 영역은 아니지만, 모듈러디자인을 성공시키려면 반드시 전제되어야 한다.

(1) 상품 기획의 역할

모듈러디자인에서의 상품 기획의 역할은 한마디로 **"시장에서 이길 수 있는 제품군을 정의한다**(Define the Right Products)**"**이다. 이 문장에서 주목해야 할 점은 제품이 아닌 '제품군'이라는 점과 '시장에서 이길 수 있는'이다. 시장 환경은 점점 예측하기 어려워지고, 경쟁은 생존이 걸릴 만큼 치열해지는 중이다.

이 상황하에서 단일 모델의 성패에 기업의 흥망을 걸기에는 리스크가 너무 크다. 아울러 모델 단위의 경쟁시에는 오히려 전략적 다양성이 떨어진다. 나폴레옹 보나파르트가 기존의 군대 단위였던 '사단'을 사단들의 집합인 '군단'으로 재편하면서 이전보다 다양한 전략/전술을 펼 수 있었듯이, 모델 단위가 아니라 모델들의 집합, 즉 제품군 단위로 경쟁해야 시장 환경에 좀 더 유연하게 대응할 수 있다.

상품 기획이 제시하는 모델들의 집합은 '제품포트폴리오'라고 불린다. 이는 전체적인 전략적 방향과 적합해야 하며, 포트폴리오 밸런스도 확보해야 하고, 전체적인 기대가치를 극대화해야 한다. 마지막으로 개발/운영효율성을 극대화할 수 있어야 한다.

시장에서 손해를 보면서 판매해도 그 자체로 경쟁사의 모델을 견제할 수 있는 모델이라든지, 마진이 적을지라도 시장점유율을 끌어올리는 데 큰 도움이 되는 모델이라든지, 높은 원가를 감수해야 하더라도 자사의 브랜드 파워를 올리는 데 중요한 역할을 하는 모델이 있기 마련이다. 그러한 모델마다 자신이 가진 역할과 책임을 활용해 전체 전략을 이끌어내는 것이다. 그렇게 하면 결국 시장에서 승리하게 된다. 그러나 '모델 집합' 단위로 개발을 진행하면 이전에 '모델' 단위로 제품을 개발할 때보다 자원과 역량이 부족해진다. 이를 보완하기 위해 사용해야 할 것이 모듈러디자인이다.

상품 기획을 할 때에는 그 다음에 이어지는 개발이나 운영 과정에서 자원을 함부로 쓰지 않도록 시장 요인을 정확히 파악함으로써 표준화/공용화에 대한 기준을 만들어야 한다. 그 기준을 상품 기획에서는 사용자들에게 가치를 제공하는 단위인 피처Feature로 결정한다. 그 결과물을 제품군에 피처가 미치는 변동 여부를 결정한 뒤, 이후 개발 과정에서 모듈을 표준화/공용화하는 기준으로 삼을 수 있도록 제공한다. 상품 기획이 따라야 하는 제품군 전략 프로세스는 다음과 같다.

핵심 활동 (Key Activities)	디테일Details	해당 부서 (Department)
마켓 센싱	ⓐ 시장 환경 감지 ⓑ 경쟁사 동향 파악 ⓒ 산업 환경 감지 ⓓ 이상점(outlier) 감지	마케팅/영업/ 시장 정보 부서
외부 환경 및 내부 역량 분석	ⓐ 시장 환경 분석 ⓑ 경쟁사 동향 분석 ⓒ 산업 환경 분석 ⓓ 자사 역량 분석	상품 관련 전략/기획

제품군 관련
전략 기획
	ⓐ 기회/위협 요인 감지
	ⓑ 전략적 방향성 결정 : 시장에서 이길 수 있는 제품군의
	  방향 결정
	ⓒ 전략적 버킷 결정 : 제품군 내의 총제품 수를 결정
	ⓓ 제품포트폴리오 기획
	  – 제품군 내 역할 정의
	  – 포트폴리오 요소 선정
	• 전략적 방향성 준수 및 총가치 극대화
	• 포트폴리오 내 밸런스balance(균형) 유지
	• 자원 효율성 극대화
		상품 관련
		전략/기획

피처 모델Feature Model 정의	시장에서 이길 수 있는 제품군의 피처Feature*를 정의한다 – 매력 요소**, 당연 요소***, 선택 요소****를 구분 – '고정'*****과 '변동'*****을 구분	상품 기획
모델별 피처 맵핑Feature Mapping	모델별 피처를 재정의한다.	상품 관련 전략/기획
정의된 피처와 모듈 맵핑Module Mapping	상품 기획에서 정의된 제품군을 최대한 효율적으로 만들 수 있도록 표준화/공용화 활용 – 구조 표준화 – 모듈/부품 공용화 "정의된 제품군을 올바르게 만든다(Define the Products Right)"	모듈러 디자인 기획

표 2. 모듈 조합 제품 판매의 구성 요소

※ 피처Feature – 상품이 가지고 있는 '고객에게 가치를 제공하는' 특징
※※ 매력 요소 – 고객이 제품을 선택함에 있어서 고려되는 주요 특징
※※※ 당연 요소 – 없으면 불만족스러운 특징
※※※※ 선택 요소 – 있으면 좋지만, 없어도 크게 영향을 미치지 않는 특징
※※※※※ 고정 – 제품군 내 모델들의 특징 중 변경이 많지 않은 특징
※※※※※※ 변동 – 제품군 내 모델들의 특징 중 변경이 많은 특징

(2) 마케팅/영업의 역할

  마케팅과 영업은 고객들과의 최접점에서 일하는, 군대로 치면 전

방 부대인 셈이다. 회사에서 그들보다 더 시장/고객의 특성과 변화를 잘 아는 사람은 없다. 그래서 이들의 지식과 경험을 활용하지 않으면, 상품 기획/개발/운영에 상당한 시간과 자원을 들여야 한다.

이런 의미에서 모듈러디자인 활동에서의 마케팅은 모듈러디자인 활동상의 기획을 현실화시키고, 새롭게 재정의할 모듈 기반의 제품아키텍처의 경쟁력을 높이는 것과 같은 중요한 역할을 담당한다. 그렇기 때문에 모듈러디자인 작업에 그들을 반드시 참여시켜야 한다. 필자의 경험상 마케팅/영업 직원들은 시간에 쫓기며, 고객들에게 시달림을 받는 경우가 많다. 그래서 내부 직원들과의 이런 활동을 꺼릴 수 있다. 허나, 그들의 목소리가 활동의 가치를 높이기 때문에 마케팅/영업 직원들을 반드시 참여시켜야 한다.

아울러 마케팅/영업은 기업의 생존과 성장에 큰 영향을 미치는 업무이니만치, 다른 부서들과의 협업은 당연한 일이다. 필자가 앞서 정리했듯이, 마케팅/영업 업무는 시장/고객/산업 관련 정보를 습득하는 것이다. 그러나 이를 어떻게 활용하느냐는 회사 직원들 모두의 역량에 달려있다.

Box 35. 제품 단위로 경쟁하는가? 제품군 단위로 경쟁하는가?

제품을 개발할 때에는 해당 기획/개발 담당 직원들은 제품 자체의 재료비, 생산성, 기능에 목을 맨다. 그리고, 경쟁사의 제품에 비해 우리 제품이 무엇이 우수한지 나열한는다. 그러나 결과는 경쟁사의 제품에 비해 수익성이 안 좋거나, 매출이 떨어진다. 왜일까?

우리 회사는 시장에서 제품 단위로 경쟁하는가? 아니면, 제품군 단위로 경쟁하는가? 다수의 제품들을 동시 또는 정해진 기간 내에 출시하는 기업들에 각각의 모델은 모두 각자의 역할이 있다. 어떤 제품은 높은 기술력과 마케팅 효과를 위해 이익을 남기지 못해도 만들어야 하는 플래그십 모델일 것이다. 또 어떤 것은 막대한 물량을 판매하여 이익을 남기는 모델일 것이다. 어떤 것은 경쟁사의 시장 진입을 막기 위해 손해를 감수하면서라도 출시하는 로스 모델일 수도 있다. 또 어떤 것은 단골 바이어들과의 관계 향상을 위해 만드는 특화 모델이라든가, 시기에 맞춰서 내놓은 절기 모델일 수도 있다. 심지어 다른 모델을 부각시키기 위한 '함정 모델'도 있다.

그런데 이러한 포지션position(입장)과 역할을 무시한 채 무작정 모델들끼리 비교하는 식으로 경쟁 전략을 수립한다면, 특정 모델 덕에 시장에서 우위를 점해 승리하더라도 결과적으로는 전쟁에서 지는 결과로 이어질 것이다. 이러다 보니, 늘 문제가 많은 아이디어 때문에 제품 품질이 오히려 안 좋아지고, 설사 모델이 개선되었더라도 회사는 손해를 보거나 생산 과정에서 복잡성이 올라가는 경우가 발생한다. 앞서 언급했듯이, 나폴레옹은 그 당시 다른 나라 군대와 달리 사단보다 큰 단위인 군단으로 전투를 해서 연승을 거두었다. 이는 나폴레옹이 큰 단위의 부대로 전투를 하다 보니 전략적 다양성과 유연성이 높아졌기 때문이다. 예를 들어, 나폴레옹의 군대는 군단 소속 사단 중 하나가 적 앞에서 공격하는 동안, 다른 사단이 적의 측면으로 우회하여 공격하게 했다. 이런 경우가 위와 유사하리라.

그래도 제품 단위로 경쟁을 해서 승부를 가르고자 한다면 아주 혁신적이거나 새로운 카테고리의 제품을 내놓아야 한다. 그렇더라도 아주 잠깐 우위를 점하다가 상대방의 제품군 단위 경쟁에 밀려 홀로 고분분투한 뒤, 그 경쟁적 우위를 잃게 될 것이다.

6. 모듈러디자인을 위한 조직 구성

플랫폼 전략을 실행하려면 그에 맞는 조직/비용 구조를 갖춰야만
한다. 우선 플랫폼 전략을 기획하고, 이를 운영/관리하는 조직이 별
도로 필요하다. 플랫폼을 제품과 별개로 설계/개발할 조직도 필요
하다. 그 이유는 플랫폼이 다수의 제품에 적용되기에, 플랫폼 없이
제품별로 개발을 진행할 조직과 달리 플랫폼에 대한 선행 투자와
그에 대한 효과를 측정할 수 있는 비용 구조를 마련해야만 하기 때
문이다.

모듈러디자인도 동일하다. 그 기본이 플랫폼 전략이기에 플랫폼
전략 활용에서처럼 조직 구조와 비용 구조를 변화시켜야 한다. 즉,
모듈러디자인을 정착시키려면 개별 회사에 맞춰 그 역할을 담당하
는 조직 변경을 고려해야만 한다.

부서	역할
모듈러디자인 거버넌스governance (총괄관리) 조직 (모듈 기획 조직)	– 모듈러디자인에 대한 기획/운영/관리 – 복잡성 개선 활동에 대한 기획/운영/관리 – 모듈 로드맵 및 운영 계획 수립 – 모듈별 성과 산출
모듈별 개발 조직	– 모듈 기획에 따른 모듈 개발 – 모듈 개발에 필요한 선행 기술 확보
제품 개발 조직	– 선행 개발된 모듈을 활용한 제품 개발

표 3. 모듈러디자인 조직 구성

(1) 모듈 기획 조직

모듈러디자인 기획을 담당하는 거버넌스 조직의 위치나 역할에 대해서는 이견이 있을 수 있다. 그래서 거버넌스 조직은 회사 내에서의 위치에 따라 '개발 조직 내에 있는 경우'와 '경영진 안에 스태프 조직으로 있는 경우'로 나눌 수 있다.

① 개발 중심의 거버넌스 조직

거버넌스 조직이 개발 부서 내에 있는 경우는 모듈러디자인의 실행 초기에 적합하다. 이 경우는 활동 영역이 주로 개발에 한정되어 있으며, 개발의 효율성에 그 목적을 두는 단계다. 실행 초기에는 모듈러디자인 자체가 회사 내에 완전히 받아들여지지 않은지라, 우선 개발 중심으로 그 실행 경험을 쌓고, 점차 그 영역을 넓혀간다.

장점은 초기 주 실행 조직인 개발 부문에 대한 참여/조율/지원이 용이하다는 점이다.

단점이라면 다른 부문과의 협업이 미흡해 개발 부문의 활동으로

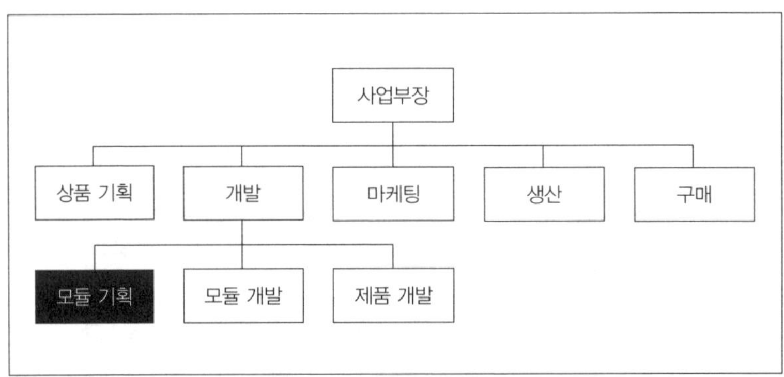

그림 18. 개발 중심의 거버넌스 조직

한정될 가능성이 있고, 경영진의 지원/관심 부족으로 실행 동력을 잃을 수 있다. 아울러 경영진으로부터 힘을 받지 못하면 오히려 개발 부서를 제어할 수 없다는 점, 마지막으로 적합한 인력을 개발 부서에서 지원받지 못하거나, 개발 진행 과정에서 이 부서의 인력이 도중에 차출될 가능성이 높다는 점이다.

② 사업조율형 거버넌스 조직

거버넌스 조직이 사업을 책임지는 경영진 산하에 있는 경우다. 사업조율형 거버넌스 조직은 모듈러디자인의 실행이 중기로 접어드는 시점에 활동 영역을 개발할 뿐만 아니라, 상품 기획 부문과 운영 부문으로 확장하는 시기에 적합하다.

주의해야 할 점은 사업조율형 거버넌스 조직에 힘을 실어주려면 경영진이 직접 운영 상황을 점검하고 보고를 받는 것은 물론, 이 조직의 책임자로 최소한 임원급 인사를 선정해야 한다는 점이다. 초기에는 개발 부문이나 상품 기획 조직과의 협업이 주를 이르기 때

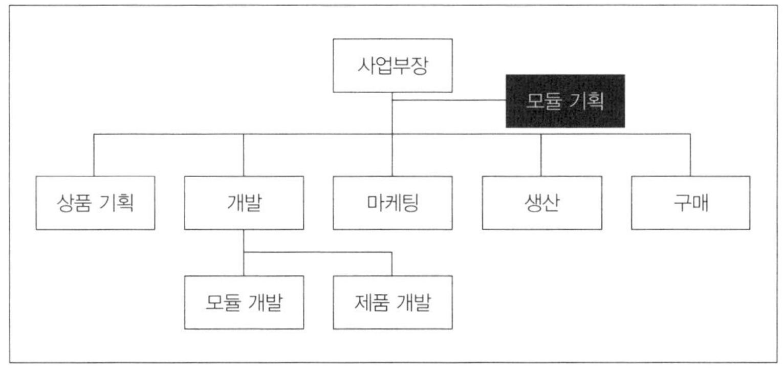

그림 19. 사업조율형 거버넌스 조직

문에, 실무자들 간의 협조 요청 정도로 해결될 수 있는 문제가 대부분이다. 하지만 이후에는 부문들 간의 의사 결정 과정에서의 충돌을 조율해야 하는 일이 많아서, 최소한 각 부문의 책임자들과의 의사 조율이 가능한 경영진이 필요하다.

장점은 기능 부문들 간의 협업/조율/제어에 필요한 동력을 가지고 있다는 점이다.

단점은 그 역할이 개발 산하에 있는 모듈 개발 조직의 역할과 중복될 가능성이 있다는 점과, 가장 긴밀하게 협력해야 할 모듈 개발 조직과 상위 조직이 달라서 모듈 개발 조직과의 조율이 미흡할 수 있다는 점이다. 조직 형태나 구성, 관리 방식도 고유의 기업 문화와 연결되는 부분이 있어서 이론적으로 딱 잘라서 말할 수 없을 정도로 복잡하다. 그러니 이 내용을 참조하여 각자 자신의 조직에 맞는 형태를 연구해야 한다.

(2) 모듈 개발 조직

세대 내 혹은 세대 간 제품들을 공용화할 때 모듈 개발 조직과 제품 개발 조직은 분리되어야 한다. 그리고 하나의 제품에 지나치게 적합화된 모듈 개발은 이루어질 수 없다. 기본적으로 주로 공용화 대상이 될 고정부 모듈별로 개발 조직을 구성해야 하지만, 제품의 규모나 특성에 따라 그 조직 형태는 달라질 수 있다.

모듈 개발 조직은 기본적으로 고정부 모듈별로 제품 개발 팀과 분리된 하나의 팀을 구성하는 것이 원칙이라고 알려져 있다. 그렇지만, 제품/사업 특성에 따라 하나의 기준만으로 모듈 개발 조직을 구성할 수는 없다. 그렇더라도 이 책에 실린 이론적인 내용을 참고하여 자신의 조직, 사업, 제품의 특성에 따라, 혹은 조직 구성의 의도에 따라 보완하여 구성하는 것을 권한다.

① 제품아키텍처 조직(제품 표준화 조직)

모듈 개발 조직과 별도로 제품아키텍처의 무결성(integrity)을 유지하려면 제품 구조를 표준화함으로써 표준 제품 구조를 운영해야 한다. 또한 그에 따른 설계 원칙, 설계안 및 기준, 설계 가이드를 만들고 교육하는 아키텍처 조직도 필요하다. 필자는 이를 '제품아키텍처 조직' 또는 '제품 표준화 조직'이라고 부르겠다. 그 조직을 통해 얻으려는 역할은 다음과 같다.

ⓐ 제품 설계 원칙, 기준, 가이드안 작성
ⓑ 표준 제품 구조 기획 및 운영, 관리
ⓒ 모듈 로드맵 기획 및 운영, 관리
ⓓ 제품아키텍처 교육 및 육성
ⓔ 설계 자산 생성, 운영, 관리

제품아키텍처 조직의 가장 큰 역할은 제품아키텍처의 무결성을 유지하는 것이다. 그러니 제품 개발 과정에서 제품아키텍처의 무결성을 해치지 않으면서 제품아키텍처가 개선/발전될 수 있도록 해야만 한다.

ⓐ 임시 조직(TF 팀)으로 제품 개발 이전에 표준안을 만들고 해체하는 형태

ⓑ 모듈 기획에서 그 역할을 담당하는 형태

ⓒ 모듈 개발 조직들 중 가장 핵심적인 모듈 개발 조직이 이 역할을 병행하는 형태

ⓓ 별도 조직으로서 모듈 개발 조직과 동등한 위치로 존재하는 형태

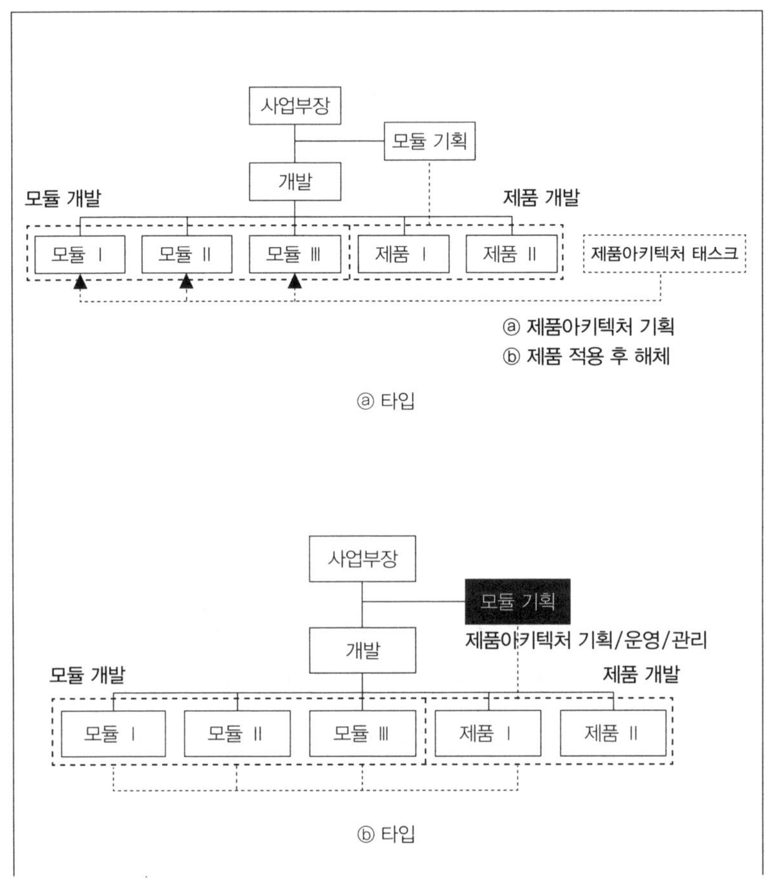

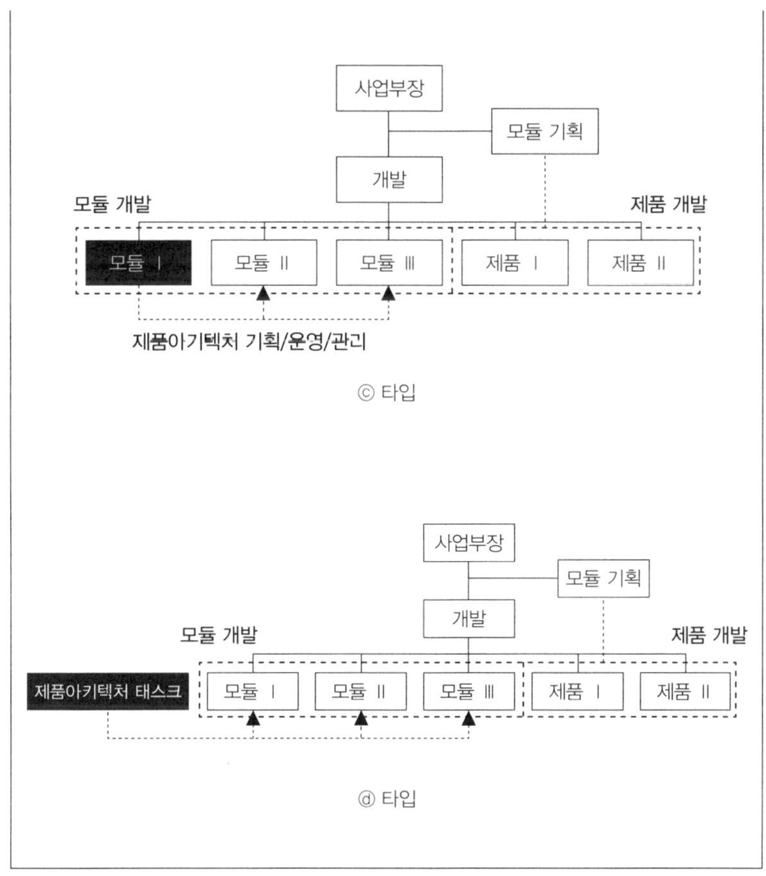

그림 20. 제품아키텍처 조직 타입

② 모듈 개발 조직

모듈 기반의 제품아키텍처를 재정의할 때, 제품의 구성 요소들 간의 인터페이스를 분석하여 클러스터링clustering(군집을 형성)함으로써 모듈을 구성한다. 여기서 한 단계 더 깊이 나간다면, 구성 요소들 간의 인터페이스는 설계/개발 업무의 의존성을 나타내기도 한다고 말할 수 있다.

구성 요소들 간의 인터페이스로 상호작용이 일어난다는 것은 그 구성 요소를 설계하는 주체들 간에도 마찬가지로 협업 같은 의사소통이 필요하다는 뜻이다. 그래서 모듈을 정의한다는 것은 모듈 내의 응집성을 높이면서, 모듈들 간의 설계를 위한 작업을 최소화하고, 그 최소화된 작업을 표준화하여 모듈들 간의 의존성을 낮추는 것이다. 아울러 모듈 설계/개발 과정에서의 작업에서도 의존성을 최소화하는 것이다.

이렇게 작업까지 최소화하면 모듈에 따라 개발 조직을 별도로 구성할 수 있고, 제품 개발 조직과도 분리할 수 있다. 그렇다면 모듈에 따라 하나의 개발 조직을 구성하면 어떨까? 먼저, 최근 전기/전자 제품들은 기구, 하드웨어, 소프트웨어의 복합체로 만들어진다. 그렇기 때문에 조직을 구성할 때에는 기구, 하드웨어, 소프트웨어 간의 비중을 고려해야 한다. 즉, 하드웨어, 기구, 소프트웨어별로 제품 구성 또는 제품 비중이 10~20퍼센트 이하인 부문은 그 자체를 하나의 모듈로 선정하여 팀을 구성한다. 물론, 그 부문 자체가 고정부 모듈로 선정되었을 때 가능하다. 그렇지 않으면 초기에는 하나의 기능팀을 구성해 활동하다가 고정부화가 이루어졌을 때 모듈 개발 팀으로 변경하여 활동하는 것이 낫다. 이제 별도 조직으로 분류된 나머지 제품 구성으로 모듈을 구성했을 때, 기본적으로 고정부 모듈에 대해 특별히 공용화 가능성이나 효과를 얻을 수 있다. 아울러 설계의 독립성이 확보된 변동부 모듈에 대해 모듈 개발 조직을 만든다.

모듈별로 개발 조직을 만들 때는 하드웨어나 기구는 기능별로 수직 분할(vertical decomposition)하여 팀을 구성하고, 소프트웨어는 추상화된 수준에 따라서 수평 분할(horizontal decomposition)하여 레이어별로 팀을 구성한다.

다음은 모듈 개발 조직의 역할이다.

ⓐ 모듈별 설계 원칙, 기준, 가이드안 작성

ⓑ 모듈 내 주요 컴포넌트를 선행 검증

ⓒ 모듈의 경쟁력을 확보하기 위한 기술 동향 파악

ⓓ 모듈별 모듈 로드맵 기획 및 운영, 관리

ⓔ 모듈별 개발/운영 계획 전개, 모듈 공용화 기획 및 실행

ⓕ 모듈 설계안/도면 출도 – 모듈 성능, Q/C/D 확보

ⓖ 제품 적용 대응(트러블슈팅trouble-shooting)

ⓗ 모듈별 전문가 교육 및 육성

모듈 개발 조직도 모듈러디자인의 성숙 단계나 제품/사업 특성에 따라 그 형태를 달리할 수 있다.

처음에는 기구, 하드웨어, 소프트웨어의 기능 중심 팀으로 구별되어 제품 개발 프로젝트가 진행될 때, 이 팀의 멤버들을 차출한다. 그러나, 이 방식으로는 제품아키텍처의 무결성 유지는커녕, 모듈의 선행 기획, 개발, 공용화가 어렵다. 그렇기 때문에 제품 개발 조직과 별도로 표준화 조직을 만들어 설계 기준과 표준 구조를 만드는 역할을 담당시킨다. 마지막에는 모듈 개발 조직을 제품 개발 조직에서 분리하고, 표준화 조직을 제품아키텍처 조직으로 격상시켜 총괄 관리하는 체계를 갖춘다.

ⓐ 하드웨어, 기구 : 기능/구조 단위로 모듈을 구성하고, 이를 토대로 모듈 개발 조직을 선정함

ⓑ 소프트웨어 : 소프트웨어아키텍처를 기반으로 층에 따라 개발 조직을 고려한 후에 같은 층에서 수직 분할을 고려함

모듈러디자인은 기업의 체질을 바꾸기 때문에 단일 부서/부문에서 실행하기 어렵다. 그래서 회사 전체적으로 추진해야만 한다. 해당 부문/부서가 올바른 방향성을 가지고 모듈러디자인을 추진하려면 조언과 조정을 해줄 코치로서의 역할이 필요하다. 여기서 코치의 역할은 추진 과정에서의 방향 설정, 문제 해결, 부문들 간의 갈등 해결 등이다. 필자는 그 코치의 이름을 '모듈러디자인 마스터modular design master'라고 부르겠다. 모듈러디자인 마스터의 개념은 식스 시그마six sigma에서 따왔다. 모듈러디자인 마스터는 모듈러디자인 관련 사상과 방법론을 숙지하고, 사업 특성에 맞게 이를 적용할 수 있는 역량을 갖추어야 한다.

필자가 속한 조직에서는 모듈러디자인의 조기 안착과 확산을 위해 사업부별 코치 제도를 운영했다. 모듈러디자인방법론과 프로세스에 대한 지식을 갖춘 코치로 하여금 사업부를 지원하게 함으로써, 사업 특성에 맞는 모듈러디자인 체계를 갖추기 위해서였다. 그렇지만, 사실상 코치에게 지원 역할뿐만 아니라 감독 역할까지 부여하면서 서로 상반된 역할을 갖추게 된 코치 제도는 결국 변질되었다. 회사 전체에서 추진 중인 모듈러디자인의 빠른 정착을 위해 추진 성과를 객관적으로 보고, 신상필벌信賞必罰을 결정해야 하는 감독과 달리, 코치

는 사업부와 동고동락하고 그들의 목소리를 들어가면서 그들과 함께 성공적인 모듈러디자인을 만들어야만 한다. 헌데 추진과 점검의 역할이 감독과 코치에게 동시에 부여되면서 오히려 감독도, 코치도 제대로 일을 할 수 없는 상황에 이르렀다.

허나 모듈러디자인 마스터의 역할은 감독의 역할보다 코치의 역할과 유사하다. 모듈러디자인 마스터는 모듈러디자인에 대한 강건한 철학 및 방법론과 프로세스에 대한 지식을 갖추어야 한다. 아울러 사업/제품 특성에 맞춰 자신이 가지고 있는 지식을 활용할 수 있는 유연성, 자신과 같이 일하는 사업부 담당자들과의 협업을 위한 의사소통 능력도 갖춰야 한다.

① 모듈러디자인에 대한 강건한 철학
② 방법론 및 프로세스에 대한 풍부한 지식
③ 모듈러디자인 지식을 상황에 맞게 활용할 수 있는 유연성
④ 협업을 위한 의사소통 기술

지금까지 이야기한 것을 정리해보자. 다음은 먼저 모듈러디자인 마스터의 역할이다.

모듈러디자인 마스터의 역할
1. 관련 부서와의 인터뷰로 사업부의 현황과 제품 특성을 파악한다.
2. 실행 담당 인원들이 올바른 방향성을 가지고 추진하도록 가이드한다.
3. 구성원들이 모듈러디자인에 대한 철학을 숙지할 수 있도록 교육한다.
4. 실행에 필요한 방법론 및 프로세스에 대해 교육한다.
5. 담당 사업과 제품의 특성에 맞는 모듈러디자인을 정의하도록

지원한다.

6. 실행 과정에서 발생한 문제를 해결할 수 있는 퍼실리테이터 facilitator(협력자)의 역할을 담당한다.

7. 우수한 실행 사례 관련 결과물을 교재화하여 회사 전체에 나눠 준다.

8. 모듈러디자인 프로세스와 방법론을 지속적으로 갱신한다.

9. 실행 인원들이 실제로 성과를 내게 한다.

이러한 역할은 기본적인 내용이다. 그렇기 때문에 모듈러디자인의 성숙 단계에 따라서 모듈러디자인 마스터의 역할도 달라진다. 이 내용에 대해서는 상황 대응 리더십을 설명한 허시-블랜차드 모형을 참고하면 좋을 것 같아서 아래에 소개한다.

① 지시형 : 일을 처음 시작하는 구성원들에게는 강한 리더십이 필요하다. 모듈러디자인 추진 초기에도 그러하다. 이 시기에는 열정은 높으나, 숙련도는 떨어진다. 이 상황에서 모듈러디자인 마스터는 구성원들에게 명령과 지시를 내려야 할 때가 많다.

② 코치형 : 구성원들의 숙련도가 어느 정도 향상되었다면 점차 일하는 범위가 넓어지면서 의욕과 열정이 떨어진다. 이 시기에는 측면 지원을 해줌으로써 구성원들이 스스로 문제를 해결할 수 있도록 한다.

③ 지원형 : 숙련도가 급격히 상승한 단계에서는 구성원들에게 자율성을 주고, 그들이 스스로 하려는 일에 대한 측면 지원을 주로 담당한다.

④ 위임형 : 구성원들이 자신의 업무를 스스로 통제하는 경우다.

이 시기에는 구성원들이 진행하는 업무에서 모범적인 사례를 찾아내 절차화하거나 방법론에 반영하는 등 파급 효과를 창출한다.

다음은 모듈러디자인 마스터가 가져야 할 지식과 역량이다.

<table>
<tr><td colspan="2" align="center">모듈러디자인 지식 체계

① 모듈러디자인 철학
② 모듈러디자인 프로세스 및 방법론
③ 모듈러디자인 사례
④ 모듈러디자인 관련 문제 해결 가이드라인</td></tr>
<tr><td>지식 영역
① 복잡성 개론, 시스템 사고
② 플랫폼 마인드 셋
③ 제품아키텍처 및 설계
④ 제품 기획/개발/운영 관련 전반적 지식
⑤ 사업부 및 제품에 대한 이해
⑥ IT에 대한 이해</td><td>역량 영역
① 문제 해결 역량
② 리서치/분석 역량
③ 퍼실리테이션(촉진/조정) 역량
④ 인터뷰 역량
⑤ 문서화 역량</td></tr>
</table>

위에 제시된 내용을 따르려면 기본적으로 모듈러디자인 지식 체계를 갖춰야 한다. 허나 그 지식 체계는 제품 설계/프로세스 등의 '지식 영역'과 문제 해결 역량 등의 '역량 영역'의 뒷받침을 받아야 한다.

조직에 대한 문제는 정답이 없다. 또한 그 자체가 기업 문화와 관련된 문제라 함부로 제안을 할 수도 없다. 허나 필자가 여기서 다루고자 했던 부분은 변화에 대한 부분이다. 기존과 다른 방식으로 일하고자 했다면, 이를 담당하는 조직도 변화되어야 한다. 그리고 그 조직의 형태, 책임과 역할은 활동의 목적을 따라야 한다. 이 부분이 명확하지 않으면 조직의 변화는 효과도 없고 지속될 수도 없다. 그렇듯이 조직의 변화가 없는 활동의 변화는 언젠가는 흐지부지될 일시적 활동일 뿐이다. 그 활동이 지속되기를 바란다면 프로세스/조직의 변화를 이끌어야 한다.

단, 조직의 변화는 구성원들의 마인드 변화에서 시작된다. 그 후에 조직의 형태를 변화시켜야 한다. 물론 정답은 없다. 각 기업의 조직 형태에 최적화된 몇 차례의 시도와 실수가 필요할 뿐이다.

요점 정리

- 모듈러디자인의 철학은 모듈러디자인 활동의 기반이 되는 항목들이다.
- 모듈러디자인을 성공적으로 정착시키려면 도입 초기에 도입 프로그램을 활용한다.
- 다양성 관리는 제품 특성에 따라 활동 방향과 범위, 시점, 활동을 정한다.
- 플랫폼 전략이 공통성을 증가시키는 방법이라면, 모듈러디자인은 변동성을 효율적으로 관리하는 방법이다.
- 모듈러디자인 활동을 시작하기 전에 상품 기획/마케팅/영업 분야가 '시장에서 이길 수 있는 제품'을 정의해야 한다.
- 모듈러디자인을 추진하려면 그에 맞는 조직을 구성해야 한다.

제5장. 모듈 정의, 기획, 개발

1. 모듈 정의

(1) '모듈 정의'의 정의

모듈러디자인을 시작하기 위한 첫 단계는 먼저 그 대상안 제품이 어떠한 모듈로 이루어졌는지를 정하는 것이다. 이는 모듈 기반의 제품아키텍처 정의(modular architecturing)로 이루어진다.

모듈 기반의 제품아키텍처 정의(modular architecturing)

모듈 정의(module definition)

즉, 모듈러디자인을 위해서 제품이 어떤 모듈로 이루어졌는지 파악해야 한다. 그 방법은 기존의 제품아키텍처를 모듈러아키텍처로 재정의하는 것이다. 그 과정이 '모듈 기반의 제품아키텍처 정의'인 것이다. 모듈 정의는 다른 모듈러디자인 활동의 기준이 되니 가장 신경 써서 진행해야 한다. 허나 일반적인 경험에 따라 모듈을 정한 뒤 그냥 지나치는 경우도 종종 있다. 물론 이렇게 하면 처음에는 모듈러디자인 활동을 빠르게 진행할 수 있다. 하지만 기준이 모호하여 활동상의 충실도를 잃는 경우가 발생한다. 그러니 시간이 오래 걸리더라도, 모듈 정의에 최대한 시간과 자원을 집중시켜 이후 명확한 활동 기준을 세워야 한다.

(2) 모듈 정의의 프로세스

모듈 정의의 프로세스는 그 과정의 중요성만큼이나 간단하지 않다. 프로세스를 설명하기 전에 명심했으면 하는 것은, 지금부터 소개할 프로세스는 일반적인 모듈 정의의 프로세스인지라 제품/사업의 특성에 따라 변경될 수 있다는 점이다. 그러니 여기에 나오는 프로세스를 참조하여 자신의 사업/제품에 맞게 재구성해보자. 모듈 정의의 프로세스는 사전 분석, 현 제품아키텍처 분석, 제품아키텍처 재정의, 제품아키텍처 최적화 등 총 4단계로 이루어져있다.

활동(Activity)	설명	상세 활동 및 도구
1. 사전 분석	제품아키텍처를 정의할 때 필요한 제품 외부/내부 요인을 먼저 파악한다. 이러한 활동의 결과물은 이후 활동의 판단 근거가 되니, 충실하게 준비한다.	산업역학/외부 환경/라이프사이클/제품 전략/내부 환경/구성 요소 분석 – 하드웨어/소프트웨어/기구 비중 파악 – 구성 요소별 변동 요인 파악
2. 현재 제품 아키텍처 분석	현재 제품이 지닌 아키텍처를 분석한다. 분석 대상을 하드웨어/소프트웨어/기구로 나눠서 진행할지, 같이 진행할지 결정해야 한다.	기능 분석 구조 분석 기능 : 구조 맵핑 도구 : 펑션트리Function Tree(기능체계 분석), 스트럭쳐트리Structure Tree(구조체계 분석)

3. 제품아키 텍처 재정의	현재 제품을 모듈 단위로 구분하여 재정의하고, 모듈들 간의 인터페이스 및 전체 레이아웃을 표준화한다.	인터페이스 정의 모듈화(모듈 클러스터링modul clustering) 인터페이스 최적화 인터페이스 재정의 모듈 속성 분석 모듈/인터페이스 정의서 작성 도구 : DSM(design structure matrix), MFD(module function deployment), MIM(module indication matrix)
4. 제품아키 텍처 최적화	현재 임시로 재정의된 제품아키텍처를 기준으로 시간축 및 제품군 내 변동 요인과 모듈들 간의 의존관계를 파악한다. 파악한 변동 요인에 대한 대응 방안을 수립하여 제품아키텍처에 반영한다.	집단 간 혹은 집단 내 변동 요인 파악 모듈들 간의 의존관계 파악 도구 : GVI(Generational Variety Index), CI(Coupling Index), 전문가 인터뷰 및 판단, 브레인스토밍

표 4. 모듈 기획의 프로세스

① 사전 분석

산업/제품 특성상 모듈러디자인이 적합하지 않은 제품도 있다. 도입기에 갓 들어선 제품이라든가, 슬슬 쇠퇴기에 접어든 제품 등에는 모듈러디자인 적용이 힘들 수 있다. 현재 우리 제품의 시장 내 포지션 자체가 저가격 포지션position(위치)에 있거나, 프리미엄 제품 포지션에 있다면 모듈러디자인이 오히려 적합하지 않을 수 있다. 즉, 이 단계에서는 모듈러디자인의 적합성과 추후 이루어질 활동에 대한 판단 근거를 마련해야 한다. 그러면 이 단계에서 필요한 방법 및 관련 도구를 정리해보자.

A. 산업 역학 분석 및 외부 요인 분석

제품의 아키텍처는 회사의 전략적 의도를 담아서 만들어야 한다. 그런 의미에서 제품아키텍처는 외부의 산업 구조 및 내부의 운영 구조(체계/프로세스)와 정렬을 이루어야 한다. 이를 반영하려면 먼저 현재 제품이 속한 산업 역학 관계를 분석해야 한다. 여기서 이루어지는 활동 과정에서는 산업 구조 내의 핵심 플레이어, 산업 구조의 분산화 정도, 경쟁 강도(competition intensity), 고객 불확실성(customer uncertainty), 기술적 기회(technology opportunities) 등을 파악해야 한다.

ⓐ 도구 - 다섯 가지 경쟁 요인 분석(5 Forces Analysis), 벤치마킹 분석(Benchmarking Analysis)

B. 제품의 라이프사이클 분석

제품의 라이프사이클 단계에 따라서 아키텍처의 형태도 영향을 받는다. 그러니 대상 제품이 라이프사이클상의 어느 위치에 속하는지 파악해둔다. 활동의 대상이 될 제품이 라이프사이클 단계의 어디에 있는지에 따라 모듈러디자인 자체가 적합한지, 부적합한지 결정되고, 모듈화의 수준도 차이가 난다. 예를 들어, 라이프사이클의 초기에 있는 제품이라면 지배적인 아키텍처가 확립되지 않은 상태이기 때문에 모듈 정의로 만들어진 기준이 오히려 제품의 경쟁력을 해치거나, 변동성이 심할 수 있다. 그리고, 성숙기의 후반에서 쇠퇴기에 있는 제품의 경우는 제품의 다양성을 축소해야 하기 때문에,

모듈러디자인보다는 타 비용 절감 활동이 적합할 수 있다.

Ⓥ 도구 - 제품의 라이프사이클 분석(Product Life Cycle Analy-sis), S자형 곡선 분석(S-Curve Analysis), 기술적 라이프사이클 분석(Technology Life Cycle Analysis)

C. 제품 전략 및 내부 요인 분석

이 활동에서는 제품에 영향을 미치는 제품 전략 같은 내부 요인을 분석한다. 일단, 제품아키텍처의 최종 목적은 제품 전략을 효과적/효율적으로 전달하는 것이다. 그러므로 제품 전략은 당연히 파악해야 하고, 조직 구조나 제품 프로세스에 따라 제품아키텍처의 형태도 달라질 수 있기에 미리 파악해두어야 한다.

Ⓥ 도구 - SERVO(strategy, environment, resources, values, organization) 분석, 제품 계열 분석

D. 제품의 구성 요소 분석

마지막으로 제품을 구성하는 요소를 분석해야 한다. 분석 대상은 하드웨어/소프트웨어/기구 등의 개별적 비중과 각각의 변동 요인이다. 구성 요소들의 비중이나 변동 요인을 근거로 제품아키텍처를 따로 구성할지, 같이 구성할지 결정한다. 보통 소프트웨어/하드웨어 비중이 큰 제품군은 기구/하드웨어/소프트웨어를 분리하여 제품아키텍처를 정의할 것을 권한다.

ⓐ 투입물 – 제품 전략, 제품로드맵, 기술로드맵, 산업 환경 분석 자료, 제품아키텍처(하드웨어/소프트웨어/기구), 조직도 등

ⓑ 산출물 – 제품아키텍처 정의 룰, 가이드, 제약 사항(constraints)

이러한 활동의 최종 산출물은 제품아키텍처를 정의하기 위해 정의해야 할 룰, 가이드, 그리고 제약 사항이다. 모든 분석 단계를 거칠 필요는 없지만, 가급적 사전 분석 단계에서 많은 것을 생각해두면 이후 제대로 된 제품아키텍처를 얻어낼 수 있다.

② 현재 제품아키텍처 분석

사전 분석을 마친 후에는 현재 제품아키텍처를 분석해야 한다. 이 단계의 활동의 목적은 제품의 현재 아키텍처를 원점에서 분석해 아키텍처를 재정의하기 위한 기반 자료를 마련하는 것이다. 즉, 다음 단계인 제품아키텍처를 재정의하면서 모듈화를 위한 준비 작업을 진행한다. 물론 이 단계에서 어떤 활동이 필요한지 살펴보는 과정에서 모듈은 기능적/구조적 요소이기에, 이 단계에서는 모듈이 가진 기능과 구성 부품, 모듈들 간의 인터페이스를 파악해야 한다.

현재 제품아키텍처 분석은 다음과 같은 상세 활동에 따라 이루어지고 있다.

모듈	ⓐ 모듈의 기능 ⓑ 모듈의 구성 요소(구조) ⓒ 모듈 내 인터페이스 : 단순화/최적화 대상 ⓓ 모듈들 간 인터페이스 – 표준화 대상

표 5. 모듈의 기능과 요소

A. 기능 분석

일단 제품이 가진 기능을 정의해야 한다. 가장 큰 수준의 기능부터 상세화한 뒤 단계별 트리tree 형태로 정리한다. 먼저 앞서 언급했던 제품의 기능과 구조의 의미에 대해 다시 살펴보자.

제품은 고객에게 그들이 원하거나 필요한 기능을 제공해야 한다. 구조는 기능을 효과적으로 전달하기 위한 수단일 뿐이다.

제품이 당연히 가져야 할 기능을 정의하고, 그 기능을 효과적으로 전달하기 위한 구조를 만드는 과정을 우리는 설계(design)라고 부른다. 기능을 먼저 정의하는 이유는 이후에 정의될 제품아키텍처의 기준이 되기 때문이다. 현재 구조를 먼저 정의하면, 구조에 따라서 제품아키텍처를 정의하게 된다. 그러면 지금 현재의 모습에서 크게 개선되지 않은 제품아키텍처를 가질 수 밖에 없다. 기능을 트리 형태로 만든 다이어그램diagram을 활용하여 필수 기능, 필요 기능, 낭비 기능으로 나눈다.

① 필수 기능 : 고객에게 직접적인 가치를 전달하는 기능
② 필요 기능 : 필수 기능을 구현하는 데 필요한 기능
③ 낭비 기능 : 고객에게 직접적인 가치를 전달하지 못하지만, 설계상의 문제로 어쩔 수 없이 포함된 기능

이렇게 나누는 이유는 다음과 같다. 일단 제품의 기능을 원점에서 정의했다면 필요 기능과 낭비 기능을 배제했을 것이다. 하지만 가지고 있는 배경 지식만으로 작업하다 보면, 어쩔 수 없이 현재

제품의 기능을 참고하게 된다. 이를 원점에서 다시 생각해본다는 의미에서 기능을 분류한다. 이렇게 기능 분류를 한 후에는 필요 기능을 줄이는 방법, 낭비 기능을 제거하는 방법을 찾는다.

ⓐ 도구 - 요구 사항 정의서 및 분석 산출물 분석, 전문가 인터뷰 및 판단

ⓑ 산출물 - 기능 트리(function tree), 기능 재정의

Tip

기능 분석을 할 때 소프트웨어 비중이 큰 제품이라면 소프트웨어/하드웨어/기구로 나누어 정리하는 것이 좋다. 소프트웨어를 정리할 때에는 요구 사항 분석 단계의 산출물인 피처 리스트feature list 등을 활용하여 작성하는 것도 괜찮다.

B. 구조 분석

구조 분석 단계는 현재 정의된 제품 설계 산출물을 활용해 트리 형태로 정리하는 단계다. 기존에 정리된 자료가 있으면 그대로 활용해도 무방하며, BOM(bill of material) 자료를 이용해도 괜찮다. 이 또한 기능 분석 단계와 마찬가지로 필수/필요/낭비로 구분해보고, 개선 관련 아이디어를 찾고 적용해 단순화할 수 있도록 한다.

ⓐ 도구 - 설계 산출물 분석, 전문가 인터뷰 및 판단

ⓑ 산출물 - 제품 구조 트리(product structure tree), 구조 재정의

C. 기능 - 구조 맵핑

기능 분석과 구조 분석으로 얻어진 기능 블록 다이어그램(function block diagram)과 제품 구조 다이어그램(product structure diagram)을 서로 맵핑해 하나의 다이어그램으로 만든다. 이러한 활동의 산출물로 모듈화가 이루어진다.

ⓐ 투입물 - BOM(bill of material), 설계 산출물(요구 사항 정의서, 설계도 등)

ⓑ 산출물 - 기능-구조 맵핑 트리(function-structure mapping tree), 모듈 후보군

몇몇 자료에서는 기능을 **기본 기능, 보조 기능, 손실 기능**으로 구분했다. 필자는 용어는 달라도 의미는 같다고 본다. 중요한 것은 일정한 기준으로 나누어 구분하면서 현 제품을 개선하는 것이다. 원점

에서 기능을 정의한다면, 필수 기능과 필요 기능 정도로 정리되겠지만, 작업을 하다 보면 그렇게만 되진 않는다. 현재 제품을 참고를 할 것이고, 그러다 보면 어쩔 수 없이 낭비 기능이 포함될 가능성이 있다. 그렇기 때문에, 현재 모듈 정의와 직접적인 연관이 없더라도 기능을 구분하여 개선하는 작업이 필요하다.

③ **제품아키텍처 재정의**

이 단계에서는 분석한 자료를 토대로 모듈 기반의 제품아키텍처를 재정의한다. 이 단계는 인터페이스 정의, 모듈화, 인터페이스 최적화, 인터페이스 재정의, 모듈 속성 부여, 모듈/인터페이스 정의서 작성 및 활동, 레이아웃 표준화 등으로 이루어져있다.

모듈은 모듈 내의 기능응집성, 모듈들 간의 독립성이라는 두 가지 조건을 만족시켜야 한다. 이러한 조건은 이 단계에서 확보해야만 한다. 그런 의미에서 가장 중요한 활동은 인터페이스를 정의하는 것이다. 모듈들 간의 인터페이스로 인해 모듈들 간의 독립성이 결정되고, 인터페이스를 어떻게 재정의하느냐에 따라 모듈 내의 기능응집성도 영향을 받는다.

A. 인터페이스 정의

현재 제품아키텍처를 분석하는 단계의 산출물로서 나온 모듈 후보군을 대상으로 인터페이스를 파악한다. 설계 자료에 따라 현재 인터페이스를 정의하고 분류/분석한다. 인터페이스의 종류는 다양하고, 그 활용도에 따라 분류 기준을 정한 뒤 분류하면 된다. 하지만 보통 **물리적 연결**(physical connections), **질량의 이동**(mass flow), **에너지 흐름**(energy flow), **정보 흐름**(information flow) 등 네 가지 기준이 활용된다. 인터페이스의 종류는 '모듈 내 인터페이스'와 '모듈들 간 인터페이스'로 나누어 위와 같이 분류하고, 인터페이스에 대한 가중치와 강도를 선정한다.

① 가중치(Weight) – 인터페이스 종류별 중요도
 - 예) physical connections : 1, mass flow : 2, energy flow : 3, information flow : 1
② 강도(Strength) – 부품들/모듈들 간 의존 강도

정의된 인터페이스는 모듈 내부/외부에 따라서 활동 방향을 결정한다. 기본적으로 모듈 내부의 인터페이스는 철저하게 모듈 자체의 성능을 높이는 방향으로 최적화해야 하고, 모듈 외부의 인터페이스는 기본적으로는 삭제하고, 삭제할 수 없는 인터페이스는 가중치가 낮은 인터페이스로 대체하거나, 강도를 낮추거나, 모듈을 분리 또는 결합해야 한다. 어쨌든 인터페이스를 정의하는 활동에서는 인터페이스 분류, 명칭, 구분자, 가중치, 강도, 연관 구성 요소를 작성한다.

ⓐ 산출물 – 인터페이스 목록(인터페이스 분류, 명칭, 구분자, 가중치, 강도, 연관 구성 요소)

B. 모듈화

모듈화는 용어 그 자체로도 활용처에 따라 다양한 의미로 사용할 수 있다. 예를 들어, 제품아키텍처를 모듈러아키텍처로 전환하는 과정 자체도 '모듈화'라고 부른다. 하지만 필자는 '모듈을 구분하는 활동'이라는 의미로만 사용하겠다.

이전 활동에서 구성 요소(모듈 후보, 구성 요소)들 간의 인터페이스까지 정의했다면, 이를 기초로 모듈을 구분해야 한다. 가장 먼저 적절한 모듈화 방법을 선택해야 한다. 이에 대한 기준은 다음과 같은 세 가지다. **전개 방향**(Top-down/Bottom-up), **기준 항목**(Component-Focus/Function-Focus), **분할 방향**(Vertical/Horizontal)이 그것이다. 이에 대한 좋은 참고 문헌은 케네스 에스킬드센이 쓴 《모듈러리제이션*Modularization*》(2011년 출간)이다.

전개 방향을 보자. 하향식(top-down)은 제품에서부터 트리 형태로 아래를 향해 전개하여 모듈을 찾는 것이며, 상향식(bottom-up)은 기본 요소에서 클러스터링^{clustering}(군집을 형성) 기법으로 모듈을 찾는 것이다.

기준 항목을 보자. 컴포넌트 중심(component-focus) 모듈화는 구조적 요소, 즉 부품이나 서브 어셈블리 같은 물리적 요소를 기초로 모듈화를 진행하는 것이다. 이는 주로 제품 구조가 정형화가 되고, 잘 알려진 변화가 적은 산업에 적합하며, 좀 더 심도 있게 분석할 수 있다는 장점이 있다. 기능 중심(function-focus) 모듈화는 공용화 기회를 제품 구조나 산업이 빠르게 변화하는 제품군이나 소프트웨어에 적합한 방법으로 좀 더 많이 탐색할 수 있다는 장점이 있다.

마지막으로 분할 방향을 보자. 이는 수직 분할(vertical decomposition)과 수평 분할(horizontal decomposition)로 나눌 수 있다. 수직 분할은 기능을 기준으로 삼고서 시스템을 세로에 따라 여러 층으로 분할하는 것이다. 수평 분할은 가로에 따라 기능별로 구분하는 것이다. 보통 메카닉스 제품과 일렉트로닉스 제품에 사용한다. 아울러 구성 요소는 수직 분할을, 소프트웨어의 경우는 수평 분할을 활용한다.

이 세가지 기준에 맞추면서 딱 한 가지 방법만 사용해서는 안 된다. 산업별/제품별로 그 특성에 맞춰 필요한 모듈화 방식을 선택해야 한다. 그리고 모듈화로 얻어진 결과에 따라 이전 활동에서 정의한 인터페이스를 내부/외부로 재분류한다.

ⓐ 도구 - MFD(Module Function Deployment), 전문가 인터뷰(Expert Interview), MIM(Module Indication Matrix), DSM(Design Structure Matrix)

ⓑ 산출물 - 모듈 리스트

Box 38. 모듈화의 종류

제품 구조를 '모듈 기반의 제품아키텍처(modular architecture)'로 전환하는 과정을 모듈화라고 한다. 모듈화 방법은 아래와 같이 네 가지가 있다. 그 기준은 컴포넌트 중심(component-focus)/기능 중심(function-focus), 그리고 하향식(top-down)/상향식(bottom-up) 두 축씩으로 나눈다.

컴포넌트 중심 모듈화는 주로 제품 구조가 정형화가 되고, 잘 알려진 변화가 적은 산업에 적합하다. 또한 좀 더 심도 있게 분석할 수 있다.

기능 중심 모듈화는 제품 구조나 산업이 빠르게 변화하는 제품군 또는 소프트웨어에 적합한 방법이다. 또한 공용화 기회를 좀 더 많이 탐색할 수 있다.

하향식은 제품으로부터 아래쪽을 향해 트리 형태로 전개하여 모듈 후보군을 찾는 방법이다.

상향식은 기본 요소로부터 클러스터링 기법을 이용해 모듈 후보군을 찾는 방법이다. 자신이 속한 산업과 제품군에 맞춰 방법 하나를 선택하거나, 두 개 이상의 방법을 혼합해 사용할 수 있다. 예를 들어, 소프트웨어의 경우는 수직 분할을 하기보다는 레이어아키텍처layered architecture로 수평 분할하는 경우가 대부분이다. 그렇기 때문에 먼저 층(레이어layer)으로 구분해놓고, 해당 층 안에서 기능 단위로 하향식 전개를 하는 것이 적절하다.

전자제품의 경우, 주요 부품들을 중심으로 기능이 결정되기에 컴포넌트 중심의 상향식 방법을 사용한다. 허나 간혹 핵심 컴포넌트 (key component)를 중심으로 인터페이스 스펙을 결정하여 모듈화하는 것이 유용할 때가 있다.

	하향식(top–down)	상향식(bottom–up)
기능 중심 (function–focus)	기능을 상위 요소부터 하위 요소까지 전개한 후, 모듈들이 책임져야 할 기능을 정의한다	기능들을 일정 수준까지 클러스터링한 후, 제품 설계를 이상적으로 하는 방식이다
컴포넌트 중심 (component–focus)	전문가 인터뷰를 통해 모듈 기반의 제품아키텍처를 정의하는 방식이다	컴포넌트들의 인터페이스 관계를 수리적으로 계산해 클러스터링 후 모듈을 결정하는 방식이다

1. 하향식/기능 중심

– 적합 제품군 : 소프트웨어, 시장 변화가 많은 시장 진입 제품군

- 장점
a. 열린 사고를 기초로 제품 구조를 컨셉화할 수 있음
b. 제품군들 간의 공용화할 수 있는 모듈을 정의할 수 있음

- 단점
a. 시간이 오래 걸림
b. 제품에 관한 기존의 사고방식을 변화시키지 못하면 좋은 결과를 얻기 어려움
  - 관련 도구 : MFD(module function deployment)

2. 하향식/컴포넌트 중심
  - 적합 제품군 : 기존 제품아키텍처 및 컴포넌트의 수가 광범위하고 복잡한 제품군

- 장점
a. 상향식 방식을 활용하기에 제품 구조가 복잡한 경우에 유용함
b. 이후 모듈 기반의 제품 구조를 정의하기 위한 참고 포인트(reference point)로 활용할 수 있음
c. 경영자의 확신과 구성원의 자발성이 기초가 된다면, 빠른 진행이 가능함
d. 기존 아키텍처에 대한 학습이 가능함

- 단점
a. 전문가 선정이 적절하지 않은 경우, 잘못된 구조를 잡을 가능성이 높음
b. 관련 부문의 전문가를 선정해야 하며, 이들의 전문성이 보장되어야 함
c. 전문가들 간의 협업이 필요함

- 관련 도구 : 전문가 인터뷰(expert interview)

3. 상향식/기능 중심

- 적합 제품군 : 기본 기능에 대한 정의는 완료되었으나, 시장 변화가 많은 제품군

- 장점

a. 열린 사고를 기초로 한 제품 구조 분석이 가능함

b. 현재 제품이 가진 기능의 목적을 재평가할 수 있음

c. 제품 구조에 대한 리디자인redesign(재디자인)이 가능함

d. 제품포트폴리오 내의 제품의 유사성이 높은 경우, 복잡성을 줄이는 데 유용함

- 단점

a. 진행이 오래 걸림

b. 목표를 달성하려면 구성원의 다양성과 전문성이 요구됨

- 관련 도구 : QFD(quality function deployment), MIM(module indication matrix)

4. 상향식/컴포넌트 중심

- 적합 제품군 : 시장 변화가 적고, 제품 구조가 사실상 확정된 제품군
  예) 자동차 등 기계 제품군

- 장점

a. 현재 제품 구조의 모듈화 정도를 수학적으로 평가할 수 있음

b. 제품 구조 개선시에 유용함

c. 내부분석용으로 유용함

• 단점 : 시장/고객 요인이 변화하는 경우, 이에 대한 대응이 어려움

  - 관련 도구 : DSM(design structure matrix)

cf) 핵심 컴포넌트 중심의 방법론 : 반도체를 활용하는 전자제품
    군에는 핵심 컴포넌트 중심으로 이러한 접근 방식이 유용하다.
    컴포넌트와 인터페이스 스펙에 대한 지식을 제품 설계에 적용
    해야 하는 경우에 활용할 수 있다.

[참고] 케네스 에스킬드센,《모듈러리제이션*Modularization*》, 2011년

Box 39. 모듈화 과정(1)

카를로스 Y. 볼드윈과 킴 B. 클라크가 쓴《디자인룰*Design Rules*》
에 있는 모듈화 과정이 가장 일반적인 모듈화 원리를 설명하고 있어
서 소개해본다. 모듈화는 먼저 컴포넌트나 서브시스템의 구조적 요
소를 수평/수직으로 분할하여 모듈을 추출한 뒤, 모듈들 간의 관계
를 정의하는 비주얼 디자인룰visible design rules을 정의한다. 일반적으
로 모듈들 간의 인터페이스가 이에 포함된다. 이후에는 모듈별로 모
듈 내부의 히든 디자인 파라미터hidden design parameters를 정의함으
로써 모듈화 과정이 마무리 된다.

ⓐ 전체 구조에서 수평/수직 분할로 모듈을 분리하는 과정
ⓑ 모듈들 간의 관계를 정의하는 비주얼 디자인룰을 결정하는 과정
ⓒ 모듈별로 히든 디자인 파라미터를 다른 모듈과 분리하는 정보
    은닉(information hiding) 과정

다음은 대표적인 모듈을 파악하기 위한 도구인 DSM(design structure matrix)의 프로세스다. 결과적으로 구조적 요소들 간의 상호작용이 큰 것들을 하나의 모듈로 묶고, 그렇지 않은 요소들은 다른 모듈들로 구분한다. 즉, 모듈 내의 구조적 요소들의 응집성은 높고, 모듈들 간의 구조적 요소들 간의 독립성을 높이는 방향으로 DSM을 진행해야 한다. 그 과정은 다음과 같다.

1. 모델링할 제품/시스템을 정의한다.
2. 제품 관련 문서를 수집한다.
3. 제품구조적 요소 목록을 작성한다(같은 레벨로 최대한 자세하게 표현한다).
4. 엑셀에 DSM 문서를 작성한다.
5. 이전에 작성한 제품구조적 요소에 고유 번호(1~N)까지 표기하고, 엑셀 파일의 열/행에 1~N까지 표기하여 매트릭스를 구성한다 (N : 구조적 요소의 개수).
6. 구조적 요소들 간의 물리적인 연결이 있을 경우, 작성한 매트릭스에 표기한다.
7. 열-행, 행-열 부분에 표기가 되었는지 확인한다.
8. 물리적 연결을 통한 질량의 이동이 있는지 확인하여 표기한다.
9. 열-행, 행-열 부분에 표기가 되었는지 확인한다.
10. 물리적 연결을 통해 에너지의 이동이 있는지 확인하고 표기한다.
11. 열-행, 행-열 부분에 표기가 되었는지 확인한다.
12. 물리적 연결을 통하여 정보의 이동이 있는지 확인하고 표기한다.
13. 열-행, 행-열 부분에 표기가 되었는지 확인한다.
14. 물리적 연결이 없는 구조적 요소들 간의 상호작용이 있는지 확인하여 표기한다.

15. 모듈을 정의하기 위해 매트릭스를 정렬한다.

16. DSM의 정확도를 재확인한다.

17. 모듈을 파악하고, 리뷰 후에 종료한다.

C. 모듈과 인터페이스 최적화 및 재정의

전 단계까지 나온 모듈/인터페이스 목록을 토대로 모듈과 인터페이스를 최적화한 뒤 재정의한다. 앞서 이야기 했듯이 모듈은 모듈 내 기능응집성과 모듈들 간 독립성을 가져야 한다. 그렇기 때문에 모듈 내의 인터페이스는 많아도 상관없지만, 모듈들 간에는 인터페이스가 최소화되어야 한다. 외부 인터페이스로 선정된 인터페이스의 결합도를 계산한다.

인터페이스 결합도 = 인터페이스 가중치 × 인터페이스 강도

모듈들 간의 인터페이스 결합도에 대한 임계치를 결정한다. 임계치는 허용할 수 있는 모듈들 간의 인터페이스의 결합도이다. 먼저 인터페이스 목록 중 영향도가 임계치 이상인 외부 인터페이스로 분류된 것들을 다음과 같은 활동으로 최적화한다.

① 인터페이스 삭제

② 가중치가 낮은 인터페이스로 대체

③ 인터페이스의 강도를 낮추기(인터페이스 강도의 임계치 설정)

④ 인터페이스 표준화

⑤ 인터페이스의 결합률이 높은 모듈들 간의 결합

앞서 'Box 39. 모듈화 과정(1)'에서 설명했듯이, 비주얼 디자인룰
과 히든 디자인 파라미터로 나눌 수 있다.

① 비주얼 디자인룰 : 모듈들 간에서 혹은 모듈과 시스템 간에서
　　교환되는 정보
　- 아키텍처 : 구성 요소, 구성 요소들 간의 인터렉션interaction, 구
　　성 요소의 기능 표현
　- 인터페이스 : 모듈들 간의 접합, 통신, 연결 표현
　- 표준(standards) : 디자인룰 준수 여부를 평가, 타 모듈 대비
　　성능 평가
② 히든 디자인 파라미터 : 모듈 내에서 사용되는 정보, 모듈 설
　　계/구현 시 사용되는 정보

모듈들 간의 인터페이스는 비주얼 디자인룰 중에서 모듈들 간
의 접합, 통신, 연결 표현을 담당하게 되는 일종의 의존관계이자 약
속이다. 모듈로 분리된다는 것은 그에 따른 기획, 개발, 실험, 소싱
sourcing(구매) 과정 등에서 분리되어야 함이다. 그러려면 모듈들 간
의 인터페이스는 제거되거나, 일정하게 정해진 형태를 갖춰야 한다.
이를 위해서 위에 언급한 활동을 순서대로 진행한다. 그렇다고 해서
모든 활동을 실행하라는 것이 아니라, 해당되지 않은 활동을 생략하

고, 다음 단계로 넘어가는 것도 가능하다. 이후에는 모듈별 내부 인터페이스를 모듈 성능을 최적화하는 방향으로 재정의한다. 만약 당장 최적화할 수 없는 것이 있다면 '인터페이스 정의서'에 기록해둔다.

ⓐ 산출물 – 최적화된 모듈/인터페이스 리스트

D. 모듈 속성 분석

이러한 활동에서는 최적화된 상태의 모듈에 대한 속성을 분석한다. 이러한 활동의 목적은 모듈 정의 이후의 활동에 방향성을 잡기 위함이다. 그래서 개별 모듈별로 중점적으로 고려해야 할 항목을 선택하여 그 속성으로 지정해둔다. 참고로 PTC 측에서 발표한 〈모듈러아키텍처Modular Architecture〉를 토대로 몇 가지만 정리해두었다. 활동을 정의하는 데 사용하려고 한다면 아래의 내용을 자세히 분석하기를 권한다.

① 재사용(Carry-Over, Reuse)

② 기술 발전(Technology Evolution)

③ 공용화(Commonality)

④ 성능 향상(Upgradability)

⑤ 내구성 향상(Serviceability)

⑤ 리드타임Lead-Time(상품을 생산 개시한 뒤 완성하기까지 걸리는 시간)

⑥ 품질(Qualiity)

⑦ 비용 절약(Cost saving)

⑧ 공급자/유통업체 측의 복잡성(Supplier and distributor complexity)

⑨ 외관 디자인^{Design}

ⓐ 산출물 – 모듈 속성표

E. 모듈/인터페이스 정의서 작성

마지막으로 지금까지 작업한 내용에 따라 모듈/인터페이스 정의서를 작성한다. 모듈 정의서에는 모듈별로 구분자, 명칭, 주요 기능, 관련 인터페이스, 주요 부품, 모듈 파생 현황 등을 정리한다. 인터페이스 정의서에도 인터페이스별로 구분자, 명칭, 타입, 관련 모듈, 모듈 파생 현황 등을 정리한다. 이러한 문서들은 한번 작성하고 끝나는 것이 아니라, 지속적으로 업데이트해야 한다. 아울러 업데이트하는 과정을 표준 절차로 만든 뒤 정기적으로 실행한다. 모듈과 인터페이스는 고유의 구분자를 지정할 수 있는 부여 기준을 마련해 회사 내부에서 통용될 수 있도록 한다.

ⓐ 산출물 – 모듈 정의서, 인터페이스 정의서

※ 레이아웃 표준화 – 이 활동은 선택 항목이다. 모듈이 결정되었다면, 이를 배치하는 위치와 크기 등을 결정하는 레이아웃을 표준화해야 한다. 레이아웃을 표준화하면 부자재 등을 표준화할 수 있다. 그러면 부품의 종류가 줄어들고, 부품 단가도 줄일 수 있다. 공정/공구

의 표준화도 가능하고, 더 나아가 자동화 가능성도 찾을 수 있다. 그렇기 때문에 메카닉스/일렉트로닉스 부품에 많이 의존하는 제품이라면 레이아웃을 표준화하는 것도 고려해야 한다.

④ 제품아키텍처 최적화

여기까지 진행하면 제품의 모듈과 인터페이스가 파악되었을 것이다. 즉, 이를 기반으로 아키텍처를 재정의한 것이다. 이 단계에서는 지금까지 정의해놓은 모듈 기반의 제품아키텍처를 다양성 관점에서 개선할 수 있는 방안을 찾아보고, 그 아이디어를 적용해 제품아키텍처를 최적화한다. 세부 활동은 다양성 및 다양성 요인 분석, GVI/CI 분석, 개선 아이디어 도출/적용, 표준 문서 작성, 정기 회의체 및 정기 프로세스 수립으로 이루어져 있다. 그럼 하나씩 살펴보자.

A. 다양성 및 다양성 요인 분석(Variety Visualization)

이전 단계에서 정의된 모듈과 인터페이스에 대한 다양성을 정리해보자. 다양성 발생 현황, 즉 다른 모듈과 무엇이 다른지를 기록함으로써 전체 모듈의 다양성을 정리한다. 이후에 이 다양성이 발생한 요인을 아래의 기준에 따라 분석한다.

ⓐ 시장 요인에 따른 다양성

ⓑ 타 모듈과의 인터페이스로 인한 다양성

ⓒ 설계상의 요구에 따른 다양성

ⓓ 그 외의 낭비 요인으로 인한 다양성

이렇게 다양성을 분류하는 이유는 개선할 다양성에 집중하기 위해 범위를 좁히기 위해서이다.

각각의 요인에 따른 다양성에 대한 대응 활동은 다음과 같다.

다양성 요인	대응 방안
시장 요인에 따른 다양성	현 작업에서는 배제
타 모듈과의 인터페이스로 인한 다양성	인터페이스 최적화
설계상의 요구에 따른 다양성	설계 사양을 표준화하여 해결할 수 있는지 점검
그 외의 낭비 요인으로 인한 다양성	제거

표 6. 다양성에 대한 대응 활동

모듈과 인터페이스에 대해서 다양성, 다양성 요인, 다양성 요인에 대한 대응 방안에 따라 정리한다.

ⓐ 도구 – 모듈/인터페이스 버라이어티 현황(module/interface variety map)

ⓑ 산출물 – 모듈/인터페이스 버라이어티 현황(module/interface variety map)

B. GVI/CI 분석

한번 정의된 제품아키텍처는 적어도 몇 세대 동안의 변화에도 동요하지 않고 안정적이어야 한다. 제품상의 작은 변화에도 제품아키텍처가 흔들린다면, 제품아키텍처를 잘못 정의한 것이라고 볼 수 있다. 그리고 모듈에 핵심 기술이 포함되거나, 큰 투자비가 필요한 모듈이라면 몇 세대가 지나도 변화가 없도록 최적화해두어야 한다. 그래서, 이용하는 도구가 GVI(Generational Variety Index, 세대별 다양성 지수)와 CI(Coupling Index, 의존성 지수)이다. 다양성은 크게 동시계열에 출시되거나 현재 동시계열상에서 양산되는 제품들 사이에서의 다양성과, 시계열상에서 일어나는 다양성으로 나눠볼 수 있다.

동시계열상에서 양산되는 제품들 사이에서의 다양성은 이전 단계에서 모듈 버라이어티 맵^{Module Variety Map}(모듈의 다양성을 시각화한 도구)으로 개선할 수 있다. GVI는 시계열상에서 일어나는 다양성을 어떻게 개선할 것인가를 결정짓기 위한 도구다. GVI는 시계열상에서 일어날 수 있는 변화의 요인을 기술/시장/생산 관점에서 찾아본 뒤, 이 요인들이 모듈에 어떤 영향을 미치는지 파악하고, 이를 수치화한다. 그 후에 이 수치를 낮추려면 어떠한 개선 작업을 할지 알아보는 것이 GVI 분석에서 이루어지는 활동이다. GVI의 목표는 시간이 지나도 변경할 필요가 없는 아키텍처/모듈을 갖는 것이다.

CI는 모듈들 간의 인터페이스로 인한 변화 요인을 찾아보고, GVI처럼 이를 수치화하여 개선하는 데 사용된다. CI 줄이기는 모듈들 간의 의존도를 낮춰 모듈들의 독립성을 높인다. CI 분석을 진행하다 보면, CI를 줄일 수 없는 경우도 있다. 이때는 모듈을 분해/결합하는 방안도 고려한다.

ⓐ 도구 - GVI, CI
ⓑ 산출물 - 모듈 기반의 아키텍처에 대한 최적화 방안

C. 개선 아이디어 도출 및 적용

앞선 활동에서 나온 분석 결과를 토대로 개선 아이디어를 도출하고 적용한다. 이 단계에서는 개발, 구매, 상품 기획, 마케팅, 생산, 디자인 등의 전문가를 인터뷰하고, 그들의 판단에 따라 현재 정의된 제품아키텍처에 관한 개선 의견을 받은 뒤 적용한다.

ⓐ 도구 – 브레인스토밍, 브레인라이팅, 아이디어 발굴 도구, 전문가 인터뷰 및 판단
ⓑ 산출물 – 개선된 제품아키텍처

D. 표준 문서 작성

지금까지 정의된 제품아키텍처, 모듈/인터페이스에 대한 정의서를 표준으로 등록한다. 표준으로 등록한다는 것은 회사 전체에서 공통적으로 사용하도록 강제화한다는 뜻이다. 즉, 다양한 부문의 전문가와 책임자의 의견을 받아서 표준 문서를 검토한 후에 등록한다.

ⓐ 표준 제품아키텍처 정의서
ⓑ 표준 모듈 정의서
ⓒ 표준 인터페이스 정의서

E. 정기 회의체 및 정기 프로세스 수립

아마도 이 작업을 맨 처음 진행할 때는 임시 TF 형태로 진행했을 것이다. 그러나 한번 정의된 모듈 기반의 제품아키텍처는 정기적으

로 최적화하지 않으면 곧 쓸모없어진다. 그러니 이를 최적화하기 위한 관련 부문들의 정기 회의체/프로세스를 만들어야 한다.

회의체는 의사 결정에 최종 의사 결정자를 포함한 조직 책임자들을 참여시키고, 실질적인 활동을 추진할 운영체도 소집해야 한다. 이 모든 활동은 조직 내의 표준 프로세스로 정의한 뒤 정기적으로 실시한다. 이 과정에서 가장 위험한 것이 한번 정의한 후에 변화된 환경에 따라 업데이트되지 않은 아키텍처를 붙들고 있는 것이다. 노키아의 예처럼 과거의 자산은 현재의 부채가 될 수 있다. 시간과 인원을 투입해 만든 제품아키텍처도 계속 업데이트하지 않으면 현재 회사의 발목을 잡는 부채가 될 수 있다. 이는 모듈러디자인 과정에서 가장 중요한 활동이니, 시간/자원을 가장 많이 투입해야 한다.

※ 유의사항

1. 의사 결정을 진행할 회의체와 활동을 추진할 운영체는 분리해서 운영한다.

2. 운영체에는 관련 부서들의 실무담당자들을 모두 참여시킨다.

3. 회의체에는 관련 부서들의 조직책임자를 포함한 최종 의사 결정자들을 포함시킨다.

4. 제품아키텍처의 업데이트는 주기는 제품 개발 주기(보통 1년)와 가급적 맞춘다.

5. 제품아키텍처, 모듈, 인터페이스는 표준 문서로 정리하여 사업부 내에서 공유한다.

6. 제품아키텍처를 최적화/재정의하는 프로세스는 표준화한다.

Box 41. 모듈화 과정(2)

1. 모듈화할 제품 선정(Determine Products to Modularize)

모듈화 작업(모듈 기반의 제품아키텍처 정의)을 위한 크로스 평션 팀 cross-functional team을 구성하고 모듈화 대상을 선정한다. 마케팅, 연구개발, 상품 기획, 생산 등이 여기에 해당된다. 이 단계에서 가장 중요한 것은 크로스 평션 팀 구성이다. 모듈화 이전에 최대한 많은 부문의 의견을 이끌어내고, 모듈 기반의 제품아키텍처에 이를 최대한 반영한다. 꼭 참석해야 하는 부서는 마케팅, 연구개발(기술 기획), 상품 기획, 생산이다.

2. 고객 요구 사항 수집(Define Customer Requirements)

현재는 물론 미래의 고객들의 요구 사항을 조사/정리한다. 이 단계에서는 QFD (Quality Function Deployment, 품질 기능 전개) 같은 도구를 활용한다. 모듈화 작업을 거친 모듈 기반의 제품아키텍처는 상당 기간 동안 유지되어야 한다. 매년 업데이트를 해야 하지만, 어느 정도는 견고하게 유지되어야 한다. 그러기 위해 이 단계에서는 고객의 요구 사항의 변화를 체크해야 한다.

3. 기술 솔루션 평가 및 선택(Assess and Select Technical Solutions)

제품의 기능 구조를 정의하고, 관련 기능의 기술 솔루션도 맵핑한다. 제품에 대한 기능전개도를 작성한 뒤, 기술솔루션 및 기능과 연결한다. 가장 큰 기능을 '레벨Level 1'로 정하고, 주로 트리 형태로 기능을 전개한다.

4. 모듈 정의(Identify Modules and Create Designs)

기술 솔루션을 기준으로 모듈을 정의하고 개별 모듈에 대해서도 평가한다. 이때에는 MFD(Modular Function Deployment, 모듈 기능 전개)

같은 도구를 활용한다. 기능과 기술 솔루션을 맵핑한 결과로 모듈 후
보군을 정의하고, 모듈에 대한 평가도 진행한 뒤, 결과에 따라서 모
듈 정의를 확정한다.

※ 모듈 평가 기준

① 기술 발전(Technology evolution)

② 재사용 가능성(Reuse possibility)

③ 잠재적인 비용 절약(Potential cost savings)

④ 공급자/유통업체 측의 복잡성(Supplier and distributor complexity)

5. 모듈 정의 대안을 평가(Evaluate Modular Design Alternatives)

모듈 기반의 제품아키텍처 평가로 확정한다. 이전 단계에서 정의
한 모듈 기반의 제품아키텍처를 바로 위의 평가 기준 등으로 평가/
확정한다. 이 단계에서도 크로스 펑션 팀을 구성한다.

※ 모듈 기반의 제품아키텍처 평가 기준

① 품질(Quality)

② 유연하게 변화할지 여부(Variation flexibility)

③ 리드타임Lead-Time

④ 개발 비용(Development costs)

⑤ 개발 능력(Development capacity)

⑥ 제품 가격(Production costs)

⑦ 서비스 및 업그레이드 가능성(Service and upgrade possibilities)

6. 모듈러디자인 구현, 향상 재분석(Implement, Improve, or reject modular design)

2. 모듈 기획

　어떠한 업무라도 목적이 있다면 그것을 달성하기 위한 기획 활동이 필요하다. 이는 모듈러디자인에서도 동일하게 통한다. 이전 단계에서 모듈을 정의했다면, 그것을 개발하기 전에 기획 활동을 거쳐야 한다. 결국 모듈 자체의 경쟁력과 운영효율성을 높이기 위한 방안을 고민하는 것이 모듈 기획(module planning) 단계에서 할 일이다.

Box 42. 모듈 라이프사이클

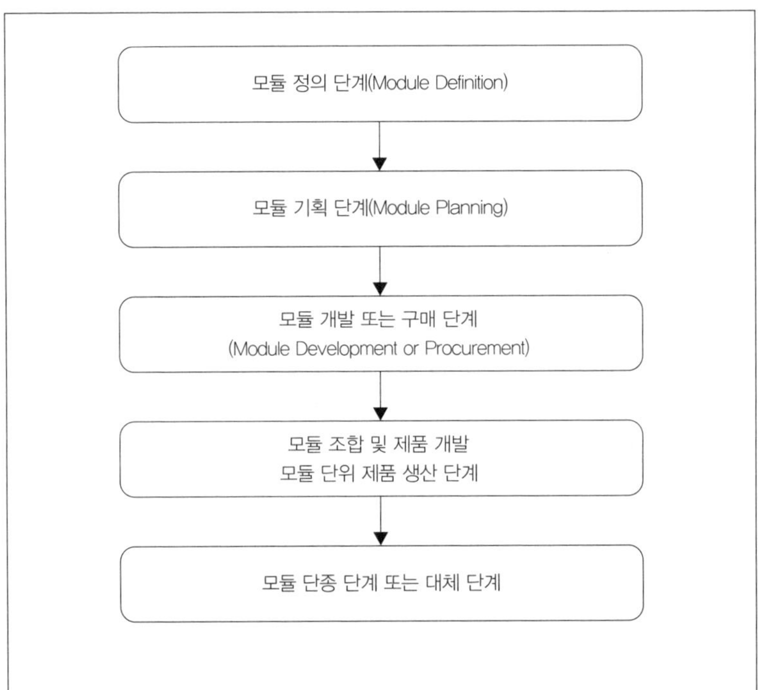

　모듈러디자인을 이해하려면 모듈을 이해해야 하고, 모듈을 이해하려면 모듈의 라이프사이클을 이해해야 한다. 지금부터의 내용은 모듈의 라이프사이클에 대해 단계적으로 이해하는 것이다.

1. 모듈 정의 단계(module definition)

먼저 모듈은 정의 과정을 거쳐야 한다. 모듈 자체가 기능적 요소이자 구조적 요소이지만, 이는 제품 안에서만 의미가 있다. 모듈이 제품아키텍처상에서 어느 구조/기능을 담당하고, 어떠한 하위 기능/구조를 가지고 있는지를 정하는 단계가 필요하다. 이를 모듈 정의 단계라고 한다. 즉, '모듈 기반의 제품 구조 정의' 내에서 하나하나의 모듈에 대해 모듈 정의 단계가 있다고 보면 된다. 이 단계의 산출물은 모듈/인터페이스 정의서이다.

2. 모듈 기획 단계(module planning)

그 다음이 정의된 모듈을 현물로 만들기 위한 기획 단계다. 이 단계에서는 모듈의 정해진 기능과 관련하여 성능, 구체적 사양, 확보해야 할 관련 기술, 개발/소싱 일정, 제품 적용 일정, 모듈의 공용화 일정, 모듈의 단종 일정 등이 정해진다. 이 단계의 산출물은 모듈 로드맵, 모듈 운영 계획, 모듈구상서 등이다.

3. 모듈 개발 또는 소싱 단계(module development or procurement)

모듈을 내부에서 개발한다면, 모듈 개발 과정을 거칠 것이다. 그 모듈을 외부에서 구매한다면 협력사를 통한 모듈 소싱 단계를 거칠 것이다. 모듈 개발은 모듈의 특성에 따라 제품 개발과는 별개 과정에 따라 선행/병행 개발되거나, 동일한 제품과 같이 개발될 수 있다. 모듈의 특성이 고정성을 가지고 있고, 공용화가 필요하기 때문에 모듈에 대한 QCD(품질[quality], 가격[cost], 납품[delivery])가 미리 이루어져야 한다면 제품과는 별도로 모듈 개발 프로세스에 따라 선행 개발해야 한다. 허나, 고정성이 낮고 제품마다 달라진다면 일반적으로 제품과 같이 개발한다. 이 단계의 산출물은 공용화될 모듈이다.

4. 모듈 조합 제품 개발 및 모듈 단위 제품 생산 단계

이미 개발된 모듈과 제품을 개발하면서 개발한 모듈들을 조합해 제품을 만드는 단계다. 즉, 모듈 단위 공정/입고로 제품을 생산하는 제품 양산단계인 것이다. 여기서 핵심은 모듈 단위로 공정을 구성한다는 점이다.

5. 모듈 단종 단계 또는 대체 단계

더 이상 사용하지 않는 모듈은 단종시킨다. 단종 과정에서는 자재에 남은 모듈의 재고가 더 이상 없는지, 서비스를 위한 모듈의 재고가 필요없는지, 아니면 이 모듈에 대한 대체 모듈이 존재하는지 등을 고려한다. 이를 마지막으로 모듈의 라이프사이클은 끝난다. 아니면, 기존 모듈을 대체할 새로운 모듈을 개발한다.

(1) 모듈 기획의 정의

① 모듈 기획의 필요성 – 전략적 의도 준수

모듈 기반의 제품아키텍처를 정의할 때, 가장 중요한 것은 그 안에 전략적 의도를 담는 것이다. 어느 회사든 자신의 사업 영역에서 목적을 달성하려면 사업 전략과 경쟁 전략을 가지고 있을 것이다. 또한 이에 따라 전개될 부문별 전략도 있을 것이다. 제조업이라면 제품 전략도 가지고 있을 것이다. 이러한 제품 전략을 효과적/효율적으로 실행하려면 제품 전략에 맞춰 제품아키텍처를 정의해야 한다. 즉, 전략적 의도를 제품아키텍처에 담는 것이다. 이를 위해 기획 과정이 필요하다. 만약 기획 단계 없이 모듈러디자인을 실행할 경우 기존 방식과 별 차이가 없는, 제품 전략과도 동떨어진 제품이 개발

될 것이다.

예를 들어보겠다. 제품군의 특성에 따라서 다양성으로 승부하는(variety-intensive) 제품군이 있을 수 있고, 제품 변경이 심한(change-intensive) 제품군이 있을 수 있다. 전자의 경우, 시장 내에서 고객의 요구 사항이 너무나 다양해 한 가지 제품으로는 경쟁할 수 없는 경우다. 이럴 때 회사는 최소한의 자원을 투입하여 최대의 시장 커버리지coverage(범위)를 달성하는 것을 목표로 한다고 해보자. 이런 경우에는 가급적 제품군 내에 있는 제품, 공정, 브랜드, 기술의 공용성을 높이도록 제품 전략을 수립해야 한다. 후자의 경우, 현재 고객들의 요구 사항은 다양하지 않지만 변화 속도는 빠른 시장에 대응하는 제품군이다. 이때에는 제품 개발 속도를 높여 시장 대응력을 높이는 데 주안점을 두어야 한다. 그래서 가급적 재사용률을 높이는 데 주력하게 된다.

결국 제품군의 성격보다 부문별/모듈별로 특성이 달라질 수 있다. 전략도 이에 맞출 수 있다. 애플의 스티브 잡스도 "하드웨어와 달리 소프트웨어는 개발 기간과 수명이 길다"고 말했다. 이러한 잡스의 통찰에 따라 만들어진 애플의 아이폰 전략은 하드웨어와 소프트웨어의 리뉴얼 속도를 달리했다.

일반적으로 반년마다 새로운 모델의 하드웨어가 나온다. 그 시기의 가장 뛰어난 사양의 부품과 기술을 해당 하드웨어에 적용하는 것이다. 이 경우 모델의 범위는 넓지 않지만, 모델들 간에는 다양성을 최소화하면서 규모를 늘려 운영효율성을 극대화할 수 있다.

소프트웨어는 하드웨어와 달리 메이저 체인지major change와 마이너 체인지^{minor change} 주기를 도입한다. 더군다나 소프트웨어는 개발 기간이 길기 때문에 소프트웨어의 재사용은 아이폰뿐만 아니라, 아이패드와 같은 제품군에도 적용한다. 그러면 투자 효율을 극대화할 수 있다.

결국 이러한 하드웨어와 소프트웨어에 관한 내용은 스티브 잡스가 해낸 기획의 산물인 것이다. 참고로, 필자는 이전에 구조와 아키텍처의 차이점을 정리한 적이 있다. 둘 사이의 가장 큰 차이점은 그 안에 전략적 의도(strategic intent)가 있느냐 혹은 없느냐이다.

② 모듈 기획의 정의

모듈 기획은 모듈에 영향을 주는 시장, 기술, 생산 등의 중장기적인 변화 요인을 파악하고, 이를 반영하는 일이다. 즉, 모듈의 기능적/비기능적 요구 사항을 정의하고, 모듈 개발 계획, 모델 적용 계획, 관련 기술 확보 계획, 공용화/재사용 계획, 모듈의 단종 일정 등을 만드는 과정이다.

이 모든 계획은 중장기적 관점에 따라 수립되어야 한다. 그리고 수립된 후에는 지속적으로 업데이트함으로써 관련 구성원 전원이 전략적 방향에 대해 합의를 이루게 함으로써 수립된 계획의 정확도를 높여야 한다. 이는 MGPP(multi-generation product planning, 다세대 제품 기획)처럼 연동 기획(rolling wave planning) 방식을 따르게 한다. 이에 대한 투입물은 늘 파악해두어야 하는 중장기적 변화 요인이다. 그렇기 때문에 주로 그에 맞는 중장기적 계획이 투입물이 될 것이다. 예를 들어, 시장 요인의 적합한 산출물은 제품 중장기 계획이나 PRM(product roadmap, 제품의 로드맵)이다. 기술 요인에 대해서는 기술에 대한 중장기 계획인 TRM(technology roadmap, 기술 로드맵)과 CRM(component roadmap, 부품 로드맵)이 이에 해당된다.

투입물은 현재 모듈 운영 현황과 모듈에 중장기적으로 영향을 끼치는 요인들을 파악할 수 있는 것이어야 한다. 그래서 주로 기획 프로세스의 산출물이 투입물이다. 그러나 단순히 그 산출물만 필요한 것이 아니다. 그것을 작성한 부문들의 의사 결정자의 지원하에서 구성원들이 모듈 기획 과정에 참석해야 한다. 사람 없는 산출물은 그냥 문서일 뿐이기 때문이다. 즉, 모듈 기획 과정에 꼭 필요한 투입물들 중 하나는 그 산출물을 만든 사람들의 '통찰'이다. 결국, 위의 투입물로 만들어진 모듈 기획 단계의 산출물은 모듈 중장기 개발/적용 계획인 MRM(module roadmap, 모듈 로드맵), 단기 모듈 운영 계획, 모듈 개발 목표, 구체적인 사양, 일정 계획, 인력 및 자원 계획이 포함된 모듈구상서인 것이다.

마지막으로 계획과 기획, 로드맵, 로드맵핑에 대한 차이점만 설명하도록 하겠다.

먼저, 계획과 기획의 차이점부터 살펴보자. 기획은 어떤 대상에 대해 그 대상의 변화를 가져올 목적을 확인하고, 그 목적을 성취하는 데 가장 적합한 행동을 설계하는 것이다. 계획은 기획의 산출물이다. 영어로 계획은 플랜(plan)이고 기획은 플래닝planning(계획하는) 이다. 로드맵핑roadmapping과 로드맵roadmap도 이와 유사하다. 로드맵핑은 로드맵을 만드는 기획 과정이다. 로드맵은 그 산출물이다. 모듈 기획은 모듈 플래닝module planning으로 표현할 수 있지만, 주요 산출물인 MRM(모듈 로드맵)을 만드는 과정으로 한정지어 모듈 로드맵핑module roadmapping이라고 지칭해도 무방하다.

(2) 모듈 기획의 프로세스

지난 글에서 모듈 기획의 필요성과 정의에 대해 설명했다. 여기서는 투입물, 활동, 산출물을 정리하겠다.

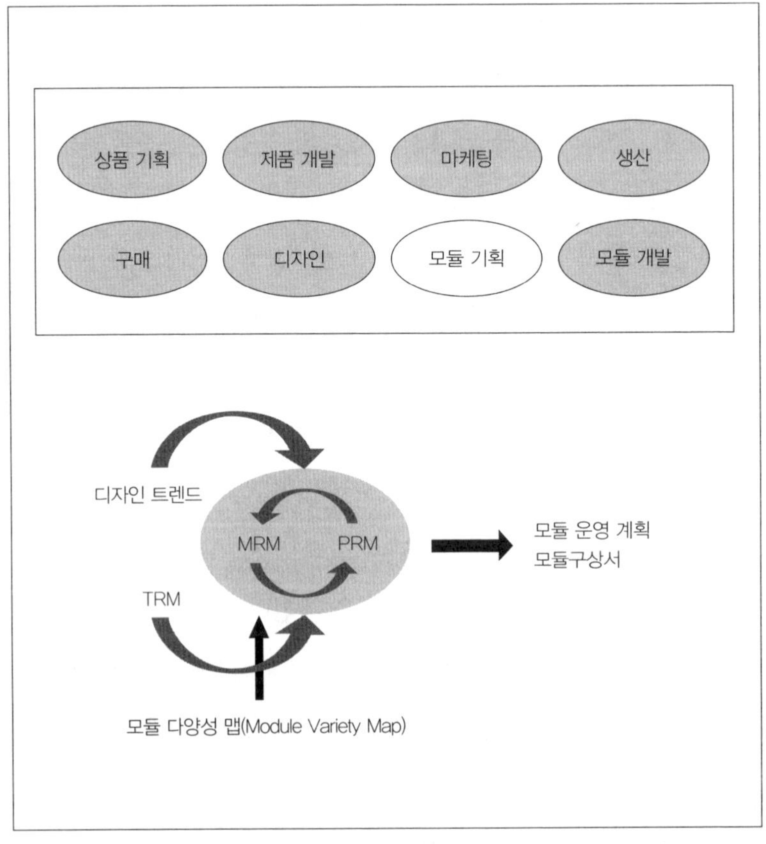

그림 21. 모듈 기획 운영

모듈 다양성 현황 (module variety map)	현재 운영하는 모듈의 다양성 현황 – 주요 다양성 요인(variety factor) – 변경 사양(varia nt) – 적용 모델
제품 로드맵 (product roadmap)	제품 전략 및 제품에 대한 중장기 계획 또는 중장기 제품 전략
기술로드맵 (technology roadmap) 컴포넌트 로드맵 (component roadmap)	기술 성의, 중장기 기술 확보 계획 또는 중징기 기술 진략 핵심 컴포넌트 개발/확보 계획
디자인 트렌드 (design trend)	제품의 디자인 트렌드
시장 동향	현재 시장/경쟁사 동향, 제품에 대한 현장 반응

표 7. 모듈로드맵 입력 요소

1. 회의체 구성
 	
2. 개시(kick-off)
 	
3. 활동 일정 수립
 	
4. 모듈 운영 현황 공유
 	
5. 부문별 중장기 전략 공유
 – 상품 기획
 – 기술 기획
 – 디자인 트렌드
 – 마케팅 전략, 운영 전략
 – 표준화 및 공용화 방안
  • 플랫폼
  • 레이아웃
  • 모듈 및 주요 부품
  • 생산/구매
 	
 6. 모듈별 중점 방향 결정
– 부문별 전략과 정렬(alignment)
– 연도별 작성
– 부문별 의견 취합
	※ 프로세스는 일괄적으로 정의할 수 없다. 그렇기 때문에 회사별로 다른 기획 프로세스 표준안을 참고하여 정의한다. 본문에서는 체크리스트만 제시했다.

7. 모듈의 세부 사양 정의	
– 관련 부서의 실행 가능성(feasibility) 검증	
8. 최종 의사 결정자에게 보고	
– 부문별 의사 결정자의 의견을 미리 반영	
9. 기획의 전 부문에 맞춘 워크샵(alignment workshop) 진행	
10. 단기 운영 계획 작성 – 모듈별 모듈구상서 작성	

표 8. 모듈 기획의 프로세스

모듈 로드맵 (module roadmap)	모듈의 주요 사양 모듈 개발, 소싱, 제품 적용 중장기 계획 모듈 공용화 계획 모듈 대체/단종 계획
모듈 운영 계획	해당 연도에 개발/소싱/적용 계획(QCD 목표, 자원 적용 계획)
모듈구상서	모듈 사양, QCD 목표(범위 – 구체적 수치) 핵심 부품 개발 계획, 개발 자원 계획

표 9. 모듈 기획의 산출물

(3) 모듈 기획의 체크리스트

다음은 모듈 기획을 실행할 때 고려해야 할 사항들을 체크리스트 형식으로 정리한 것이다. 독자들도 자신의 상황에 맞춰 이런 식으로 체크리스트를 만들어보는 것을 권한다.

☐ 연동기획(rolling wave planning) 방식에 따라 점진적/반복적으로 계획을 수립하는가?

☐ 표준화된 프로세스에 따라 매년 정기적으로 운영하는가?

☐ 작성 업무를 담당하는 표준 운영체와, 합의 및 의사 결정을 담당하는 표준 회의체를 구분하여 운영하는가?

☐ 표준 운영체에는 모듈의 생성, 대체, 단종에 관한 부서의 실무자가 참여하는가?

  예) 상품 기획, 마케팅, 디자인 기획, 기술 기획, 운영(생산/구매)

☐ 타 부문의 로드맵핑과 연계시켜 진행하는가?

  - 이러한 활동의 결과물을 기초로 타 부문의 로드맵핑을 진행함
  - 타 부문의 로드맵핑을 기준으로 이러한 활동을 진행함

☐ 활동 초기에는 산출물의 적확도에 지나치게 얽매이지 않는가?

☐ 이러한 활동을 통하여 유관 부문이 미래를 준비하는 학습 과정에 초점을 맞추고 있는가?

☐ 정확한 항목이나 수치가 나오지 않을 때는 범위나 다수의 값을 기입하는가?

☐ 최소한 2~3세대 이상의 중장기 계획을 수립하는가?

☐ 활동과 연계되지 않는 산출물은 쓸모없다. 이에 따라 활동과 연계할 수 있는 단기 운영 계획도 같이 수립하고, 산출물이 완성된 후에도 운영체가 정기적으로 모여서 업데이트하는가?

☐ 회의체에는 사업의 최고 의사 결정자뿐만 아니라, 부문별 의사 결정자도 참여하는가?

표 10. 모듈 기획 실행 시 고려 사항 체크리스트

(4) 모듈 기획 관련 이슈

모듈 기획 활동에 대한 이슈들 중 하나는 적확도가 낮다는 것이다. 시장의 역동성에 따라서 미래를 예측하기 힘든 사업과 관련해서는 전략 수립 과정이나 기획 과정이 의미가 없다는 말도 있다. 당장 한 치 앞을 모르는 데, 두 세대나 세 세대 뒤까지 어떻게 내다보느냐는 것이다. 그러나 필자는 이렇게 묻겠다. 3세대 계획도 하지 못하는 조직이 어떻게 한 치 앞도 못 보는 상황을 이겨낼 수 있을까? 그 때 그때 근근이 먹고 사는 조직들이 결국 어떻게 되었는가를 보여주는 사례는 가까운 곳에서 쉽게 찾을 수 있을 것이다.

모듈 기획과 같은 기획 수립 활동은 미래의 불확실성에 대한 유연성을 기르기 위한 학습 과정이다. 즉, 모듈 기획으로 만들어진 산출물도 중요하지만, 각 부문이 통찰하는 것을 통합하여 만들어진 사고의 폭이 더욱 중요하다. 결국 모듈 기획의 첫 번째 소득은 학습 과정에서 얻는 전략적 유연성이어야 한다.

일반적으로 이런 활동을 하겠다고 하면 억지로 회의에 참석하거나, 숙제하듯 산출물에 집중하기 마련이다. 그래서 결국 쓸모없는 산출물을 내놓는 '의욕 없는 참여'로 끝나기 마련이다. 그러니 작은 범위에서 소수의 멤버만으로 제대로 실행해보는 것이 낫다.

3. 모듈 개발

모듈 개발과 관련된 이슈를 정리한 뒤 모듈 개발 프로세스에 대해 정리하겠다. 또한 모듈 개발 프로세스가 제품 개발 프로세스와 크게 다르지 않기에 후반부의 프로세스 부분은 간략히 다루겠다.

(1) 모듈 개발 관련 이슈

① 모듈 개발 프로세스는 필요한가? – 제품 개발프로세스와의 분리 여부

모듈러디자인의 목적은 현재 개발된 모듈을 여러 모델에 공용화, 또는 여러 세대에 걸쳐 재사용함으로써 그 모듈에 관한 리스크를 제거하는 것이다. 아울러 개발효율성을 높이고, 모듈을 개발하는 일정만큼 제품 개발 과정과 시간을 단축하는 것이다. 이렇게 하면 신속한 시장대응력을 갖출 수 있다. 그런데 공용화/재사용의 관점에서 모듈 개발이 제품 개발과 분리되지 않으면, 하나의 모델에 너무 많이 적합되면서 다른 모델에서는 공용화/재사용하기 어려워진다. 왜 그럴까?

이는 모듈 개발의 지향점과 제품 개발의 지향점이 다르기 때문이다. 제품을 개발하는 이유는 현재 주어진 요구 사항에 제품을 맞추기 위해서다. 자원이나 시간 등과 관련하여 어느 정도의 제약이 있을 경우 다른 모델에 부품/모듈을 재사용하는 것을 고려할 여유가 없다. 그래서 여러 모델들의 모듈을 공용화하기로 계획했다면, 가급적 모듈 개발을 제품 개발과 분리하여 진행해야 한다(여기서 '분리'의 의미는 개발 조직이나 개발 프로세스를 분리한다는 뜻이다).

분리하지 않으면 모듈 기반의 제품아키텍처를 정의할 때 표준화한 레이아웃이나 표준 모듈/부품을 사용하기 어려울 만큼 흔들리는 제품이 만들어진다. 혹은 하나의 제품에 너무 최적화된 모듈이 만들어져서 다른 제품과 모듈/부품을 공용하기 어렵거나, 이후 후속 모델들에 모듈/부품을 재사용하기 어려울 수 있다.

그렇다면 재사용의 경우는 어떨까? 이미 개발된 모델을 후속 모델에 적용하는 경우라면, 후속 모델의 경우 이미 개발된 모듈을 그대로 사용하려면 어느 정도의 수정이 필요하다. 아무리 후속 모델 재사용을 고려하면서 개발했더라도, 이전 모델에 맞춰진 모듈의 디테일한 내용까지 후속 모델이 그대로 재사용하기가 어렵다. 그러니 이미 개발된 모듈이 개념적인 무결성을 해칠 정도라면, 그것은 재사용의 효과를 내기보다 오히려 제약 사항이 될 가능성이 높다. 만약 어쩔 수 없이 기존 모델에서 개발한 모듈을 후속 모델에도 도입한다면, 이미 적용된 모델에 지나치게 적합화된 설계파라미터를 일반화하는 정제 과정을 거쳐야 한다.

② **모듈은 제품보다 먼저 만들어야 하는가? - 선행성 여부**

그러면 과연 모듈 개발을 제품 개발보다 먼저 해야 할까? 이론적으로 모듈 개발은 제품 개발보다 한 세대 앞서 이룸으로써 공용화할 수 있도록 해야 한다. 그러나 현실적으로 기술 변화가 빠른 제품군, 특히 IT제품군의 경우는 한 세대를 예측한 뒤 모듈을 미리 개발한다는 것에 큰 리스크가 따른다. 기간과 비용을 투자하여 미리 개발한 모듈을 그 다음 세대의 제품에 활용할 수 없다면, 이미 소요된 기간/비용은 낭비된 셈이다. 아깝지 않느냐며 억지로 활용하면 제품의 경쟁력을 낮출 수도 있다. 그러나 미리 개발하는 대신 제품을 개발할 때 함께 개발한다면, 특정 모델에 너무 적합한 모듈을 만들 가능성이 높다.

어떻게 해야 할까? 기술 변화 속도가 빨라서 미리 개발해두는 경우에 리스크가 따른다면, 모듈 개발의 수준/범위를 조정함으로써 전략적 유연성을 높일 수도 있다. 예를 들어, 시장의 변화 속도가 너무 빨라서 대응하기 어렵다면, 모듈 개발을 제품 개발과 동시에 하기보다 리스크를 줄이기 위해 그 개발 범위를 조정해야 한다. 예를 들면, '모듈이 품질면에서도 완벽해야 한다'는 목표를 '시제품을 생산한다' 정도로, 즉 '설계 완성'이나 '사양 완성' 정도로 축소하면 된다.

그러나 원칙적으로는 시장 변화에 신속히 대응하기 위한 제품을 출시하는 것은 기본을 흔드는 일이 아니다. 예상치 못한 시장 상황에 따로 대응할 수 있을 정도로 소수의 특화된 제품을 만들고, 대부분의 제품 라인업^{line-up} 내 모델들은 기획에서 크게 어긋남이 없거나 변화에 빠르게 대응할 수 있도록 기획의 수준과 전략적 유연성을 올려야 한다.

③ 모듈 개발은 어느 수준/범위에서 이루어져야 하는가?

제품 개발에 적용할 모듈을 공용화하는 것, 제품 개발 과정에서 품질/일정/비용 리스크를 줄여주는 것이 목적이라면, 모듈 개발의 수준도 가급적 심화시킬수록 좋다. 그러나 모듈 개발의 수준이 높은 경우, 그것이 적용되지 않았을 때 투자비 낭비로 이어진다. 그렇다고 해서 뒤쳐진 사양으로 만들어진 모듈을 '이왕 만들었으니'라고 생각하고서 억지로 활용하면 이후 그 모듈이 사용된 제품은 시장에서 외면당할 수 있다. 그러니 산업의 특성, 시장의 성숙도, 기업의 예측 수준에 맞춰 모듈 개발의 수준을 결정해야 한다. 특히 시장의 성숙도가 낮은 산업은 빨리 변화한다. 그러니 산업의 특성 때문에 예측 수준이나 시장에서의 자사의 위치가 낮다면, 모듈을 미리 개발하는 과정에서 개발 수준을 목표로 해야 한다. 그러니 모듈을 미리 개발하는 과정에서 개발 수준을 낮춰줘야 한다. 예를 들면, B2B에서는 회사 측의 자유도가 B2C에서만큼 높지는 않기 때문에 사양 검토 정도로 모듈을 개발한다.

ⓐ 수준 : 사양 ⇒ 설계 ⇒ 시범 생산 ⇒ 모듈 품질 확보

ⓑ 범위 : 기술 ⇒ 핵심 부품 ⇒ 서브모듈 ⇒ 모듈 ⇒ 플랫폼(서브 시스템)

이 다음 모듈 개발의 범위는 모듈 자체에 맞출지, 모듈을 포함한 서브시스템에 맞출지, 모듈 내의 핵심 부품에 맞출지 등을 결정해야 한다. 모듈 개발 범위는 모듈 개발의 수준과 유사하게 검토하되, 여기에 덧붙여 '재사용 효과(usefulness)'와 '재사용 용이성(usability)' 도 고려해야 한다. 'usefulness'는 공용화/재사용으로 얻는 효과를 의미하고, 'usability'는 공용화/재사용의 용이성이다. 개발 범위가 낮으면 'usability'가 높고, 'usefulness'가 낮다. 개발 범위가 높으면 'usability'가 낮고, 'usefulness'가 높다.

자세히 설명하면, 구성 요소의 크기가 작을수록 여러 모델에 적용 가능하니 'usability'가 높지만, 공용화되는 범위가 작아서 적용에

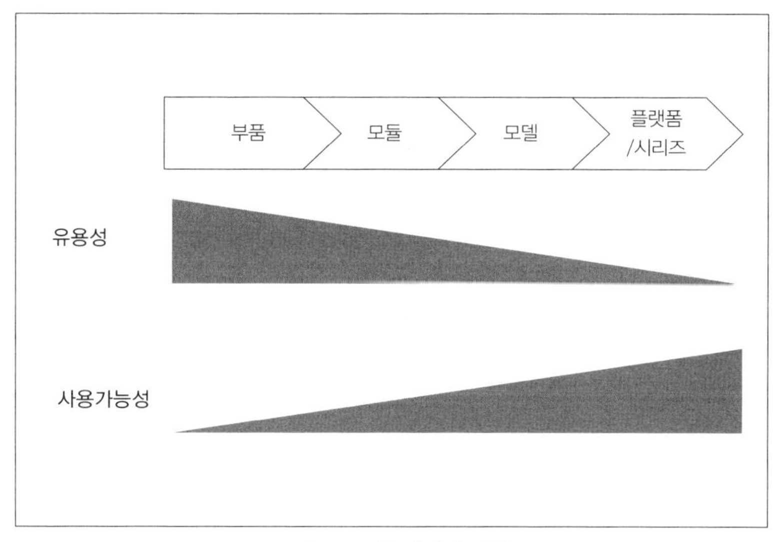

그림 22. 모듈 개발의 범위

따른 효과는 낮을 것이다. 반면에 구성 요소가 크면 적용의 효과도 크겠지만, 상대적으로 여러 모델에 적용하기는 어려울 것이다.

④ 모듈 개발이 독립적으로 이루어지는가? – 모듈 개발의 독립성

모듈 정의로 모듈들 간의 독립성을 확보한다는 것은, 그 개발, 소싱, 생산이 독립적으로 이루어질 수 있다는 뜻이다. 모듈 개발이 독립적으로 이루어지려면 **모듈 개발 프로세스/조직 분리, 모듈 품질 확보, 모듈 정의 정합성 확보** 등이 필요하다. 특히 조직은 모듈 개발이 이루어지는 모듈별로 미리 나뉘어있어야 한다. 제품 개발 팀에서 모듈 개발이 이루어진다면, 모듈 개발 팀 인원들이 제품 개발에 참여한다든지, 제품 개발 때 모듈 개발도 같이 이루어지는 등의 의존적 개발 형태가 발생할 가능성이 높다.

그 다음으로, 모듈의 품질을 해당 모듈이 적용될 제품과 상관없이 확보될 수 있는 방안도 찾아야 한다. 기존에는 제품 개발에 포함되던 모듈 개발은 품질에 대한 테스트도 완제품을 기준으로 진행되었다. 그러나 모듈 개발이 제품 개발과 분리된 채, 더욱이 앞서 개발되려면 모듈의 품질이 제품과 상관없이 확보하기 위한 시험 기준, 평가 방법, 테스트베드 등이 있어야 한다.

초기 내부 모듈화에 의해 별도로 개발되는 모듈은 시장이 성숙하면 내부에서 개발하지 않고 외부에서 납품을 받을 수 있다. 이런 상황에서는 별도 조직에서 별도 프로세스로 개발이 이루어지니, 납품 전에 자체적인 테스트를 거칠 것이다. 그 상황에 대비하여 현 상황에서 내부적으로 필요한 평가 기준/방법을 고민해야 한다.

가장 중요한 모듈 정의의 정합성 확보에 대한 문제를 마지막으로 이야기하겠다. 개발 시 다른 모듈들과 연동된 문제를 다룰 때에는 먼저 모듈 정의가 잘못되었는지 살펴봐야 한다. 만약 모듈 정의상 모듈들이 분리되어있다면, 그 개발 주체인 조직도 원칙적으로 분리되어야 한다. 조직이 분리된 상태에서 모듈들 간에 상호작용하는 부분이 확실히 분리되고 표준화되었는지 살펴봐야 한다. 그러지 않는다면, 먼저 분리한 뒤 개발하는 것이 불가능하다.

⑤ 기타 이슈

마지막으로 비용에 관한 부분을 보자. 기존에 모델별 개발이 이루어지던 사업은 관련 회계 기준도 모델별로 만들어졌을 가능성이 높다. 그 상황에서 문제가 되는 것은 모듈 개발 과정에서 사용될 비용을 어떻게 나눌 것인가다. 즉, 회계 관리 원칙도 모듈러디자인에 맞춰 보완되어야 한다.

(2) 모듈 개발의 프로세스

회사별로 고유의 핵심 부품/제품 개발 프로세스는 있을 것이다. 모듈 개발 프로세스도 그에 맞춰 구성하면 된다. 여기서는 꼭 있어야 하는 활동이나 체크포인트 위주로 정리하겠다. 이 과정에서 지금까지 소개했던 모듈 개발 이전 과정을 다시 살펴보자. 그런 다음 꼭 해야 할 활동들을 중심으로 살펴보자.

ⓐ 모듈에 대한 중장기 전략 수립 과정의 일환으로로 MRM(모듈 로드맵) 작성
ⓑ MRM에 따라 그 해에 개발되거나 모델에 적용될 모듈의 개발/운영 계획을 작성
ⓒ 모듈 개발/운영 계획상의 모듈에 따라 모듈구상서를 구체화
   - 모듈의 컨셉, QCD 목표 설정, 주요 사양, 적용 기술, 리소스 계획
ⓓ 모듈 개발 프로세스에 따라 모듈 개발

① 모듈의 개념 정의

이 단계 이전에 모듈구상서가 작성되었다면, 이미 모듈의 컨셉도 비즈니스 케이스 분석과 모듈 범위 확정 과정을 거친 뒤 정해졌다고 봐야 한다. 그러나, 이후에도 모듈에 대한 컨셉이 변경될 수 있기

에, 이 단계는 계획된 모듈의 컨셉을 완성하는 단계라고 보는 것이 좋다. 모듈의 컨셉을 완성하면서 모듈을 개발하기 위한 개발 일정, 인원, 투입 비용 등에 대해 기획하고 팀을 조직한다. 여기까지가 주요 활동이다. 이후에 가능하다면 초기부터 모듈의 하위 구성 요소에 대한 공용화 계획을 수립한다.

ⓐ 투입물 - 모듈 개발/운영 계획, 모듈구상서
ⓑ 산출물 - 확정된 모듈 개념, 수정된 모듈 개발/운영 계획, 수정된 모듈구상서, 개발 일정/인원/비용 등 리소스 투입 계획, 하위 구성 요소 공용화 계획

② 모듈 사양 정의

전 단계에서 확정된 모듈 개념을 담은 모듈구상서 및 그 이외의 계획 등을 가지고 모듈 사양을 정의한다. 정의된 모듈 사양을 기초로 하위 구성 요소를 공용화할 수 있는지 점검한다. 그리고, 현재 수립된 표준 레이아웃/인터페이스, 제약 사항 같은 본래의 모듈과 관련된 설계룰을 확인함으로써 어긋남이 없는지 체크하고, 필요하다면 설계룰 변경을 요청한다.

ⓐ 투입물 - 수정된 모듈 개발/운영 계획, 수정된 모듈구상서
ⓑ 산출물 - 수정된 모듈 개발/운영 계획, 수정된 모듈구상서

③ **모듈 설계**

완성된 모듈 사양을 기초로 설계 작업을 진행한다. 설계 작업 시
중점적으로 확인할 부분은 "표준 레이아웃을 포함한 표준 인터페
이스와 제약 사항 같은 설계룰을 준수하는가?"이다. 그래서, 필자
가 권장하는 사항은 설계자가 모듈을 설계 시 설계룰을 체크해야만
하기 때문에 이를 위한 시스템을 활용하는 것이다. 설계 가이드를
제공한다거나 설계 도구 안에 내장된 설계 시스템을 제공해야 한
다. 만약 외부 개발 인원을 활용한다면, 내부 시스템을 활용하기 어
렵다. 그러니 설계를 위한 최소한의 설계룰을 담은 모듈 개발 키트
를 제공해야 한다.

ⓐ 투입물 - 확정된 모듈 사양, 표준 레이아웃, 표준 인터페이스
ⓑ 도구 - 표준 설계 시스템, 모듈 개발 키트, 설계 가이드 지원 시
　스템
ⓒ 산출물 - 설계 산출물

④ **모듈 구현 및 양산 준비**

설계가 완료되었다면, 이제 실제로 구현하여 제품 적용을 위한
준비를 해야 한다. 먼저 단품으로서의 모듈 품질을 확보해야 한다.
모듈의 품질은 제품에 적용되지 않은 상태에서 확보해야 하고, 제품
에 적용했을 때에는 모듈 자체에 대한 평가가 제외될 수 있도록 해
야 한다. 그러려면 단품 품질 평가를 위한 모듈 품질 평가 항목 및
시험 방법, 나아가서는 테스트베드가 필요하다.

위 활동으로 모듈 품질 확보가 이루어졌다면, 이제는 시스템 통합 테스트(제품에 적용 또는 타 모듈들이 조합된 상황을 시뮬레이션)를 한다.

이후 단계인 실제 생산 단계는 제품 개발 단계의 일부이기 때문에 꼭 필요한 단계는 아닐 수 있다. 허나, 모듈 시험 생산/양산 준비 활동을 하고, 모듈을 아카이브archive(보관)하고, 산출물을 정밀하게 다듬은 뒤 모듈 레파지토리repository(저장소)에 저장한다. 마지막으로 프로젝트 팀을 해산한다.

ⓐ 투입물 – 설계 산출물, 표준품 리스트

ⓑ 도구 – 모듈 품질 평가, 모듈 품질을 위한 테스트베드, 제품 적용/조합 테스트용 도구(시뮬레이션), 모듈 레파지토리(저장소)

ⓒ 산출물 – 프로젝트 팀이 구현한 산출물

모듈 개발 프로세스는 정해진 컨셉에 따라 의도한 QCD 목표에 맞춰 모듈을 만드는 것뿐만 아니라, 이렇게 만들어진 모듈을 가급적 많은 모델들에, 여러 세대에 걸쳐 공용화할 수 있도록 하는 과정이다. 그래서 기존의 제품 개발 과정에서는 거치지 않던 표준 레이아웃/인터페이스, 제약 사항 등을 적용/점검해야 한다. 제품 개발 프로세스는 제품/산업 특성에 따라 다르기 때문에, 모듈 개발 프로세스도 일원화할 수 없다.

4. 모듈 단위 품질 검증

(1) 모듈 단위 품질 검증의 필요성

필자는 모듈러디자인을 위한 필수 요건들 중 하나가 '모듈의 품질을 확보하는 것'이라고 앞서 이야기했다. 실제로 개발 기간을 단축하기 위해 테스트 항목을 줄이자는 분들이 종종 보이는데, 이는 오히려 기존 품질 관리 전문 조직의 반감을 살 뿐만 아니라, 모듈러디자인의 개념까지 해친다. 더군다나 모듈 단위로 품질이 확보되지 않는다면, 기존의 제품 개발 방식과 별 차이가 없다. 게다가 대부분의 사람들은 모듈 단위로 품질을 확보하는 방법을 모른다.

설사 모듈 단위로 검사하는 방법을 알기에 모듈 단위로 품질을 확보하는 데 문제가 없더라도, 완제품 검사 시에 문제가 발견된다면 그것은 모듈 자체의 문제라기보다 모듈들 간의 인터페이스 문제일 가능성도 높다. 즉, 필자는 품질 문제의 범위를 과거보다 줄이는 것과, 품질 문제를 해결하는 데 필요한 비용과 시간을 줄일 방법에 대해 이야기하려는 것이다.

품질 관련 문제가 발생할 수 있는 부분은 노드node들 간의 인터페이스 수에 비례한다. 예를 들어, 10개의 부품으로 이루어진 제품의 품질 문제는 노드 10개와 인터페이스 $10 \times 9 \div 2 = 45$개(노드들이 다 연결되었다고 가정한다면), 총 55개에서 영향을 받을 것이다. 이를 부품 2개씩 5개의 모듈로 구성되었고 가정해보자. 먼저 모듈에서 노드의 갯수는 총 5개, 인터페이스는 모듈들 간의 인터페이스 $5 \times 4 \div 2 = 10$개와 모듈 내의 인터페이스 $5 \times 2 = 10$개, 총 25개의 영향을 받을 것이다. 결국, 모듈 단위로 개발하는 것이 품질 문제 발생 가능성을 낮출 수 있음을 깨달을 수 있다.

그렇다면 이 수치를 바탕으로 모듈 품질 확보에 대해 살펴보자. 제품을 개발할 때는 완제품에 대한 품질 검사를 한 뒤, 문제가 발생했을 때 위 수치 55개에 관한 가능성을 타진해봐야 한다. 두 번째 모듈 단위의 개발인 경우, 먼저 모듈 단위로 평가했을 때 모듈에 대한 품질 총 다섯 가지에 대한 내용을 사전에 확보해야 한다. 그런 뒤에 모듈들 간의 인터페이스 10개에 대한 가능성만 타진하면 된다. 즉, 문제 해결의 범위를 좁힐 수 있다.

"인정 시험의 개수가 줄지 않겠습니까?"라고 묻는다면, 사실상 그렇다고 대답하겠다. 그러나, 문제가 발생했을 때 적어도 해결할 범위를 줄임으로써 이에 쏟는 자원/시간을 줄일 수 있다. 아울러 그런 식으로 점점 경험을 쌓으면 불량품이나 성능 평가에 대한 메커니즘을 익히게 됨으로써 완제품에 대한 인정 시험을 모듈 단계에서 할 수 있을 것이다. 허나, 그것은 시간을 길게 잡고서 해결할 수 있는 문제다. 그러니 단기적으로는 품질 문제 관련 원인을 줄인다는 데 의미를 두어야 한다.

마지막으로 모듈러디자인으로 얻고자 했던 효과를 생각해보자. 이미 개발된 모듈을 여러 모델들에 재사용/공용화하여 개발/운영효율성을 높이는 것이 아닌가! 그런데, 검증되지 않은 모듈을 여러 모델들에 적용할 경우, 만약 그 모듈 자체에 결함이 있다면 끔찍한 상황이 벌어질 것이다. 즉, 도요타자동차의 북미 지역 리콜 사태에서 보듯이, 공용화/재사용은 그 효과만큼이나 리스크의 파급 효과도 크다. 그러니 필자는 다음과 같은 말을 기억하라고 독자들에게 강력히 권하겠다.

"모듈 단위의 품질 검증은 모듈러디자인 실행에서 필수 조건이다. 모듈 자체의 품질을 향상시키고, 고객들로부터 신뢰를 확보하기 위해서다!"

(2) 모듈 단위 품질 검증의 방법

그렇다면, 모듈 단위 품질 검증 방법은 어떻게 만들어야 할까? 먼저 모듈 단위 품질을 '개발 품질'과 '양산 품질'로 나눠보자. 개발 품질은 모듈의 개발 단계에서 시작하여 제품 설계에 적용하기 전까지 확보되어야 하는 품질이다. 양산 품질은 모듈의 양산 단계, 즉 제품에 적용된 후에 확보되어야 하는 품질이다.

개발 품질에는 모듈 단위의 품질 완결성을 확보하기 위한 시험 항목 개발, 제품에 적용했을 경우의 시뮬레이션, 제품 적용 테스트베드 활용 같은 과정을 포함시켜야 한다. 양산 품질에는 모듈들 간의 인터페이스^{interface}(접점)에서 발생할 수 있는 품질 문제를 점검하는 데 집중하는 과정을 포함시켜야 한다. 여기서 중요한 것은 모듈을 완제품에 적용할 때 모듈 자체의 품질 완결성을 확보하는 것이다. 제품에 적용했을 때에는 모듈들 간의 인터페이스와 완제품에 관련된 품질에만 집중함으로써 개발 리스크를 줄이고, 개발 일정을 단축하는 데 기여해야 한다.

모듈 단위의 품질 검증을 하려면 먼저 모듈 단위의 품질 기준을 만들어야 한다. 그 내용에는 ⓐ 평가 항목, ⓑ 평가 스펙, ⓒ 평가 조건, ⓓ 평가 방법, ⓔ 평가 장비, ⓕ 승인 조건, ⓖ 참고 문헌이 포함되어야 한다. 여기서 품질 기준은 설계 기준을 포함한 설계 자료에 따라 만들어져야 한다.

모듈러디자인 실행 초기 단계에서는 완제품의 설계 자료, 완제품 기준의 시험, 검사 규격, 성능/신뢰성 규격, 성능/신뢰성 관련 시험, 검사 장비를 기초로 모듈에 대한 품질 기준을 만들어야만 한다. 그리고 모듈 단위의 품질 검증이 이루어지더라도, 완제품의 성능/신뢰성에 대한 품질 규격은 축소하거나 삭제할 수 없다(완제품 기준으로 만들어진 모듈 단위 품질 검증 규격을 확보한다).

이후에 점차 모듈 단위의 품질에 대한 데이터(모드mode[유형], 메커니즘, 위치와 같은 데이터)가 쌓이고, 평가 조건/방법/장비에 대한 개선이 이루어진 뒤에 완제품 검증 규격에 변화를 줄 수 있다. 그 뒤에는 완제품을 기준으로 만들어진 모듈 단위 품질 규격뿐만 아니라, 평가 항목/스펙/조건에 대한 품질 규격도 추가할 수 있다(기존 모듈 단위 품질 검증 규격 개선/추가한다).

① **완제품 기준의 모듈 단위 품질 검증 규격 확보**

- 목적 : 모듈 자체의 품질 확보, 완제품 개발 시 검사 시간 축소
- 검증 규격 : ⓐ 평가 항목, ⓑ 평가 스펙, ⓒ 평가 조건, ⓓ 평가 방법, ⓔ 평가 장비, ⓕ 승인 조건, ⓖ 참고 문헌

② **모듈 단위 품질 검증 데이터 확보**

- 품질 검증 데이터 : 모드mode[유형], 메커니즘, 위치, 해결 방안

③ 기존 모듈 단위 품질 검증 방법 개선

- 개선 항목 : 평가 방법, 평가 장비

④ 신규 모듈 단위 품질 검증 규격 추가

- 추가 항목 : 평가 항목, 평가 스펙, 평가 조건

⑤ 제품 단위 품질 검증 규격 개선

(3) 모듈 단위 품질 검증의 전제 조건

① 모듈에 대한 설계 자료 확보

이번 장에서는 모듈 단위 품질 검증을 위한 전제 조건을 살펴보자. 기본적으로 모든 품질 규격 관련 자료/장비에 대한 정보는 설계 자료를 기초로 만들어진다. 즉, 모듈 단위의 품질 검증 규격을 만들려면 기본적으로 그에 맞춰진 설계 자료(BOM, 도면, 재료/모듈/부품의 규격, 완성품의 성능 규격)가 마련되어야 한다. 특히, 모듈에 대한 설계 자료가 준비되어야 한다.

② 모듈 기반의 제품아키텍처 수립 시 품질 규격 정의

모듈 기반의 제품아키텍처를 만들 때, 모듈의 조합에 대한 품질이 먼저 평가되어야 한다. 그리고, 모듈 개발 시에는 모듈에 대한 품질을 확보해야 하고, 제품 개발 과정에서는 모듈을 조합한 완제품 상태의 품질을 평가해야 한다. 이는 조합에 대한 재평가일 수 있다. 허나, 이전에 아키텍처를 수립할 때부터 조합에 대한 품질은 확보되어야 한다.

만약 제품 개발 시에 조합에 대한 평가가 이전보다 오래 걸린다면, 이는 아키텍처를 재정의할 때 조합에 대한 품질 확보 관련 부분을 무시했기 때문이라고 보면 된다. 즉, 모듈 기반의 제품아키텍처가 제대로 정의되지 않았다면 모듈 단위의 품질 검증은 이루어질 수 없다.

③ 모듈 단위 품질 검증 자료 수집/분석 프로세스

앞서 이야기 했듯이, 모듈 단위 품질 확보는 단시일 내에 해결할 수 없는 문제다. 모듈 단위 품질 검사에 대한 자료를 수집/분석하면서 보완해야 한다. 그런데, 품질 관련 자료를 수집하고 정해진 틀에서 분석할 프로세스가 없다면, 완제품 단위로 개발할 때와 다를 것이 없다. 초기에는 완제품 단위로 개발할 때와 차이가 없더라도, 점차 모듈 단위 개발 프로세스를 개선하려면 그 과정에서 만들어진 자료를 활용할 수 있도록 체계를 마련해야 한다.

Box 43. '검증'과 '확인'의 차이

검증(verification)은 시스템이 가지고 있는 기능/성능에 대한 요구 사항, 즉 규격에 맞춰 잘 만들어졌는지를 판단하는 활동이다. 확인(validation)은 만들어진 결과물이 고객들이 원하는 것인지 확인하는 활동이다. 또한 검증에는 검사(inspection), 리뷰review, 워크스루walkthrough 같은 개념도 포함되어 있다.

요점 정리

◢ 모듈 정의는 모듈화로 모듈 기반의 제품아키텍처를 정의하는 활동이다.

◢ 모듈 기획은 모듈러디자인의 전략적 의도를 확보하는 활동이다.

◢ 모듈 개발은 다수의 제품에 공용화/재사용을 할 목적으로 모듈 단위로 개발하는 활동이다.

◢ 모듈 단위의 품질 확보는 모듈러디자인을 위한 필수 요건이다.

제6장. 모듈 기반의 제품 양산

1. 모듈 조합 제품 개발

이번 장에서는 이미 개발되었거나 신규 개발된 모듈을 조합해 새로운 제품을 만들어내는 과정을 다룬다. 모듈 단위 제품 개발 과정에서는 모듈화가 내부에서 이루어지느냐, 외부에서 이루어지느냐에 따라 모듈 조합 제품 개발의 중요성이 달라진다.

(1) 모듈 조합 제품 개발의 필요성

이것은 모듈러디자인의 목적과 직접 연결되는 부분이다. **모든 회사의 자원과 역량은 한정되어있다.** 그리고 이 안에서 시장이 원하는 제품을 출시/판매해 매출/이익을 올린다. 그러다 보니 시장이 원하는 바와 회사의 자원과 역량 내에서 제공할 수 있는 제품이 다를 경우, 회사로서는 고민을 해야 한다. 그래서 모듈러디자인이 필요한 것이다. 즉, **모듈러디자인은 한정된 자원과 역량을 최대한 효율적으로 활용하여 시장대응력을 높이기 위한 수단이다.** 말 그대로, 한정된 자원과 역량으로 만들어낸 모듈들을 최대한 조합하여 가급적 다양한 제품을 만드는 것이다.

예를 들어, 시장에 효과적으로 대응하기 위한 제품의 수를 100개라고 해보자. 그러면 회사는 100개의 모델을 만들어야 한다. 100개의 모델을 기획하고, 만들고, 양산하는 데 필요한 자원과 역량이 있어야 한다. 그렇지만, 만약 해당 제품이 다섯 개의 모듈로 구성되어 있고, 개별 모듈들이 세 개의 종류로 이루어졌다면? 그러면 해당 모듈들로 만들어낼 수 있는 제품의 개수는 3의 5승, 이론적으로는 273개나 된다. 그러니 필자는 다음과 같은 말을 기억하라고 독자들

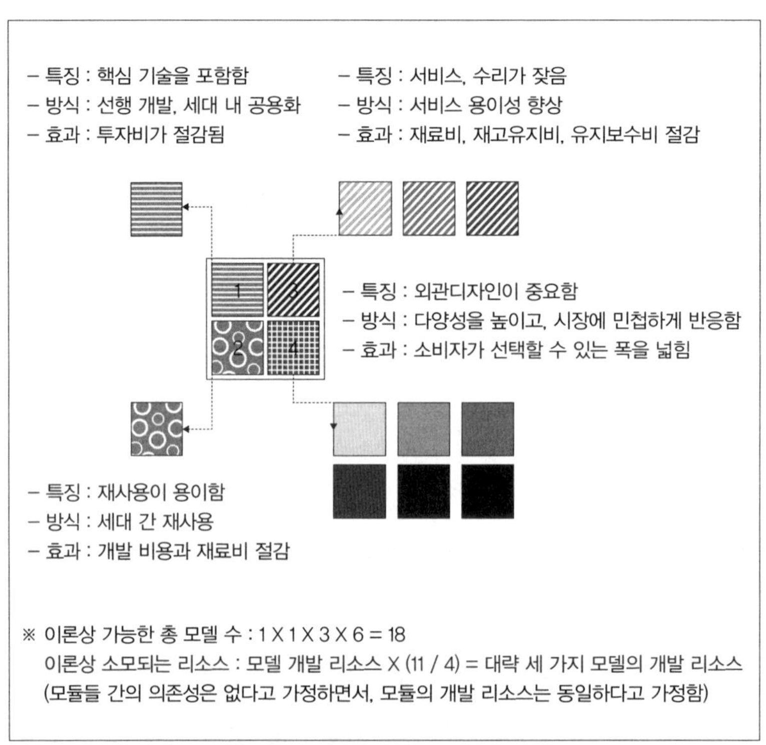

그림 23. 모듈 조합 제품 개발은
제품의 구성 요소들의 불균질성과 조합의 원리를 이용함

에게 강력히 권하겠다.

"한정된 자원이나 역량으로 좀 더 높은 시장대응력을 갖추려면 모듈 조합 제품 개발 프로그램을 도입해야 한다."

(2) '조합'의 의미

영어로 'mix & match' 또는 'configuration', 즉 '조합'의 의미부터 살펴보자. 조합은 모듈화와 더불어 모듈러디자인의 대표적인 원리이자 도구다. 모듈화가 모듈러디자인을 위한 기획 단계에서 대표적으로 실행되는 활동이라면, 조합은 실행 단계에서 모듈러디자인의 효과를 얻어내는 활동이다. 조합은 내부적으로는 강건성(rigidity)을 높이고, 외부적으로는 해당 모듈들을 선택함으로써 시스템 전체의 복잡성을 줄이면서도, 시스템의 다양성/유연성을 높인다. 다시 말하면, 모듈이라는 기본 요소의 다양성을 한정시키면서 전체 시스템의 복잡성을 낮추고, 구성 요소인 모듈들 중 어느 것을 선택하느냐에 따라서 전체 시스템의 다양성을 높이는 기법이다.

모듈러디자인의 기본은 다수의 모듈을 아키텍처/구조/표준의 틀에서 조합하는 것이다. 대표적인 예가 한글이다. 모듈러디자인의 모듈에 해당하는 한글의 기본 요소는 자음과 모음이다.

ⓐ 자음 - ㄱㄲㄴㄷㄸㄹㅁㅂㅃㅅㅆㅇㅈㅉㅊㅋㅌㅍㅎ (19자)
ⓑ 모음 - ㅏㅐㅑㅒㅓㅔㅕㅖㅗㅘㅙㅚㅛㅜㅝㅞㅟㅠㅡㅢㅣ (21자)

이렇듯 한정된 수의 자음/모음을 이용하여 다양한 단어, 문장, 글을 만들 수 있다. 그렇다면 어떤 원리에 따라 가능한지를 모듈러디자인으로 확인해보자.

   ⓐ 아키텍처 – 초성 + 중성 + 종성
   ⓑ 인터페이스 – 초성/자음, 중성/모음, 종성/자음으로 이루어짐.
     자음+자음, 모음+모음은 불가능
   ⓒ 표준 – 기본적으로 소리 나는 대로 씀. 몇 개의 소리에 대한 발
     음 규칙이 있음

한글은 우선 자음/모음, 그리고 그에 대한 규칙만 외우면 외래어는 물론 동식물이나 자연 현상이 만들어내는 소리까지 표기할 수 있다. 모듈러디자인도 한글처럼 '조합'을 활용함으로써 한정된 복잡성을 기반으로 한 확장성을 활용한다. 즉, 한글이 자음/모음이라는 기본 구조에 기본적인 구성 요소, 그에 대한 규칙 등으로 다양한 어휘를 표현하듯이, 모듈러디자인은 모듈이라는 기본적인 구성 요소를 모듈러아키텍처 안에서 특정한 인터페이스룰에 따라 조합해 다양한 시스템을 구성할 수 있다. 그럼 이쯤에서 다시 정리해보자. '조합'은 제품아키텍처 안에서 이루어져야 한다. 제품아키텍처는 다음과 같은 세 가지 구성 요소로 표현된다.

   ⓐ 모듈
   ⓑ 인터페이스

ⓒ 표준/규칙/제약 사항

모듈은 조합이 되는 기본 요소를 의미한다. 모듈들 간의 상호작용은 모두 인터페이스로 이루어진다. 결국, 조합이 이루어진다는 것은 일차적으로 모듈들을 인터페이스로 연결해야 한다는 뜻이다. 아울러 그냥 물리적으로 연결만 해서 되는 것이 아니라, 사전에 정의된 표준, 규칙 및 제약 사항을 지키면서 연결되어야 한다. 이렇듯 '조합'은 최적의 수의 모듈로 최대한 많은 제품을 만들어낼 수 있는 기법이다.

(3) 모듈 조합의 조건

이번 장에서는 모듈 조합을 위한 사전 조건을 알아보자. 일단, 모듈 조합 제품 개발의 목적은 최적의 성능을 가진 완제품을 만드는 것이다. 그리고 조합의 원리는 "일정한 수의 모듈들을 결합시켜 다양한 제품들을 만들어낸다"는 것이다. 모듈 조합으로 제품을 개발하려면 이전에 모듈화로 만들어낸 모듈 기반의 제품아키텍처의 기능적 무결성을 준수해야 한다. 즉, 조합은 모듈화 과정이 철저하게 진행되어야 이루어지는 것이다. 그러면 모듈 조합의 조건부터 알아보자.

① 아키텍처 및 인터페이스룰, 제약 사항 준수
② 모듈 조합의 기능적 완결성 확보
③ 모듈들 간의 구조적/기능적 호환성 확보

먼저 모듈을 선택하여 조립할 때 모듈화 과정에서 지정된 룰과 제약 사항을 준수해야 한다. 이를 준수하지 않는다는 것은 제품아키텍처를 따르지 않겠다는 뜻이다. 이는 결국 완제품이 작동하지 않을 가능성이 높고, 설사 작동하더라도 모듈러디자인으로 얻고자 하는 장점을 확보할 수 없다는 뜻이다. 그러니 반드시 지켜야 하는 기본적인 조건이다.

두 번째 조건은 조합 후에 모듈들을 조립해야 하는데, 이를 위해서 모듈들 간의 구조적 호환성을 확보해야 한다는 것이다. 모듈들 간의 구조적 호환성을 확보하지 못한다는 것은 물리적으로 조립이 안 된다는 것을 의미하고, 설사 조립되어도 제품이 제대로 기능하는 데 필요한 조건을 만족시키지 못한다는 뜻이다.

마지막으로 조립 후에 모듈 조합의 결과물인 제품이 기능적 완결성을 가져야 한다. 구조적으로 조립했더라도 완제품이 당연히 갖춰야 할 성능을 보여주지 못하면, 모듈을 조합한 의미가 없다. 그러니 모듈 전부가 기능의 희생을 최소화해야 하고, 모듈 조합으로 만들어진 제품이 성능을 최대한 보여줄 수 있도록 해야 한다.

(4) 모듈 조합 제품 개발 프로세스

① 들어가기 전

어느 정도 규모를 갖춘 회사라면, 그 회사 고유의 제품 개발 프로세스에 따라 제품을 개발한다. 이러한 프로세스 안에는 그 회사가 그 동안 경험하고 얻은 지식과 노하우가 체계화되어있다. 모듈 조합 제품 개발 프로세스 안에도 모듈러디자인에 대한 지식과 노하우가 똑같이 담겨있어야 한다.

여기서 모듈 조합 제품 개발 프로세스를 논하기 전에 다시 한 번 모듈러디자인의 효과를 살펴보자.

모듈러디자인은 복잡성을 관리하여 운영효율성을 높이고, 모듈 선행 개발과 모듈 공용화를 통해 개발 기간을 단축함으로써 시장대응력을 강화한다. 모듈러디자인의 초창기에는 운영효율성에 집중하게 된다. 그 효과가 눈에 잘 띄고, 기존 체계에서 많은 것을 바꾸지 않아도 되기에 조직적 저항을 최소화할 수 있어서다. 그러나, 개발 기간 단축의 경우는 기존 프로세스를 비롯한 체계 자체를 바꾸어야 하기 때문에 조직적 저항에 부딪히게 된다. 그래서 상대적으로 적용하기가 어렵다. 그 대표적인 예가 바로 모듈 조합 제품 개발이다.

모듈 기획이나 모듈 개발은 기존에 없던 활동을 추가하는 것이다. 그렇기 때문에 상대적으로 저항을 덜 받을 수 있다. 오히려 '나와 관계없다'는 식의 무관심에 직면할 가능성이 더 높다. 그러나, 잘 돌아가는 프로세스를 바꾼다고 하면 그와 관련된 조직들이나 그 프로세스에 익숙한 구성원들의 저항은 상당할 것이다. 하지만, 모듈 조합 제품 개발은 모듈러디자인의 효과를 만들어내는 과정 중 하나임을 명심해야 한다. 즉, 그 전까지 활동이 모듈러디자인을 위한 사전 준비였다면, 모듈 조합 제품 개발은 그 준비한 결과물을 수확하는 활동이다.

모듈러디자인으로 회사의 체질을 바꾼다고 해놓고, 제품 개발 프로세스는 그대로 둔다면 사실상 모듈러디자인의 효과를 반쪽만 얻는 셈이다. 모듈러디자인을 실행하여 얻은 효과가 부품이나 모듈 단순화/표준화/공용화 덕에 확보된 비용 정도라면 이것은 3S나

VRP(variety reduction program, 다양성 절감 프로그램)으로 얻는 효과와 별 차이가 없다. 즉, 모듈러디자인을 완벽하게 실행한 것이 아니다.

그렇다면, 모듈러디자인을 제대로 실행할 경우 제품 개발 프로세스가 얼마나 많이 바뀔까? 사실 기존 프로세스에서 크게 바뀌는 것은 없고, 그래서 모듈러디자인 내에서 가장 체계화된 지식이 가장 부족한 부분이 그럼에도 바뀌기 때문에 실행하기가 어려운 것이다. 제품 개발 프로세스의 전반적인 컨셉이기 때문에 실행하기 어려운 것이다. 그것 자체가 어렵다. 그럼 여기서 이런 의문이 떠오를 것이다.

'어떤 컨셉이 바뀌기에 어렵다는 거지?'

만약 우리가 모듈 조합 제품 개발을 성공시켰다고 가정해보자. 그렇다면 이런 말도 나와야 한다.

"모듈러디자인을 도입했더니 제품 개발 기간이 절반으로 줄었다."

"제품을 만드는 데 필요한 자원의 양이 절반으로 줄었다."

이런 주장은 모듈러디자인이 제대로 이루어지고 있음을 보여준다.

품질/가격 관련 경쟁은 당연한 것이다. 그러나 지금 우리의 가장 중요한 과제는 "어떻게 하면 변화하는 시장에 빠르게 대응하느냐?"이다. 즉, 시장의 소리를 얼마나 빨리 잡아내서 빠르게 대응하느냐가 핵심이다. 어떻게 보면, 모듈러디자인의 모듈 조합 제품 개발이 해답일 수도 있다. 그러니까 제품들의 부품/모듈에서 공용화할 수 있는 부품/모듈은 제품군/제품라인업 사이에서 미리 개발해 공용화하고, 제품이 필요할 때마다 변경되는 부분만 빨리 개발해 시장에 대응하는 것이 바로 모듈 조합 제품 개발의 핵심이다.

② 모듈 조합 제품 개발 프로세스

필자는 기업마다 고유의 제품 개발 프로세스가 있다고 했다. 하지만 여기서는 회사의 신제품 개발 프로세스가 스테이지-게이트 프로세스stage-gate process[1]와 유사하다고 가정하고 이야기를 진행하겠다. 그리고, 여기서부터 언급하는 부분은 그 컨셉과 목적만 적절하다면 회사마다 프로세스에 적절하게 반영하면 된다.

일단, 각 회사는 모듈을 미리 개발하여 공용화할 수 있는 자산을 보유하고 있다고 볼 수 있다. 모듈 조합 제품 개발 단계에서는 기획된 모듈 개발/운영 계획대로 모듈을 미리 개발하고, 제품 개발 단계에서 공용화하도록 관리하면서 신규 제품을 개발한다. 결국, 모듈 조합 제품 개발 프로세스는 전 단계가 기존의 제품 개발 프로세스에 비해 단축되어야 한다. 공용화할 모듈을 이미 개발/적용할 계획을 모듈 기획 단계에서 수립했기 때문이다. 그렇지 못하다는 것은, 모듈을 기획하거나 미리 개발해두는 작업을 잘못했다는 뜻이다.

그러면 제품 개발 프로세스에서 달라지는 점들만 한 단계씩 살펴보자.

A. 상품 기획 단계

일반 제품 개발 프로세스에서 제품의 컨셉을 잡아가는 단계다. 그러나, 모듈 조합 제품 개발 프로세스에서의 상품 기획 단계는 공

---

1 신제품 프로젝트의 아이디어 단계부터 출시까지에 관한 신제품 개발 운영 모델이다. 실질적인 활동이 이루어지는 스테이지stage(단계)와 스테이지 사이에서 프로세스의 진행/중단 결정을 내리는 지점인 게이트gate로 이루어졌기 때문에 스테이지-게이트 프로세스라고 부른다.

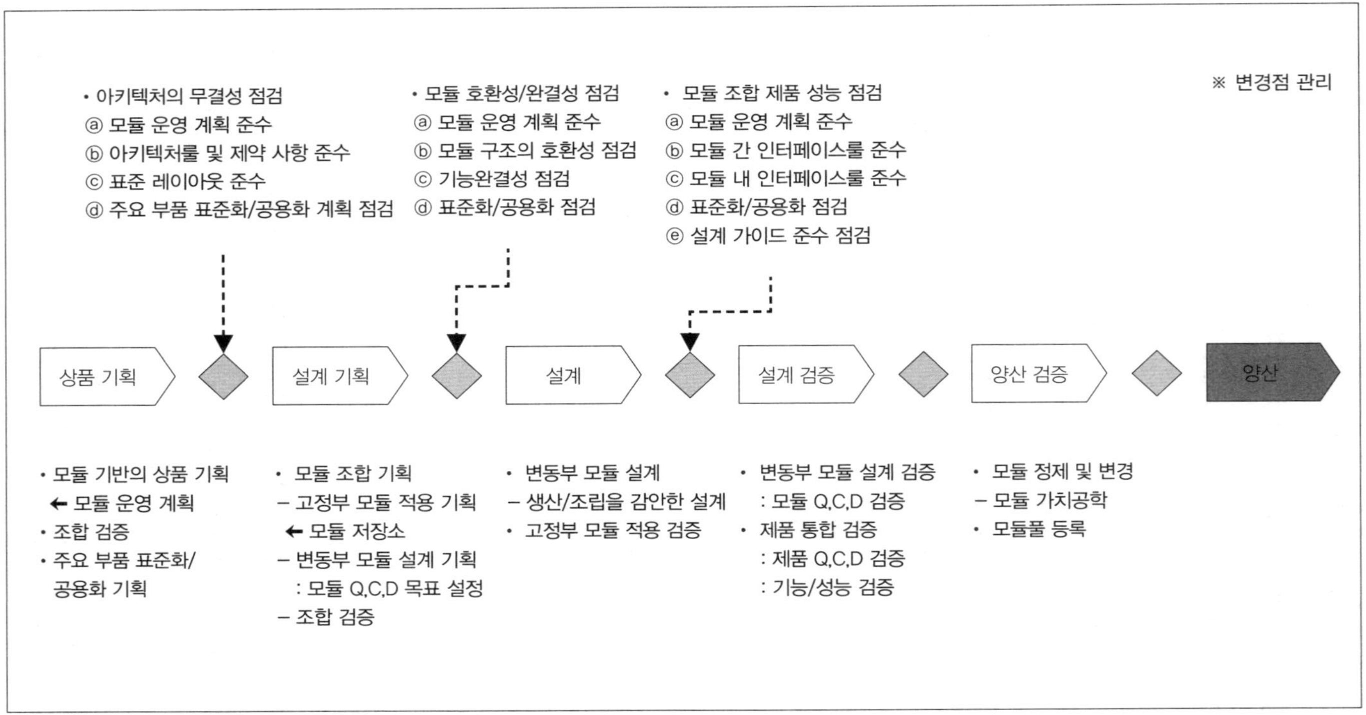

※ 변경점 관리

그림 24. 모듈 조합 제품 개발 프로세스

용화 대상인 모듈에 대한 컨셉을 제외하고, 신규 개발할 모듈에 대한 기획만 진행한다. 즉, 기능/사양보다 모듈을 중심으로 상품을 기획하는 것이다. 여기서 기획된 내용으로 각 게이트gate마다 제대로 적용되었는지 확인해야 한다. 아울러 이 단계에서는 선택된 모듈들의 조합을 검증해야 하고, 주요 부품에 대한 표준화/공용화 기획도 상품 기획 단계에서부터 실행한다.

◇ Gate 1 : 아키텍처의 무결성 점검

첫 번째 게이트에서는 주로 아키텍처의 무결성 준수 여부를 체크한다. 모듈을 공용화하여 조합을 하더라도 아키텍처를 해치거나, 아키텍처룰이나 제약 사항을 준수하지 않으면, 조합하는 의미가 없다.

이 게이트에서는 아키텍처의 무결성을 해치지 않게끔 기획한 조합이 아키텍처룰이나 제약 사항을 어기지 않았는지 확인한다. 그리고, 조합 자체가 모듈 운영 계획을 따랐는지, 표준 레이아웃을 준수했는지, 주요 부품 표준화/공용화가 계획대로 진행되었는지 등을 확인한다.

B. 설계 기획

기존에 공용화하기로 한 모듈, 즉 고정부 모듈에 적용할 기획을 하고, 새로이 만드는 모듈, 즉 변동부 모듈에 대해서는 설계 계획(Q/C/D, 자원 계획 등)을 수립한다. 그리고, 다시 한 번 기획된 내용에 따라 조합에 대한 검증을 실시한다.

◇ Gate 2 : 모듈 호환성/완결성 점검

두 번째 게이트에서는 모듈의 호환성/완결성을 준수했는지 체크한다. 조합한 모듈들 간의 구조가 호환성을 가졌는지, 조합된 모듈들이 기능적으로 완결성을 가졌는지, 주요 부품 표준화/공용화는 계획대로 진행되었는지 점검한다. 물론, 모듈 운영 계획을 따르는지도 확인해야 한다.

C. 설계

공용화하는 모듈을 제외하고 새로이 개발할 모듈에 대한 설계를 진행하면서, Q/C/D 관리를 한다. 공용화할 모듈인 고정부 모듈에 대한 적용 검증도 진행한다.

◇ Gate 3

세 번째 게이트에서는 모듈 조합으로 만들어질 제품의 성능을 점검한다. 앞선 모듈 운영 계획과 표준화/공용화 계획 준수를 그대로 진행하고, 모듈들 간의 인터페이스룰 및 변동부 모듈 내의 인터페이스룰을 준수하는 데 문제가 없는지, 설계가이드는 준수했는지 체크하여 제품 성능의 문제를 미리 점검한다.

D. 설계 검증

변동부 모듈에 대한 설계 검증과 함께 완제품에 대한 기능/성능에 대한 검증도 진행한다.

E. 양산 검증 및 양산

이 단계에서는 새로 개발한 모듈을 이후에 공용화할 수 있도록 특정 모델에 맞춰진 부분을 수정하여 모듈풀에 저장한다. 고정부 모듈에 대해서는 현재 제품 개발 단계에서 나타난 성능이나 기능상의 문제를 보완하여 모듈풀에 저장한다. 그리고 이 모듈을 적용해 현재 양산하고 있는 제품에 적용할 것인지도 결정하고 반영한다. 즉, 기존 제품 개발 프로세스에서 공용화할 모듈을 적용할 것인가를 게이트마다 체크한다.

그 뒤 이에 대한 문제가 없는지 아키텍처 관점에서, 모듈들 간의 구조 호환성 측면에서, 기능완결성 측면에서 점검하는 부분만 추가한다. 또한 앞서 이야기했듯이 모듈을 공용화하는 만큼 그 결과로서 기존 제품 개발 프로세스에서의 시간과 자원도 절감해야 한다. 즉, 기존 제품을 개발하는 것보다 적은 시간과 자원으로 많은 제품을 짧은 시간에 만들어내는 것이 모듈 조합 제품 개발의 핵심이다.

2. 모듈 기반의 구매/생산

대표적인 모듈러디자인 적용 사례인 폭스바겐의 '모듈러 툴킷 전략'에서는 개발과 운영을 구분하는 식으로 활동을 정의하지 않는다. 그 이유는 '모듈러 툴킷 전략' 자체가 다양한 브랜드/영역의 자동차들을 한정되고 표준화된 생산 공정에서 만들어냄으로써 비용 절감과 최대 운영효율성을 추구하기 위한 것이기 때문이다. 앞으로 이러한 접근 방식을 '운영 중심의 모듈러 전략 추진 방식'이라고 부르겠다. 이 경우는 추진 초기부터 운영(생산/구매)에 대한 활동을 시작하기 때문에, 별도로 모듈 기반의 생산/구매를 정의할 필요가 없다.

반면에, 구글의 아라 프로젝트의 목적은 고객 맞춤형 스마트폰을 출시하는 것이다. 그렇기 때문에 기획에서 개발까지의 활동은 정의되었지만, 이후 운영에 대한 활동은 명확하게 정의되지 않았다. 앞으로 이러한 접근 방식을 '개발 중심의 모듈러 전략 추진 방식(협의의 모듈러디자인)'이라고 부르겠다. 하지만 '개발 중심의 모듈러 전략 추진 방식'은 모듈러디자인을 기획/개발에서 운영(생산/구매)까지의 활동으로 확대하여 정의할 필요가 있다.

(1) 모듈 기반의 생산과 구매의 필요성

모듈러디자인으로 얻고자 하는 것은 크게 '운영효율성 향상'과 '시장대응력 향상'이다. 그러나, 모듈러디자인으로 운영효율성을 향상시키려면 모듈러디자인의 범위를 설계/개발 영역에만 한정해서는 안 된다. 모듈러디자인 활동 초기에는 모듈 기반으로 제품아키텍처와 설계/개발 체계와 업무 프로세스를 변화시킨다. 이후에 개발 체계의 변화와 더불어 운영 체계 및 관련 프로세스도 변화시켜야 사업의 운영효율성을 향상시키기 시작할 수 있다.

먼저 모듈 기반의 생산이 왜 필요한지 살펴보자.

오른쪽의 그림을 보면, 모듈러디자인의 장점을 쉽게 파악할 수 있다. 그림의 상단에 있는 형태가 기존 개발 방식인 모델 단위의 개발을 표기한 것이다. 정사각형 하나가 모델을 의미하는 바, 현재 세

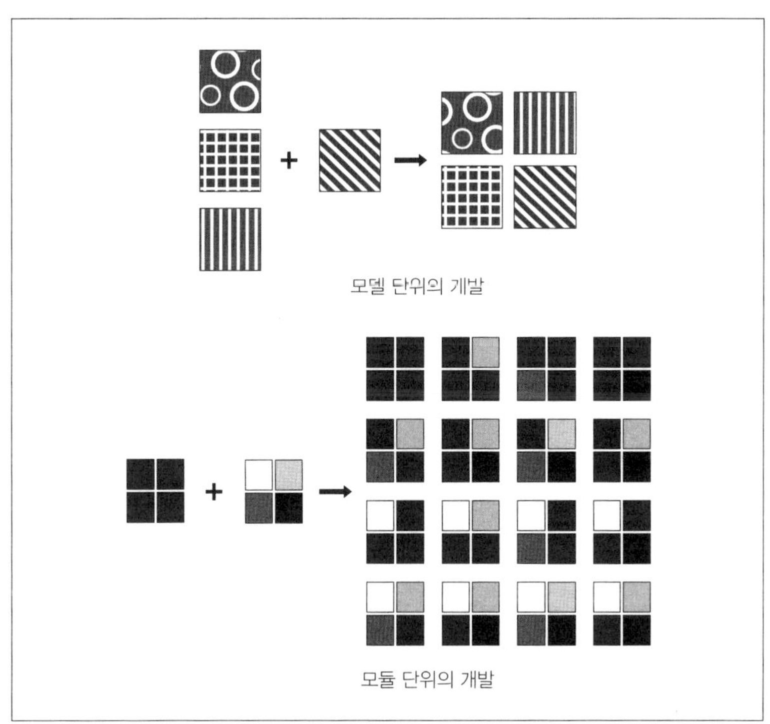

그림 25. 제품 단위의 개발과 모듈 단위의 개발의 차이

개의 모델을 시장에 내놓은 상태에서 새로운 모델을 하나 개발해 출시하면 총 네 개의 모델로 시장에 대응하게 된다. 반면에, 모듈 단위로 제품을 개발하는 방식인 하단의 형태 대로라면, 제품이 총 네 개의 모듈로 구성된 상태에서 개별 모듈별로 모듈을 하나씩 더 개발한다면, 기존 방식의 것과 똑같은 양의 개발용 자원으로 모듈 여덟 개를 조합하여 총 16개의 모델로 시장 대응을 할 수 있다. 이는 한정된 개발용 자원으로 최대의 시장대응력을 갖춘다는 모듈러디자인의 장점을 이상적으로 보여주는 경우다.

그런데, 이러한 장점이 있는 모듈러디자인이 생산 측면에서는

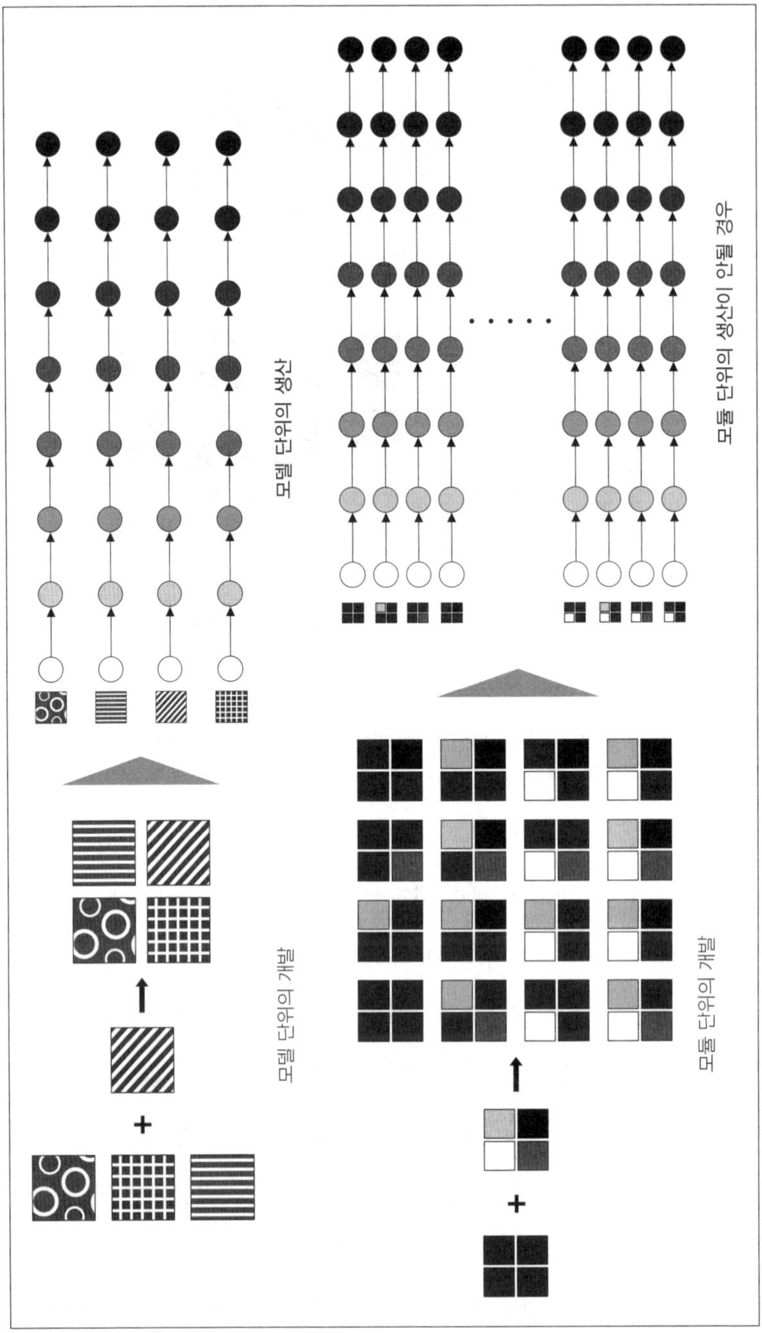

그림 26. 모듈 기반의 생산이 필요한 이유

오히려 생산 과정에서의 복잡성을 늘리는 역효과를 낸다. 그 이유는 생산 부문 입장에서는 최악의 경우 모델당 하나의 공정을 갖춰야 하는 바, 모듈러디자인이 제대로 실행된다면, 모델들의 수가 기존 개발 방식보다 늘어나기 때문이다. 이것이 바로 '모듈 기반의 생산(modular manufacturing)'이 필요한 이유다. '모듈 기반의 생산'의 구성 요소는 ⓐ 공정공용화(process commonality) ⓑ 공정모듈화(process modularity) ⓒ 차별화 지연(delayed differentiation) 등 세 가지다.

모듈러디자인 초기에는 거의 대부분의 모듈을 자사에서 개발할 수 있다. 하지만 협력사에서 공급 받는 방식을 고려하여 모듈화를 진행할 수도 있다. 모듈러디자인으로 모듈화가 진행된 뒤, 초기에는 개발 방식에 대한 변화가 주를 이룬다. 그러나 성숙화가 진행되면서 구매하는 방식도 생산하는 방식과 마찬가지로 변화해야 한다. 이것이 '모듈 기반의 구매(modular sourcing)'인 것이다. 예를 들어, 예전에는 협력사에서 단품 위주로 공급을 받았지만, 모듈 기반의 구매를 하게 되면 모듈 단위로 공급을 받게 된다. 그럼으로써 완제품 기준으로 생산하던 방식을 모듈 단위로 생산하는 방식으로 바꾸게 된다. 그러면 모듈 기반의 구매가 왜 필요한지 살펴보자.

사실, 한 회사에서 제품을 처음부터 끝까지 개발하는 경우는 많지 않다. 다수의 협력사들로부터 작게는 재료, 부품, 모듈을 크게는 서브시스템과 완제품을 공급받고 시장에 유통시킨다. 현물뿐만 아니라, 생산 관련 혹은 시장 공급 관련 부문 등도 협력사에 위임한다. 결국 모듈 기반의 구매/생산은 공급/생산에 대한 운영 방식을 바꾸

는 활동이다. 크게는 모듈화로 공급 구조와 생산 방식 자체의 복잡
성을 줄이는 활동과 모듈 단위로 운영 방식을 변화시키는 활동으로
나눌 수 있다. 이는 최종적으로 다음의 두 가지 활동을 목표로 한다.

ⓐ 공급 구조의 복잡성 개선
ⓑ 모듈 기반의 구매 체계 구축

Box 44. 고정부 모듈과 변동부 모듈 중 어떤 것을 소싱해야 할까요?

기본적으로 고정부 모듈을 제1차 벤더vendor(업체)에 소싱하라고
안내한다. 허나 대부분의 고정부 모듈은 제품의 핵심인 플랫폼으로
서의 역할을 담당하기에, 기술 보호 등의 이유로 외부로 소싱하기가
어렵다. 아울러 변동부 모듈도 소싱하는 것을 고려해야 한다. 변동부
모듈은 고객의 다양한 요구 사항을 만족시켜주기 위해 변동을 가하
는 부분이기 때문이다.

변동부 모듈은 해당 모듈에 특화된 역량을 가진 벤더가 다양한 모
듈에 대해 더욱더 저렴한 비용으로 소싱할 수 있다면, 그 벤더에 맡
기는 것이 좋다. 허나, 단지 자사의 복잡성을 줄이기 위해 외부 협력
사에 모듈 공급을 맡긴다면, 이는 역량이 자사보다 떨어지는 협력사
에 복잡성 관련 비용을 전가하는 셈이니, 지양해야 한다.

Box 45. 모듈러디자인이 빠진 모듈 기반의 생산/구매

예전에는 모듈러디자인을 도입하지 않았는데도 모듈 단위로 생산/
구매하는 운영 중심의 활동이 이루어졌다. 이는 회사 내부에서 모
두 생산하던 대신, 회사에서는 모듈을 조립하여 제품을 만들어내는

역할을 담당하고, 나머지 모듈들은 협력사에서 만들어 회사에 납품 시킴으로써 전체 생산 역량을 증가시키는 효과를 얻고자 한 것이다. 물론 해당 모듈에 대한 전문성을 갖춘 협력사는 회사가 책임져야 할 복잡성 문제를 나누어 해결할 수 있다. 그러나, 실제로는 회사 내부 에서 발생하는 복잡성을 기술/제조 역량이 떨어지는 협력사에 전가 하는 견과를 초래했다. 그리하여 열악한 협력사는 오히려 제품이 품 질을 악화시켰다. 또한 회사도 자체의 제조 역량을 잃어버렸다.

(2) 모듈 기반의 생산/구매의 정의 및 프로세스

① 모듈 기반의 생산

이번 장에서는 모듈 기반의 생산(modular manufacturing)을 구축 하는 프로세스와, 모듈 기반의 생산을 구성하는 요소를 다루어보자.

Box 46. 모듈 기반의 생산 구축 프로세스

ⓐ 기존 공정의 단순화

- 기존 공정에서의 작업 복잡성 분석/개선

- 4M(machine[작업 도구], material[재료], man[작업자], method[작 업 방법]) 기준 다양성 분석/개선

ⓑ 단위 공정 표준화 - 4M 기준

ⓒ 모듈 기반의 공정 재배치/모듈화

ⓓ 모듈 기반의 공정 최적화

- 공정 공용화를 통한 변동 공정 최소화

- 차별화 지연(delayed differentiation)을 통한 공정 배치 최적화

- 모듈 기반의 소싱(modular sourcing) 적용 대상에 적용함

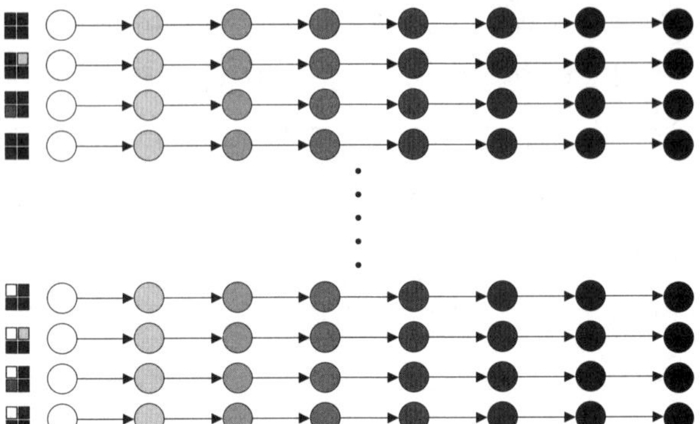

- 4M 기준 다양성(variety) 분석 및 개선
- 작업 난이도 개선

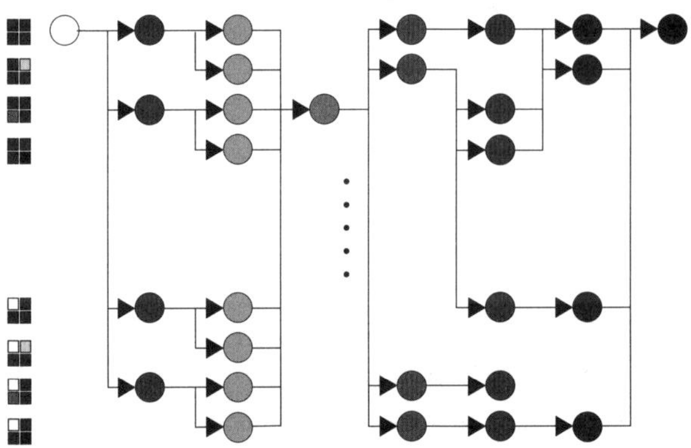

- 4M 기준 공정 표준화

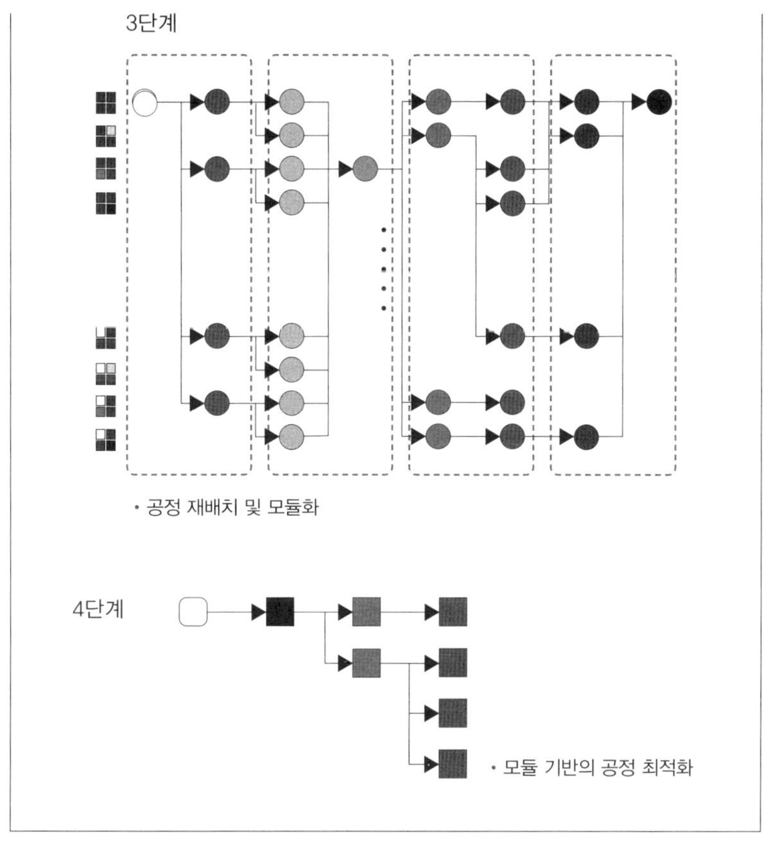

그림 27. 모듈 기반의 생산 구축 프로세스

위의 그림은 모듈 기반의 생산을 구축하는 프로세스다.

1단계에서는 모델별로 구성된 공정을 4M(machine[작업 도구], material[재료], man[작업자], method[작업 방법])을 기준으로 분석한다. 분석 대상은 생산 방법(method)에 대한 작업 난이도와 나머지 요인에 대한 다양성을 분석함으로써 작업 난이도를 낮춘다. 이 단계의 공정에서는 먼저 부품 단위의 공정으로 현재 수준의 공정을 개선하여 공통되는 부분을 높인다.

2단계에서는 4M 기준에서 공정 표준화를 실행한다(이는 3S의 과정과 유사하다). 먼저 단순화로 복잡성을 낮춘 뒤 표준화/공용화하여 최적화를 달성한다(이는 모듈 기반의 생산을 구축하는 과정과 유사하다).

3단계에서는 공정을 재배치해 모듈 단위로 묶는다. 이에 따른 장점은 변화에 대한 공정의 안정도를 높일 수 있다는 점이다. 예를 들면, 기존 부품의 공정의 경우 부품이 바뀌면 작은 단위의 공정들도 부분적으로 바뀐다. 그러나, 모듈 단위로 공정을 구성하면, 모듈들 간의 공정 인터페이스가 일정할 경우, 공정의 변동성을 낮출 수 있다.

4단계에서는 변동성이 높은 모듈 공정을 뒤 미루는 '차별화 지연 활동(delayed differentiation, postponement)'[2]을 실행한다.

이렇게 구축된 '모듈 기반의 생산'의 구성 요소는 다음과 같다.

ⓐ 공정들 간의 공통성을 높이는 활동인 공정 공용화(process commonality)

ⓑ 모듈 단위로 공정을 구성하는 공정 모듈화(process modularity)

ⓒ 변동 공정을 차별화 지연(delayed differentiation)으로 뒤로 미루는 활동

첫 번째, 공정 공용화는 다양한 모델을 소수의 표준화된 공정에서 생산하는 데 필요한 활동이다. 기본적으로 4M기준에서 공정 공용화 활동을 추진한다. 이 과정에 작업 방법의 난이도를 단순화하여

---

2 고객의 요구 사항을 반영함으로써 변동이 이루어지는 부분을 가급적 전체 라인의 뒷부분에 배치하는 것이다.

공정 표준화가 용이하게 하고, 지그 등의 도구를 표준화하는 세부 활동도 포함한다. 좀 더 자세히 설명하면, 공정 공용화는 먼저 공정을 제품군들 간의 공통적 공정인 고정 공정, 제품별로 다른 변동 공정으로 나눈 후에 그것을 고정 공정화하여 변동 공정의 비율을 관리하는 활동, 변동 공정의 4M 중 작업 방법과 작업 도구를 공용화하여 공정의 변동성을 낮추는 활동, 공정의 작업 난이도를 개선하여 공정 자체를 단순화하는 활동으로 나눌 수 있다.

두 번째, 공정 모듈화는 공정을 부품 단위가 아닌 그보다 큰 모듈 단위로 묶음으로써 공정 자체의 변동성을 낮춘다. 모듈보다 부품 단위의 변화가 비교적 심하고 변화 빈도도 높아서, 이를 기준으로 하기보다는 모듈 단위로 공정을 모듈화하여 공정의 변동성을 낮춘다.

세 번째, 차별화 지연의 경우, 공정 공용화 활동이 진행되는 과정에서 모델별로 변동이 있는 공정을 가급적 라인 끝으로 이동시켜 모델들이 공통적으로 사용할 수 있는 공정들을 최대화한다.

② 모듈 기반의 구매

모듈 기반의 생산 체계까지 구축되었다면, 이를 '모듈 기반의 구매(modular sourcing)' 방식으로 변경해야 한다. 기존에 부품/어셈블리assembly(반조립체) 단위로 공급받던 방식에서 모듈 단위로 구매하는 방식으로 전환해야 한다. 물론 모듈 기반의 구매는 모듈러디자인, 모듈 기반의 생산 체계가 완성된 후에야 구성할 수 있다.

모듈 기반의 구매를 정의하려면 가장 먼저 해야 할 일은 현재 복잡하게 늘어진 공급 구조를 단순화하는 것이다. 이를 위해 필요한 것이 현재의 공급 구조를 가시화하여 분석/개선하는 것이다. 이 단계에서 같이 하면 좋은 활동이 '구매 카테고리 전략'이다. 부품 단위로 구매할 때에는, 그 구매 카테고리의 특성을 파악하고 적합한 전략도 함께 고려해야 공급 구조를 단순화할 때 판단의 근거로 삼을 수 있기 때문이다. 이를 위해 단순화된 공급 구조를 표준화하고, 공급 구조도 모듈 단위로 재정의한다. 이후에는 공급 방식을 모듈 단위로 결정해야 한다. 예를 들어, 제품의 핵심 기술을 담당하는 모듈의 경우 그 기술이나 핵심 부품을 가급적 내부에서 제작하면 유리하다.

비핵심적인 모듈은 고정성이 강할 경우 많은 물량 주문에 대응할 수 있다. 또한 품질적으로도 우위에 있는 협력사에서 공급을 받고, 변동성도 강하다면 변동성 관리 역량을 갖추어 운영 효율이 높은 협력사에서 공급을 받는다. 이렇게 모듈 기반으로 공급 구조를 재정의한 뒤 다시 최적화한다.

Box 47. 모듈 기반의 구매 구축 프로세스

ⓐ 공급 구조 단순화 : 기존 방식의 공급 구조 분석/개선
 - 분석 대상 : 공급 노드(협력사), 공급 거리, 공급 단계 등
ⓑ 공급 구조 표준화 : 저원가/고원가 공급 구조로 구분하여 표준 공급 구조를 정의함
ⓒ 모듈 단위로 공급 구조를 재정의함

	핵심	비핵심
고정	내부 제작	외주(품질 중심)
변동	내부 제작	외주(운영 효율 중심)

ⓓ 모듈 단위의 공급 구조 최적화

Box 48. 왜 모듈 기반의 생산을 해야 할까?

히노 사토시는 저서 《실천 모듈러디자인》에서 생산의 모듈화를 다음과 같이 설명했다.

"설계 모듈화는 부품의 종류를 줄이는 것이 목적이다. 허나, 생산 모듈화를 하면 부품의 종류가 증가한다. 그렇기 때문에 설계의 모듈화와 생산의 모듈화는 안티테제(반정립)의 관계이다."

무슨 의미일까? 여기서 우리는 모듈 기반의 생산, 즉 모듈러 생산에 대한 힌트를 얻을 수 있다.

모듈러디자인의 원래 범위는 설계/개발이다. 개념적으로 정해진 다양한 모듈을 조합하여 다수의 제품을 생산해야 하는 상황에 대응한다는 컨셉이다. 이는 생산 과정에서 복잡성 증가로 이어진다. 모듈을 조합함으로써 제품의 다양성이 높아진다면, 공정 과정에서 제작해야 하는 모델도 많아지기 때문이다.

그래서 모델이 바뀌더라도 공정이 바뀌지 않도록 관리하는 '변동 공정률'을 도입해야 한다. 즉, 변동성이 높아질 수밖에 없는 부품/어셈블리 단위로 공정을 구성하기보다 모듈 단위로 공정을 구성하는 것도 이러한 생산 과정에서의 복잡성을 낮추기 위한 노력인 것이다. 결국 설계의 모듈화에 따라 생산에서 유발되는 복잡성에 대해 생산에서 대응하기 위해 하는 활동이 '생산 모듈화' 혹은 '모듈러 생산'인 것이다.

(3) 개발 – 구매 – 생산의 협업

모듈 기반의 생산/구매는 결국 제품군 단위의 '표준 생산 공정'과 '표준 공급 구조'를 정의한다. 그리고 이를 최적화하여, 제품군 전체의 운영효율성을 높인다. 그런데, 여기서 언급한 모듈 기반의 생산/

구매 프로세스는 생산이나 구매 부문 단독으로 해결할 수 없다. 그렇기 때문에 여기서 한 가지 선행 조건을 더 붙이게 된다.

개발 부문은 모듈 기반의 제품아키텍처 정의 과정을 거쳐 표준 제품아키텍처를 매년 운영하게 된다. 이러한 개발 과정에서 만들어진 표준 제품아키텍처가 운영 과정에서 생산성이 높고, 구매 관련 리스크도 낮은 효과를 함께 누리면서 높은 운영효율성을 유지하려면 운영 부문, 즉 생산/구매도 동일하게 표준 제품아키텍처에 맞춰 '표준 생산 공정'과 '표준 공급 구조'로 나누어 관리할 필요가 있다. 이것은 부문에 따라 단독으로 만들어지게 해서는 안 된다. 개발-구매-생산 간의 협업으로 표준제품아키텍처를 수립할 때 표준 생산 공정과 표준 공급 구조가 같이 수립되도록 해야 한다.

요즘은 대체로 사업부 내에 개발, 구매, 생산을 담당하는 조직들이 함께 있지도 않다. 그보다도 모델별로 협업해서 움직이기 마련이다. 이렇게 표준을 수립하고 협업하는 것은 독립된 프로세스로 규정짓지 않으면 힘든 일이다. 그래서, 모듈 기획 단계에서는 표준 제품아키텍처와 모듈 로드맵을 업데이트할 시점에서 생산/구매에도 함께 참여함으로써 표준 생산 공정과 표준 공급 구조를 서로 정렬시켜야 한다. 물론, 상품 기획이나 디자인에 참여하는 것은 당연하다.

요약하자면, 제품 단위로 만들어지는 제품아키텍처, 생산 공정, 공급 구조를 단순화하고, 모듈 단위로 각각 재정의/표준화해야 한다. 그럼으로써 매년 모듈을 기획할 때마다 최적화하고 정렬하는 과정을 관련 부서들 간의 협업으로 이루어야 한다.

	오픈형(open type)	클로즈드형(closed type)
주도형	마켓플레이스형(Marketplace type, 모듈 판매 장소 제공) 예) 구글의 아라폰	내부 관리형 예) 폭스바겐의 모듈러 툴킷 전략
협력형	자율생태계형 예) IBM 호환 PC	분업형

표 11. 모듈 조합 제품 판매의 유형

3. 모듈 조합 제품 판매

'고객이 원하는 대로 스마트폰이 만들어집니다.'

이는 구글 아라폰의 조립식 스마트폰이 주목을 받는 이유이다. 사실 그 컨셉은 전혀 새롭지 않다. 대형 브랜드가 파는 PC를 원하지 않는 고객은 온라인 쇼핑몰에서 자신이 원하는 부품을 별도로 구입하고 조립해 PC를 만든다. 내가 먹고 싶은 음식을 내 접시에 골라 담아 먹는 뷔페, 샐러드 바도 이러한 사례다.

Customization(맞춤형)

사용자에게 제공되는 제품의 주요 특징(feature)과, 그와 연계된 모듈을 취사선택하여 내부적인 운영효율성을 극대화하면서, 사용자에게 선택의 폭을 넓히도록 하는 것이 '모듈 조합 제품 판매'의 장점이다. 모듈 조합 제품 판매는 아키텍처의 기획, 개발, 관리를 누가 하느냐에 따라 주도형/협력형으로, 모듈에 대한 기획/개발의 역할을 다수의 개체(player)가 담당하느냐, 정해진 소수의 개체가 담당하느냐에 따라서 오픈형/클로즈드형으로 나눌 수 있다.

① 주도형/오픈형의 대표적인 예는 구글의 아라폰이다. 구글은 스켈레톤이라는 버스bus 타입 플랫폼을 관리함으로써 아라폰의 아키텍처에 대한 주도권을 쥐고 있다. 그 대신 모듈 개발에 대한 역할은 다수의 파트너 및 하드웨어 개발 업체로 분산하고, 구글이 관리하는 판매 장소(마켓플레이스marketplace)에서 소비자에게 판매한다.

② 주도형/클로즈드형의 대표적인 예는 기업에서 추진하는 모듈러디자인 프로젝트다. 아키텍처에 대한 주도권은 물론, 모듈 기획/개발에 대한 역할을 일부 협력사를 제외하고는 자사에서 책임지는 협력사에 아키텍처를 공개하는 정도가 가장 낮은 경우다.

③ 협력형/오픈형의 대표적인 예는 IBM 호환 PC이다. 아키텍처는 IBM에서 만들었지만, 현재는 사실상 산업 표준으로서 PC에 관련된 회사들이 따르고 있다.

④ 협력형/클로즈드형은 아키텍처에 대한 주도권을 일부 회사가 갖지만, 모듈 기획/개발의 역할은 다수의 개체(player)에 맡기는 타입이다. 현실적으로 쉽게 찾아보기 어려운 타입이다.

모듈 조합 제품 판매에 대해 이야기하기 전에 모듈러디자인에 대한 타입을 나눈 이유는, 타입에 따라 모듈 조합 제품 판매 과정에서 준비해야 하는 항목이 다르기 때문이다. 그 항목은 다음과 같다.

	주도형 오픈형	주도형 클로즈드형	협력형 오픈형	협력형 클로즈드형
모듈의 품질 확보	●	●	●	●
모듈의 메타데이터 및 정부 데이터베이스 구축	●		●	
모듈 호환성 테스트 및 시뮬레이션	●		●	
모듈 판매 장소 구축	●			
판매 컨피규레이터configurator/ 시뮬레이터simulator 확보	●	●		

표 12. 모듈 조합 제품 판매의 구성 요소

모듈 조합 제품 판매의 전제 조건은 모듈 조합에 대한 호환성 정보를 담은 데이터베이스를 갖춘 뒤, 모듈 조합으로 판매 가능할 제품에 대한 정보를 만들어내는 판매 조합 프로그램(sales configurator)을 갖춰야 한다는 점이다. 고객이 모듈들을 조합한 결과를 시뮬레이션할 수 있는 판매 시뮬레이션 프로그램(sales simulator program)도 함께 갖춘다면 큰 도움이 되리라.

요점 정리

▲ 모듈 기반의 생산/구매는 운영효율성을 확보하기 위해서 모듈러 디자인에서 확대된 운영 활동이다.

제7장. 심화 주제

이번 장에서는 모듈러디자인과 관련된 더욱 깊숙한 주제를 살펴보겠다. 현재 큰 이슈가 되고 있는 인더스트리 4.0[Industry 4.0]과의 관계 및 매스커스터마이제이션과의 관계 등에 대한 내용과, B2B 산업과 소프트웨어 산업에서의 모듈러디자인 등에 대한 이야기를 짚고 넘어가겠다.

1. 모듈러디자인의 역할

모듈러디자인과 관련된 프로젝트를 추진하다 보면, 모듈러디자인이 회사 전체의 전략으로 추진되어야 할지, 개발 혁신 활동의 일환으로서 추진되어야 할지, 아니면 제품개발방법론으로서 추진되어야 할지 혼란스럽다. 확실한 것이라면 모듈러디자인 활동은 사업과 조직의 상황에 맞춰 추진해야 한다는 점이다. 여기서는 이 부분에 대해 하나씩 살펴보자.

(1) 전략으로서의 모듈러디자인

　모듈러디자인을 추진하는 활동을 다양성 관리 내의 표준화/공용화 활동으로 보는 경우가 많다. 그러다 보니, 모듈러디자인의 목적을 수익성 향상에 맞추고, 복잡성 절감에 따른 운영효율성을 높이는 데 집중하게 된다. 그러나, 이는 모듈러디자인의 목적 중 하나인 개발/운영효율성을 높인다는 면만 강조한 것이다. 모듈러디자인은 시장대응력 향상이라는 목적도 같이 달성해야 한다. 이를 위해서는 다양성 관리의 표준화/공용화 활동만으로는 부족하다. 결국 모듈러디자인의 기본 활동은 모듈화를 통한 시스템의 복잡성 관리다. 모듈화로 복잡성을 관리한다는 것은 시스템의 대응성(adaptability), 유연성(flexibility), 민첩성(agility)을 높일 수 있다는 뜻이다. 허나 단순히 복잡성 개선 측면에만 집중하다 보면, 활동을 했는데도 회사 전체적으로는 큰 효과를 보지 못할 수 있다.

　모듈화는 전체 시스템의 복잡성을 모듈이라는 구성 요소로 한정시키고, 모듈들 간의 조합으로 한정된 복잡성 내에서 환경적 불확실성에 대응할 수 있게 한다. 이것은 모듈러디자인이 단순히 개발적인 방법론이 아니라는 뜻이기도 하다. 사실, 기업을 둘러싼 불확실성이 점점 커지면서 기업도 이에 대응하기 위해 자체적으로 환경에 맞춰서 변화한다. 그러나, 환경에 맞춰 변화한다는 것은 기업 내부의 복잡성 증가를 불러일으켰고, 이 때문에 필요한 비용은 기하급수적으로 늘었지만, 기업의 수익성은 악화되었다. 이에 대한 대응 방안들 중 하나가 모듈러디자인이라고 필자는 앞에서 정리했다. 즉, 모듈화로 복잡성을 관리하면서 환경의 불확실성에 적절하게 대응해 기업 전략과 연계하는 것이다.

오늘날 외부 환경의 변화 속도는 매우 빨라서 기업은 한치 앞도 예측할 수 없다. 그런 의미에서 전통적인 예측 기반의 경영 기법은 무의미하다. 엄밀히 따지면, 전통적인 예측 기반의 경영 기법상의 분석 결과가 조직으로 하여금 현재 상황에 대한 통찰력을 갖추게 한다는 학습적인 의미와, 기본적인 액션의 기준을 제공한다는 점에서 아직도 중요하다는 뜻이다. 아울러 환경 변화에 민첩하고 유연하게 대처할 수 있도록 전략적 유연성을 갖춰야만 한다. 그래서 최근에 나오는 경영 전략 관련 서적에서 자주 언급되고 있는 부분이 바로 '학습 역량'과 '전략적 유연성'인 것이다. 이는 내부적인 역량을 불확실한 상황에서도 온전히 가치를 만들어내는 데 사용할 수 있는 주요 역량으로 봤기 때문이다.

그리고, 학습 역량에는 시스템적 사고가 기반이 되어야 한다. 다시 말하자면, 불확실성이 높은 상황에서 이에 대응하기 위한 내부적인 복잡성이 증가하는 바, 복잡성을 효과적으로 이겨내는 데 필요한 역량이 앞서 이야기한 학습 역량과 전략적 유연성이다. 결국, 모듈러디자인은 이 중에서 전략적 유연성을 위한 방법론들 중 하나인 것이다. 내부적인 복잡성을 한정지으면서 시장의 변화에 효과적으로 대응할 수 있는 방법이 바로 모듈러디자인인 것이다. 이런 점에서 보면, 모듈러디자인을 단순히 제품개발방법론으로 보는 것은 무리가 있다. 하지만 그것을 어떻게 활용하냐에 따라 단순히 제품개발방법론일 수도 있고, 폭스바겐 자동차에서처럼 사업 전략의 한 축을 차지할 수도 있다.

마지막으로 한가지 주의 사항만 이야기하고 넘어가도록 하겠다. 지금까지 '전략으로서의 모듈러디자인'을 이야기했다. 하지만, 이것을 '목적으로서의 모듈러디자인'으로 오해하면 안 된다. 모듈러디자인은 철저히 '어떤 목적을 달성하기 위한 수단'일 뿐이다. 폭스바겐 자동차는 모듈러디자인을 수익성을 확보하려고 활용했을 뿐이다. 간혹, 달성해야 하는 목적과 수단을 혼용하여 수단에 절대적인 가치를 두는 경우가 있다. 허나, "망치를 든 사람들은 모든 문제가 못으로 보인다"는 옛말이 있다. 그 말처럼 모듈러디자인에 관련된 사람들이 쉽게 저지를 수 있는 실수는 바로 모듈러디자인이 모든 문제를 해결할 수 있으리라고 단정짓는 것이다. 이는 모듈러디자인 활동의 본의를 왜곡할 뿐만 아니라, 모듈러디자인의 개념적 수명을 단축시킬 것이다.

(2) 혁신의 도구로서의 모듈러디자인

《혁신기업의 딜레마》,《성장과 혁신》,《미래 기업의 조건》 등을 집필한 클레이튼 크리스텐슨 교수는 혁신의 종류를 '파괴적 혁신(disruptive innovation)'과 '지속적 혁신(sustainable innovation)'으로 나누었다. 지속적 혁신은 기존 프레임을 벗어나지 않으면서 현상을 개선하는 것이고, 파괴적 혁신은 기존 프레임을 뛰어넘거나 벗어나는 방향을 추구하여 종국에는 시장의 룰을 변화시킨다.

이러한 두 혁신들과 모듈러디자인은 무슨 관계가 있을까? 엄밀히 따지면, 모듈러디자인보다 제품아키텍처와 관련이 있다.

지속적 혁신은 기존의 제품아키텍처를 벗어나지 않은 범위에서

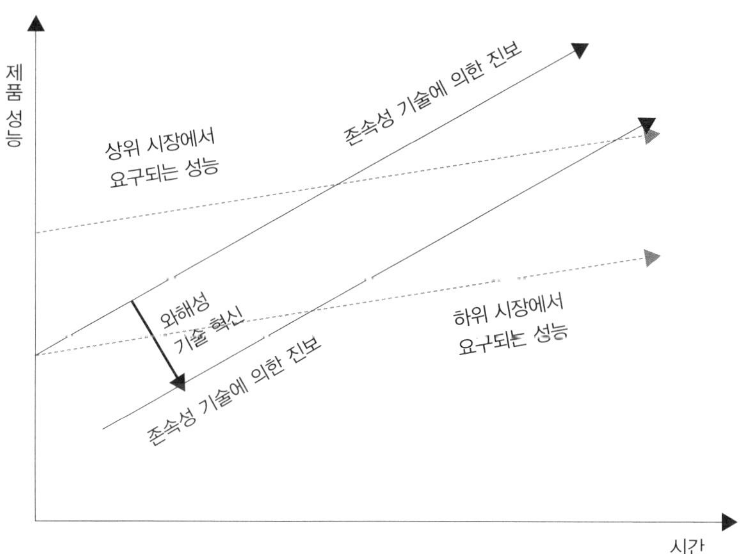

그림 28. 존속성 및 와해성 기술 변화의 영향
(참고 : 클레이튼 크리스텐슨 지음, 혁신 기업의 딜레마, 세종서적)

제품을 개선해나가는 혁신이다.

파괴적 혁신은 제품아키텍처 자체를 바꾸는 혁신과 연결된다. 이는 제품아키텍처가 갖는 의미 때문이다. 경쟁의 패러다임에서 경쟁 전략을 반영한 의도, 원칙, 룰, 제약 사항 등이 고스란히 제품아키텍처에 포함되어야 하기 때문이다.

Box 49. 제품아키텍처의 변화 과정

게임의 규칙(game rule) ⇒ 전략(strategy) ⇒ 전략적 의도(strategic intent) ⇒ 제품아키텍처(product architecture)

결국, 지속적 혁신은 기존의 패러다임인 게임의 규칙을 그대로 인정하고서 개선하는 혁신이다. 또한 제품아키텍처 내의 컴포넌트 component(요소)를 개선하는 '컴포넌트 혁신(component innovation)'을 의미한다. 파괴적 혁신은 게임의 규칙을 바꿀 수 있는 혁신, 그러니까 아키텍처 자체를 바꿀 수 있는 아키텍처 혁신(architectural innovation)이다. 아키텍처 혁신은 컴포넌트 혁신보다 상대적으로 어렵고 시간이 오래 걸리는 혁신이다. 모듈러디자인이 적용된 제품에 빗대어 생각하면, 한번 정의된 모듈 기반의 제품아키텍처를 바꾸기는 상대적으로 어려운 일임을 떠올릴 수 있다.

그러나, 모듈 하나하나에 대한 개선인 컴포넌트 혁신은 아키텍처 혁신보다 쉽다. 특히, 모듈들 간의 의존도가 상대적으로 낮은 모듈러디자인이 적용된 제품은 조율형으로 만들어진 제품보다 컴포넌트 혁신을 하기가 쉽다. 즉, 모듈러디자인은 지속적 혁신을 위한 방법론인 것이다. 모듈러디자인을 적용한 후에는 파괴적 혁신, 즉 아키텍처 혁신을 위한 방법론이 보충되어야 한다.

그러면 네스프레소 사례를 지금까지 설명한 내용에 빗대어 설명해보겠다. 네스프레소는 우리가 잘 아는 인스턴트 커피 브랜드인 네스카페로 잘 알려진 회사다. 원래 네스프레소는 중저가 커피를 선호하는 소비자를 대상으로 인스턴트 커피를 제조/판매해왔다. 네스프레소에서 지속적 혁신이란 네스카페의 커피 맛을 개선하거나, 공정의 생산성을 높이거나, 판매망을 확충하는 것이었다. 즉, 기존 인스턴트 커피의 시장 패러다임하에서 개선을 지속해왔다. 허나, 소비자들은 점점 고급 커피를 선호했다. 결국 네스프레소도 고급 커피 시장에 접근했다. 그러나, 고가인 고급 에스프레소 기계 시장에 뛰어들기는 어려웠으리라. 그래서 네스프레소는 '캡슐커피'라는 새로운 아키텍처를 도입한다. 즉, 캡슐커피 머신과 함께 캡슐커피를 지속적으로 판매함으로써 수익을 내는 게임의 규칙을 구축한 것이다. 이는 사업의 틀을 바꾸는 아키텍처 혁신, 파괴적 혁신에 해당된다. 네스프레소는 거기서 멈추지 않고서 캡슐커피의 맛을 지속적으로 개선하거나 새로운 맛을 출시하여 컴포넌트 혁신(지속적 혁신)을 하고 있다.

다른 방법으로도 생각해보자, 인티그럴아키텍처^{integral architecture}(조율형 아키텍처)를 갖춘 제품은 모듈러아키텍처^{modular architecture}(조합형 아키텍처)를 갖춘 제품보다 성능 면에서 우위를 점할 수 있다. 초기에는 상위 시장에서 이러한 인티그럴아키텍처가 가지고 있는 성능최적화라는 특징 때문에 대체로 인티그럴아키텍처를 갖춘 제품이 자리를 잡는다. 그러다가, 하위/중위 시장에서 점차 우위를 점하던 제품들이 성능이 어느 정도 궤도에 오르면, 기존의 인티그럴아키텍처를 갖춘 제품들을 대체하기 시작할 것이다.

그 이유는 모듈러아키텍처의 특징인 업그레이드 용이성, 시장대응 용이성 같은 장점 때문일 것이다. 구글의 아라 프로젝트도 현재는 중저가 시장을 대상으로 하지만, 점차 그 성능이 향상되면서 기존의 상위 제품을 대체할 가능성이 있다. 그 순간은 모듈러아키텍처 방식으로 만들어진 제품의 성능과 인티그럴아키텍처 방식으로 만들어진 제품의 성능 사이의 차이를 사용자가 의미 있다고 보지 않는 시점이 그 시점이 될 것이다.

Box 50. 결과를 통한 경영 vs. 수단을 통한 경영

필자가 모듈러디자인에 대해서 연구하면서, 읽었던 책 중 하나를 추천해달라고 한다면, 경영진에게 추천할 책과 실무진에게 추천할 책이 다르다. 실무진에는 히노 사토시의 《실천 모듈러디자인》을 추천하겠다. 경영진에는 H. 토머스 존슨과 안데르스 브렘스가 공저한 《측정할 수 없는 이익》을 추천하겠다. 덧붙이자면, H. 토머스 존슨은 현재 폭스바겐 그룹의 자회사이자 모듈러디자인을 가장 잘 활용했다는 평가를 받았던 상용차 회사인 스카니아의 CEO 출신이다.

필자가 《측정할 수 없는 이익》에 주목했던 이유는 경영계의 상식으로 통하는 '결과를 통한 경영(management by results, MBR)'보다 자연 생명 시스템의 원리를 응용한 '수단을 통한 경영(management by means, MBM)'을 주장했기 때문이다. 예를 들면, 모듈러디자인 같은 혁신적인 활동을 할 때에는 KPI(핵심성과지표)를 설정하기 마련이다. 활동과 연계된 정량적/정성적 목표를 설정해 활동의 진척이나 그에 따른 효과를 판단하여 독려/포상하기 위해서다. 이는 '결과를 통한 경영'의 전형적인 사례다. 그런데, KPI 때문에 모듈러디자인으로 얻고자 했던 목적을 잊고, 자신들이 달성해야 하는 지표에만 목을 매는 상황도 발생한다. 그러니까 처음에는 달성하려는 목적에 맞춰 지표를 설계했지만, 시간이 지날수록 목적은 잊고 지표를 달성할 방법만 찾는 것이다. 그러나 스코어보드상의 숫자를 이용해 공포로 혁신을 강요하는 것은 '혁신이 아닌 혁신'이다. 특히 돈과 연결하려는 노력은 모듈러디자인의 목적마저 왜곡시킨다.

아울러, '수단을 통한 경영'은 스코어보드상의 숫자 대신 사고의 변화, 조직의 역량 향상, 실행을 위한 활동 자체에 집중하는 것이다. 즉, 모듈러디자인으로 얻을 수 있는 목적에 집중하고, 목적을 달성할 수 있는 활동을 정의하며, 이를 가장 잘 나타낼 수 있는 수치를 관찰하여 스코어보드 대신 활동 주체가 자체적으로 관리하는 것이다.

모듈러디자인을 추진하면서 지표를 설계하게 된다면, 주의해야 할 사항이 있다.

모듈러디자인을 시작할 때 처음에는 복잡성에 대한 관리를 시작하게 된다. 이때 먼저 하게 되는 활동은 현재 상황에 대한 조사/분석이다. 대표적인 항목이 관리하고 있는 플랫폼/모델/모듈/부품/공정의 수와 기구나 계측기의 수 등과 그것들이 발생하게 된 원인들이다. 그리고 이것을 최적화 또는 줄이는 것을 목표로 활동을 기획하게 된다.

활동 추진 초기에 대표적인 지표를 핵심성과지표로 삼아서 활동하면 효과를 어느 정도 보기 마련이다. 그런데, 점차 시간이 지날수록 그 지표에 얽매이면서 활동보다는 지표에 집중하게 된다. 그러니까 모듈러디자인의 본질을 잊은 채 지표만 남게 된다. 허나, 경영자는 목표에 들어있는 이해 안 되는 이러한 지표들에 대해 무관심하거나, "어쨌든 맞춰!"라는 식으로 실무진을 독촉하게 된다. 이것은 '죽은 모듈러디자인'이다. 그 지표가 왜 발생했는지 이해를 못하고, 자신의 목표에 왜 들어갔는지도 모르는 데 무작정 달성하라고 강요하는 것이 과연 무슨 효과가 있을까? 그러니 다음 사항들을 명심하자.

첫 번째, 지표를 설계할 때에는 활동의 목적/메커니즘을 기초로 삼아야 한다. 지표는 결국 활동을 제대로 함으로써 목적을 달성하기 위한 것이다. 단순히 관리하고자 만들어진 지표는 부작용만 일으킨다.

두 번째, 경영진은 지표의 의미를 확실히 이해하고, 사업 방향과 연결시켜야 한다. 경영진이 이해 못하는 지표는 죽은 지표이며, 사업 방향과 연결되지 않은 지표는 보여주기 위한 숫자 놀음일 뿐이다.

세 번째, 활동의 구성원들에게서 이해는 물론 지표에 대한 동의까지 구해야 한다. 이는 가장 어려운 일이다. 실제로 지표와 직접적으로 연관된 사람들은 실무진이다. 모듈러디자인은 작게는 연구개발부터 크게는 기획, 운영, 판매까지 연결된 활동이다. 그 상황에서 구성원들에게서 활동에 대한 이해도, 그에 따른 지표의 동의도 구하지 못했다면, 그것은 의미 없는 활동이다. 물론 현업의 어떠한 것도 변화시키지 못할 것이고, 구성원 누구의 마인드도 바뀌지 않을 것이다.

언젠가 모듈러디자인 추진을 하고 있는 사업부 직원이 필자에게 이렇게 말한 적이 있다.

"왜 모듈 종수(모듈 종류의 수)를 관리해야 하는 지 모르겠어요. 경영진도 관심 없어요. 개발 부서에서는 못해먹겠다고 난리라고요."

모듈 종수를 왜 관리해야 하는지 모르는 이유는 그 지표에 대한 목적을 잃었거나, 활동의 메커니즘을 모르기 때문이다. 즉, '시키니까 한다'는 뜻이다. 헌데 경영진이 관심을 보이지 않는 이유는 그들조차 이해하지 못했거나, 사업 방향과 맞지 않다고 판단했기 때문이다. 후자보다 전자가 더 위험하다. 개발 부서의 클레임은 그들도 활동의 목적을 이해하지 못했거나, 동의를 구하지 못해서이다. 이건 이미 실패한 모듈러디자인의 대표적인 사례다.

(3) 제품개발방법론으로서의 모듈러디자인

모듈러디자인이라는 용어로만 살펴보면, 좁게는 '모듈을 기반으로 제품을 설계하는 방법론'이라는 뜻이다. 실제로 모듈러디자인을 실무에 적용할 때, 가장 많은 변화를 요구하는 것이 제품 개발에 관한 부분이다. 결국 제품아키텍처를 변화시켜야 하는데, 그에 따른 프로세스는 그대로 놔둘 수는 없다. 그러니 모듈러아키텍처로 제품 내 모듈들 간의 구조적/기능적 독립성을 확보했다면, 그 다음에는 설계/개발 업무들 간의 독립성도 확보해야 한다. 물론, 모듈을 정의할 때 업무들 간의 독립성을 고려하여 정의되었다면 조직을 분리하고, 모듈을 개발하는 조직들 간에는 업무가 가급적 독립적으로 이루어질 수 있도록 개발 방법과 프로세스를 재정의해야 한다.

업무가 독립적으로 이루어진다는 것은 예전에 인티그럴아키텍처

를 기반으로 인티그럴디자인^{integrated design}(조율형 설계)을 하던 경우
보다 업무의 복잡성이 줄어들고, 동시 개발이 가능해져 개발 기간이
단축되는 등의 다양한 장점을 누릴 수 있다는 의미다. 물론, 모듈러
디자인 때문에 부서들 간의 통합적인 활동이 어려워져 성능의 최적
화 관련하여 어느 정도의 양보가 필요하다든지, 리엔지니어링이 용
이하여 기술 유출이 쉽다든지, 제품을 만드는 업체가 단순 조립 업
체로 전락할 위험도 있다.

정리하자면, 제품개발방법론으로서의 모듈러디자인은 설계/개발
단계에서 업무의 복잡성을 줄이고, 동시 개발로 개발 기간을 단축하
며, 모듈의 공용화를 통한 개발효율성을 증가시키는 효과를 낼 수
있다. 그러면 이전에 설명했던 제품 설계의 개념부터 하나씩 다시
살펴보자.

제품 설계는 고객이나 시장에서 얻은 기능에 대한 요구 사항을
제품 구조로 변환하는 작업이다. 이 제품 설계는 기능에 대한 구성
요소와 구조에 대한 구성 요소들 간의 관계가 어떠냐에 따라 여러
구조 구성 요소들이 하나의 기능을 작동시키기 위해 조율되게끔 설
계하는 인티그럴디자인과 하나의 구조 구성 요소가 하나의 기능을
담당하도록 설계하는 모듈러디자인으로 나눌 수 있다.

인티그럴디자인의 대표적인 예는 일본의 모노즈쿠리^{monozukuri}
(장인정신) 사상으로 만들어진 제품들이다. 과거 일본의 공작기계나
카메라 등은 인티그럴디자인으로 만들어진 제품이라 모방하기 힘
들고, 시스템 관점에서 성능 최적화가 가능하다. 그렇지만 확장성과
수정용이성이 낮다. 반면에 모듈러디자인으로 설계된 가장 대표적

인 예는 PC이다. 확장성이나 수정용이성이 높지만, 다른 기업들이 모방하기 쉽고 성능을 부분적으로만 최적화할 수 있다. 시장에 있는 제품들은 이러한 두 가지 설계 방법 중 하나, 또는 혼합된 형태의 설계 방법으로 만들어진다. 물론 모듈러디자인으로 만들어진 제품은 모듈러아키텍처를 갖추고, 인티그럴디자인으로 만들어진 제품은 인티그럴디자인을 갖춘다. 결국, 모든 제품은 인티그럴아키텍처 형태나 모듈러아키텍처 형태 또는 그 중간의 구조를 갖추기 마련이다. 당연히 제품/시장 특성, 제품의 라이프 사이클상에 적절한 제품 구조나 제품 설계 방법에 따라 결정되는 것이다.

시장 진입 초기의 제품은 내부적인 운영효율성보다 최적의 성능과 기능 면에서의 우위를 고객에게 제공해야 한다. 그러니 인티그럴디자인으로 개발된 인티그럴아키텍처를 갖추게 된다. 그러다가 경쟁이 치열해지고, 운영효율성과 확장에 대한 필요성이 강조되면 모듈러디자인으로 개발된 모듈러아키텍처를 갖춘 제품들이 경쟁력을 갖기 시작한다. 그렇게 되면 점차 회사에서 자체적으로 제작하기보다 외주를 주는 부품이나 모듈이 많아진다. 그럴수록 모듈러디자인의 필요성은 커진다. 예를 들어, PC가 처음 나왔을 때, 그 구조가 컴퓨터 제조업체마다 달랐다. 그리고, 한 회사가 하드웨어부터 소프트웨어까지 다 만드는 것이 자연스러웠다.

그러다가 시장이 성숙되고, IBM이 PC의 표준 아키텍처를 발표하자 메모리, CPU, OS 등에 관한 전문 부품 회사들이 성장했다. 더군다나 PC는 모방하기 쉬워서 IBM 호환 PC로 PC 형태가 거의 통일되기에 이르렀다. 이제는 PC를 분해해보면 기본 구조가 동일하다는 것을 알 수 있다. 즉, PC도 처음에는 인티그럴아키텍처를 갖췄을 것이고, 당연히 PC의 제품 설계는 인티그럴디자인 형태였다. 그러나, 현재 PC의 구조는 모듈러아키텍처 형태를 갖췄고, PC를 만들 때는 주로 모듈러디자인 형태를 띨 것이다.

(4) 모듈러디자인의 추진 단계

모듈러디자인에는 성숙 단계가 있다. 그리고 그 성숙 단계에 따라서 추진하는 목적과 추진하고자 하는 활동이 다르다.

1단계인 아키텍처 확립 단계에서는 먼저 제품 구조(product architecture)를 최적화해야 한다. 현재 제품의 라이프사이클상 위치가 성숙기라면, 현재 제품 구조가 상당 부분 최적화되었다고 볼 수 있다. 그러나, 도입기나 성장기에 있는 제품군이라면 현재 제품 구조가 최적화되었다고 판단하기 어렵다. 그래서, 먼저 현재 제품 구

	단계	세부 단계	목적
1단계	아키텍처 확립	ⓐ 제품 구조 단순화 ⓑ 제품 구조 표준화 ⓒ 제품 구조 최적화	제품 설계 단순화
2단계	복잡성 개선	기획―개발―운영 연계 ⓐ 개발효율성 추구 단계 ⓑ 운영효율성 추구 단계	개발/운영복잡성 개선
3단계	운영적 유연성 확보	기획―개발―운영―마케팅―영업 연계	시장대응력을 갖추기 위해 운영적 유연성 확보
4단계	전략적 유연성 확보	전략―기획―개발―운영―마케팅―영업 연계	경쟁 우위를 확보하기 위한 전략적 유연성 확보

표 13. 모듈러디자인의 추진 단계

조를 기준으로 아키텍처 확립 단계를 거침으로써 최적화한다. 이 단계는 '제품 구조 단순화 ⇒ 표준화 ⇒ 최적화'에 따라 진행된다.

2단계에서는 이렇게 최적화된 제품아키텍처를 확립한 뒤, 내부에 있는 복잡성을 개선한다. '개발효율성 추구 ⇒ 운영효율성 추구' 같은 활동을 거쳐서 진행되며, 개발/운영상의 복잡성을 개선하는 것을 목적으로 한다.

3단계에서는 개발/운영효율성을 높인 뒤 시장의 불확실성에 유연하고 민첩하게 대응할 수 있는 운영적 유연성을 확보한다.

마지막 단계에서는 이를 시장에서의 경쟁 우위로 활용할 수 있는 전략적 유연성을 확보한다.

그러니까, 모듈러디자인 도입 초기에는 복잡성을 개선함으로써 내부적인 효율성을 향상시키는 활동에 집중시킨다. 그리고 모듈러디자인 도입 후기에는 내부적인 효율성에 맞춰 유연성을 시장 대응력을 높여 경쟁 우위를 확보하는 활동에 집중시킨다. 결국, 현재 사업의 모듈러디자인 성숙 단계에 따라 추진 단계를 결정하면 된다.

물론 제품의 라이프사이클에 따라 추진 단계를 결정하는 것도 가능하다. 예를 들어, 도입기에 있는 제품군이라면 1단계인 아키텍처 확립 단계에 머물 수 있고, 성장기에 있는 제품군이라면 2단계인 복잡성 개선에까지 이를 수 있다. 성숙기나 쇠퇴기에 있는 제품군이라면 3단계나 4단계까지 염두에 두어야 한다. 이는 사업/제품의 특성에 따라서 달라지기 때문에, 모듈러디자인을 추진하기 전에 먼저 사업/제품의 특성을 분석하는 활동이 이루어져야 한다.

마지막으로 언급해두고 싶은 것은, 이 내용이 일반적인 제품의

그림 29. 모듈러디자인은 기업의 체질을 바꾸는 활동이니 단계적으로 추진해야 한다

라이프사이클 특성에 따라서 설명한 것이라는 사실이다. 결국 제품별/사업별로 달라질 수 있다는 점을 명심해야 한다. 필자가 확실히 해두고 싶은 것은 모듈러디자인을 도입했을 경우 여러분이 최종적으로 이루고 싶은 것에 맞춰 단계별로 실행해야 한다는 것이다.

2. 산업 특성을 고려한 모듈러디자인

모듈러디자인은 모든 산업/제품에서 효과를 볼 수 있는 실버불릿 silver bullet(흡혈귀를 잡을 수 있는 은으로 된 탄환)이 아니다. 어떤 문제에는 모듈러디자인이 적합한 해결책이 아닐 수도 있다. 그런 의미에서 모든 문제에 모듈러디자인을 도입하려는 시도는 무모하다. 여기서는 몇몇 산업에 대한 모듈러디자인 적용 가능성을 살펴보자.

(1) 소프트웨어 영역에서의 모듈러디자인

회로나 기구 같은 하드웨어와 달리 소프트웨어는 볼 수 없다. 그래서 상대적으로 구조의 변동성이 아주 심하다. 예를 들어, 같은 기능을 제공하는 소프트웨어도 그것을 누가/어떻게 만드느냐에 따라 구조가 달라진다. 그렇기 때문에 소프트웨어가 제공하는 기능에 따라 구조 정의도 다양화되고, 그 자체적인 복잡성도 높아진다.

게다가 소프트웨어의 기능이 다양해지고, 제품 내의 소프트웨어 비중도 커지면서 그 자체가 가진 복잡성 문제도 지속적으로 대두되고 있다. 이를 해결하려면 소프트웨어아키텍처 개념을 도입하거나, 재사용/모듈화 등이 필요하고, 이미 활용되고 있다. 결국, 모듈화에 대한 개념은 오히려 소프트웨어에서는 상대적으로 적용하기가 쉬울 뿐만 아니라, 당연한 개념이 아닐까 한다.

본론으로 들어가자. 소프트웨어 영역의 모듈러디자인은 어떻게 추진할까? 상대적으로 유리한 모듈화를 위해서 제품의 기능을 정의/표준화하고, 그것을 기초로 모듈을 정의하고, 인터페이스를 표준화하는 작업은 결코 쉽지 않다. 게다가 이에 대한 체계적인 관리마저 없다면, 모듈화의 결과는 한 세대 제품에만 적용되면서 쓸모 없어진다. 그래서 소프트웨어 영역에서의 모듈러디자인은 어떻게 진행해야 한다고 묻는다면 필자는 다음과 같은 내용을 제시하겠다.

먼저 제품의 정의, 즉 제품이 가지고 있는 기능을 정리하고 표준화하는 피처 버라이어티 맵feature variety map을 작성한다. 그리고 이에 따라 소프트웨어 내의 모듈/인터페이스를 정의한 뒤, 이를 기준 데이터 삼아 소프트웨어아키텍처를 수립한다. 이후에는 기능/구조

의 단위로서의 모듈을 확립해야 한다. 이렇게 만들어진 모듈의 정의
는 소프트웨어아키텍처와 함께 제품이 한번 만들어진 후에 지속적
으로 관리되어야 한다. 상세 설계, 개발, 테스트 같은 활동의 기준도
모두 모듈을 기반으로 정렬되어야 한다.

이러한 활동이 한 세대의 제품에만 적용되고 끝나서는 안 된다.
그렇기 때문에 기획 단계에서 피처feature에 대한 로드맵을 수립/관
리하고, 기획 단계에서의 개발은 피처에 대한 로드맵을 기준으로 모
듈 단위의 변경점을 찾은 뒤 설계/개발에 반영해야 한다.

다시 말하면, 소프트웨어 영역에서의 모듈 기반의 제품아키텍처
정의란 제품아키텍처를 재정의하기 전에 먼저 기능 분석 및 변경점
파악(일반적으로 도메인 분석 때 이러한 활동을 한다), 기능에 대한 정
의/표준화를 거친 뒤 기능 단위로 모듈과 인터페이스를 정의한다.
그런 다음 이를 반영하여 아키텍처를 정의한다. 이에 따른 결과물은
모듈을 기반으로 구성된 소프트웨어아키텍처, 기능과 구조를 기반
으로 정의된 모듈과 인터페이스일 것이다. 상세 설계, 개발, 테스트
로 이어지는 개발 프로세스는 위에서 언급한 산출물이 기준 데이터
가 되도록 진행해야 한다.

여기까지의 과정은 모듈 기반으로 제품아키텍처가 정의되지 않
았을 때 해야 할 활동이다. 만약 한번 정의되었다면, 제품 기획 단계
에서 기능에 대한 변경점을 찾은 뒤 아키텍처를 변경할지, 모듈과
인터페이스를 변경할지, 아니면 그대로 가져가고 모듈 내의 컴포넌
트만 바꿀지, 모듈을 추가해야 할지 결정한 뒤 이후 제품 개발 단계
를 진행한다.

소프트웨어에서의 모듈러디자인이 다른 부문에서의 모듈러디자인과 뭐가 다르냐고 묻는 분들이 있다. 엄밀히 따지면, 모듈러디자인의 개념은 소프트웨어 부문에서나, 하드웨어 및 메카닉스에서나 동일하다. 그러나, **유념해야 할 점이 있다. 바로 '문제 영역에서의 모듈화(problem modularization)'에 좀 더 신경 써야 한다는 것이다.**

하드웨어나 메카닉스 같은 경우는 기능에 따른 구조의 변동성이 별로 높지 않다. 그러나, 소프트웨어는 같은 기능을 구현하더라도 그 구조는 다양하다. 그래서, 먼저 소프트웨어에서 기능을 나타내는 피처를 체계화/표준화하여 이를 기준으로 제품을 정의한 뒤 '구조/솔루션에 대한 모듈화(structure/solution modularization)'를 진행해야 한다. 이는 수주형 제품을 제작하는 B2B 산업에도 동일하게 적용된다. 수주형의 경우, 대개 수주를 받는 회사의 의지대로 제품을 만들 수 없다. 즉, 구조에 해당하는 서브시스템, 모듈, 부품 등을 재사용/공용화하기 어렵다. 그러니 먼저 자신들이 제공하는 제품의 기능을 중심으로 제품의 모델을 정의해야 한다. 이러한 점이 바로 소프트웨어 영역의 문제에 대한 모듈화와 동일하다.

(2) B2B 산업에서의 모듈러디자인

이번 글에서 다룰 'B2B 사업을 위한 모듈러디자인'은 매스커스터마이제이션mass customization(대량 맞춤 생산)의 연구를 활용함으로써 정의하겠다. 사업을 B2B와 B2C로 나누면 깔끔해 보이기는 하다. 허나, B2B 내에서도 그 사업 특성이 상이하기에 모듈러디자인 활동을 B2B와 B2C로 나누어 정의하는 것도 알맞은 것은 아니

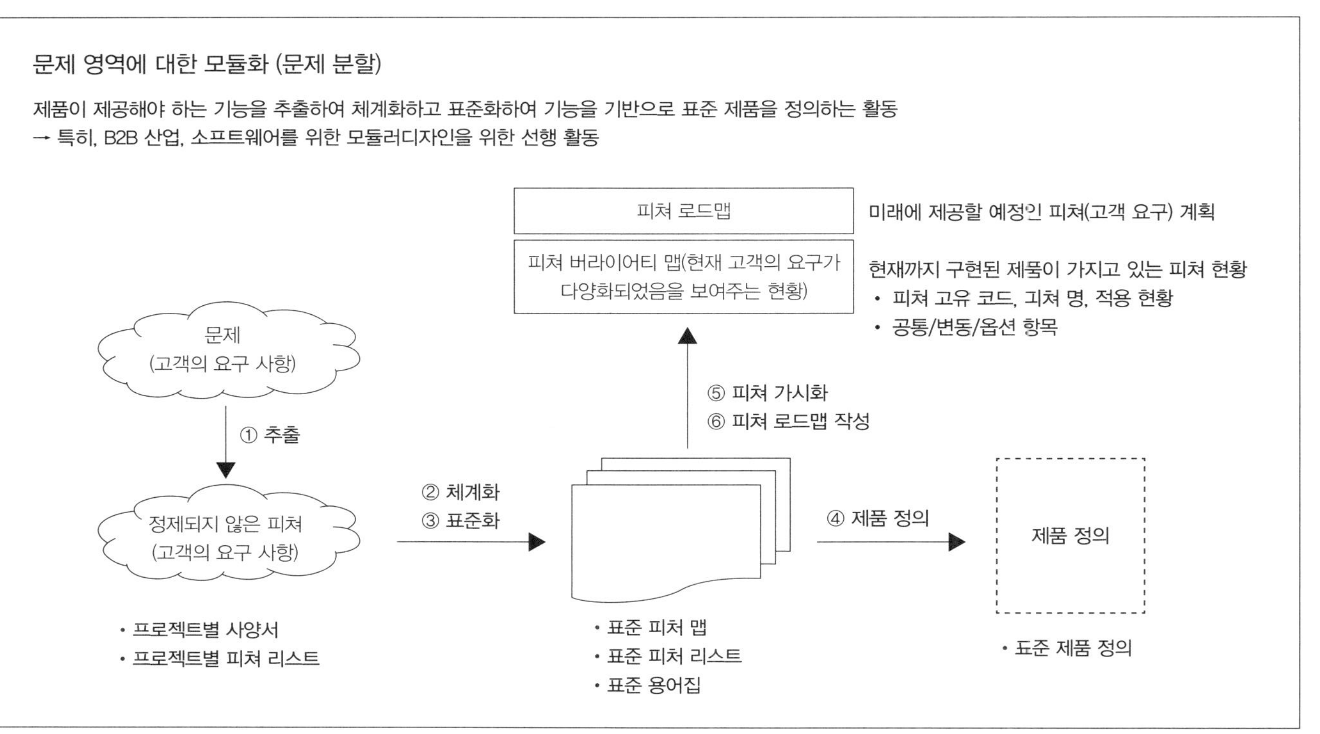

그림 30. 문제 영역에 대한 모듈화

다. 그래서, 사업의 특성에 따라 모듈러디자인을 정의하는 개념으로서 참고하는 것이 좋겠다. 필자는 먼저 레베카 더레이가 발표 〈Approaches to mass customization : configurations and empirical validation〉(2000)에 나오는 매스커스터마이제이션에 대한 분류를 소개하겠다.

		Type of Modularity(모듈화의 종류)			
		Design (설계)	Fabrication (제작)	Assembly (조립)	Use (사용)
Point of Customer Involvement (고객의 관여 시점)	Design (설계)	Fabricator 패브리케이터 (주문 기반의 제품 제작)		Involver 인볼버 (고객 초기 관여)	
	Fabrication (제작)				
	Assembly (조립)	Modularizer 모듈라이저 (모듈 기반의 제품 설계)		Assembler 어셈블러 (모듈 기반의 제품 조립)	
	Use (사용)				

표 14. 매스커스터마이제이션의 분류

이 논문에서는 이렇듯 모듈화의 종류와 고객의 참여 지점에 따라 매스커스터마이제이션의 형태를 구분을 했다. 여기서 'B2B 사업을 위한 모듈러디자인'에 대한 힌트를 얻을 수 있다. 이를 활용해 모듈러디자인 활동을 정의하는 프로세스를 정의해보자.

ⓐ 가치사슬 내에서의 '고객 참여의 위치(point of customer involvement)'를 결정한다

ⓑ 디커플링 포인트^{decoupling point}(재고의 위치)를 지정한다.

고객 참여가 언제 이루어지느냐에 따라 제품 구조의 자유도와 표준 모듈/부품 사용 자유도 등과 디커플링 포인트가 결정된다. 디커플링 포인트 이전은 효율성을 우선해야 하는 공통 설계, 공통 부품, 공통 모듈, 공통 공정 등이 기획, 설계, 활용되는 시점이다. 디커플링 포인트 이후는 효과성 측면에서 고객에게 대응하기 위한 맞춤화가 이루어지는 시점이다.

ⓒ 모듈화의 종류(type of modularity)를 결정하다

제품의 특성에 따라 모듈화의 종류를 정의한다. 제품 단위에서 모듈화를 구현할지, 공정 단위에서 모듈화를 구현할지 같은, 모듈화 대상과 다양성을 구현하는 모듈화 방식과 수준을 결정한다.

예를 들어, 위에 소개한 고객 참여의 강도에 따라 표준화 정도, 구성 요소 공유(Component-Sharing), 크기맞춤형(Cut-to-fit, 기본 구조는 동일하나 물리적 사이즈가 변화됨)으로 결정할지, 구성 요소 교환(Component-Swapping), 혼합형(Mix), 버스^{Bus}(타 모듈들의 전기적 신호, 정보, 파워 같은 표준화된 인터페이스의 역할을 하는 버스로 모듈들이 통신하는 방식), 조립(Sectional, 표준화된 접촉면으로 모듈들이 조립되어 다양한 제품을 제작하는 방식) 등을 적용할지 결정한다.

ⓓ 운영(operation) 형태와 방식을 결정하다

개발 – 구매 – 생산 – 판매로 이어지는 가치사슬을 최적화한다.

1. 모듈러디자인의 활동 방향 – 공통성을 증가시키거나, 변동성 관련 비용을 줄이는 방향성이 있음

  ◂ 플랫폼 전략에 용이하고, 규모의 경제(economies of scale)를 실현할 수 있음.

  ◂ 상대적으로 제품 수명이 짧은 전자제품군 관련 변동성 비용을 감소시킴

  ◂ 시장 변화에 민첩하게 대응하기 쉬운 모듈 구조/조직/프로세스를 확보(economies of scope)

2. 제품군 별 방향성 선정

  ◂ 제품 수명이 짧은 전자제품의 경우는

  (1) 변동성의 비용을 어떻게 줄일 것인가?

  (2) 민첩한 제품 구조/프로세스/조직을 어떻게 구성할 것인가?

  (3) 동시계열상의 모델에 구성 요소(컴포넌트/모듈)와 개발 리소스를 공통적으로 사용할 것인가?

  ◂ 제품 수명이 긴 전기제품의 경우는

  (1) 공통성을 어떻게 늘릴 것인가?

  (2) 동시계열뿐만 아니라, 시계열상에서 어떻게 공용화하거나 재사용할 것인가?

3. 기타 이슈

(1) 제품라이프사이클상의 모듈러디자인 적용 시점

  다양한 제품군에 모듈러디자인을 적용하다 보면, "이 제품군이

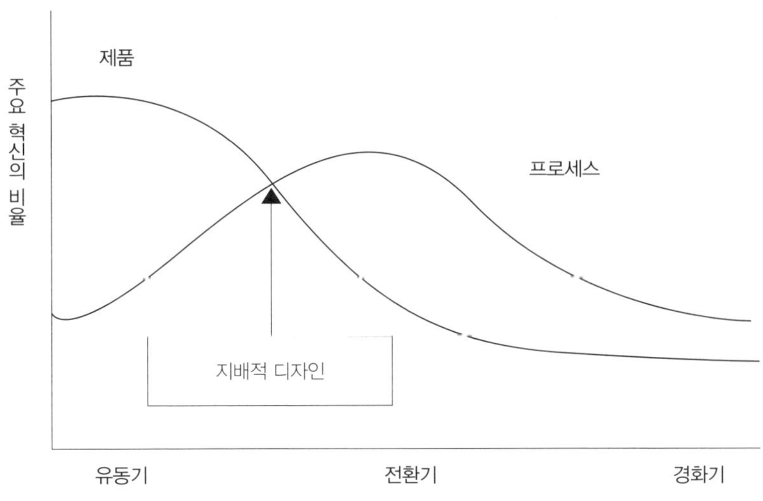

그림 31. 혁신의 다이내믹스
(참고 : J. M. Utterback, Mastering the dynamics of Innovation, 1994)

모듈러디자인을 적용하기에 적절한가?" 같은 의문이 생길 때가 있었다. 일반적으로 혁신 활동은 예외를 두지 않고 실행하는 것이 올바르다고 여겨진다. 하지만 모듈러디자인 자체가 성과를 내려면 제품의 라이프사이클 단계를 따져야 한다. 제품의 라이프사이클과 제품아키텍처 간의 상관관계를 다룬 문헌도 많다.

한 예로, J. M. 우터백은 〈Mastering the dynamics of Innovation〉에서 '혁신의 역학 관계(The Dynamics of Innovation)'를 설명했다. 즉, 제품이 시장에 출시된 뒤 혁신의 단계를 거치는 과정을 설명한 것이다. 물론 모든 제품이나 사업에 이를 적용하기는 힘들 것이다. 하지만 현재까지 나온 이론들 중에는 가장 설득력 있다. 즉, 제품을 시장에 도입하면 제품 중심의 혁신이 일어난다. 다양한 제품아키텍처가 시장에 나오고 쇠퇴하다가 혁신하는 것이다.

이런 상황이 반복되면서 시장도 확대된다. 예를 들어, 애플이 스마트폰을 처음 출시하자 여러 회사들도 새로운 스마트폰의 시장 출시를 반복했다. 그 결과 스마트폰 산업 자체가 발전했다. 이때까지만 해도 지배적인 디자인(아키텍처)을 가진 제품은 시장에 나오지 않다.

제품라이프사이클로 따지면 이 시기는 도입기부터 성장기 초기까지다. 그러다가 점차 제품에 대한 혁신이 잦아들고, 시장의 선택으로 인해 지배적인 디자인(아키텍처)을 가진 제품이 시장의 점유율을 높였다. 그 결과 제품에 대한 혁신보다 표준화된 제품 형태/수준에 맞추기 위해 공정에 대한 혁신이 일어났다. 이 시점에서는 제품을 빠르고 효율적으로 만드는 개체만 결국 살아남았다. 제품라이프사이클로 따지면 성장기 중기부터 성숙기 중기까지라고 볼 수 있다. 새로운 개체가 시장을 흔들지 않는 한, 현재의 제품군은 점차 일상재(commodity)가 된다. 그에 따라 차별화보다는 가격으로 경쟁하는 시기가 성숙기 후기부터 쇠퇴기까지라고 볼 수 있다.

그럼 본론으로 들어가서, 모듈러디자인은 어느 시기에 적용하는 것이 좋을까? 필자의 생각은 지배적인 디자인(아키텍처)이 나올 시점에 맞춰 모듈러디자인을 실행하는 것이 바람직하지 않나 생각한다. 그 이유와 고려할 사항은 다음과 같다.

① 아키텍처의 안정성 여부

모듈러디자인을 실행하려면 제품아키텍처를 모듈에 맞춰 재정의해야 한다. 그런데, 도입기부터 성장기 초기까지는 제품 혁신이 지속적으로 일어난다. 그렇기 때문에 아키텍처 자체가 불안정하다.

이 시기에 오히려 제품아키텍처를 고정해버리면, 이것이 나중에 부채가 될 가능성이 있다. 물론, 초기에 제품아키텍처를 잘 설정하고, 좀 더 다양한 소비자의 요구 사항들을 적절한 때에 효율적으로 반영할 수 있다는 모듈러디자인의 장점을 활용할 수 있다고 주장할 수 있다. 하지만 제품아키텍처를 초기에 잘 설정할 수 있는가에 관한 리스크가 있기 때문에 필자는 권하고 싶지 않다.

② 협력 구조의 성숙도 여부

시장 초기에 기업은 스택빌더^{stackbuilder}의 역할을 담당해야 한다. 즉, 대부분의 부품, 모듈, 서브시스템을 직접 만들어야 한다. 그러나, 모듈러디자인으로 얻고자 하는 것에는 "모듈들 중 일부는 전문 업체(point solution player)의 외부 역량을 활용해 고정비용을 줄이면서 완제품의 경쟁력을 높이는 활동"도 포함된다.

그런데, 시장 구성 초기에는 이러한 외부 역량이 확보되지 않았을 가능성이 높다. 그렇기 때문에 오히려 모듈화 자체가 제품의 성능과 경쟁력을 낮추는 결과를 초래할 수 있다.

③ 제품 차별화 포인트

시장 구성 초기에 제품의 차별화 포인트는 기능/성능이 될 가능성이 높다. 그런데, 이론적으로 모듈러아키텍처는 성능 최적화에 취약하다. 오히려 인티그럴아키텍처가 성능 최적화에 적합하다. 성능에 대한 차별성이 점차 낮아지는 시점이 모듈러디자인이 적합한 시점인 것이다.

④ **제품의 다양성**

시장에 한 종류의 제품만 출시된다면, 굳이 모듈러디자인을 적용할 필요가 없다. 다양한 시장에 다양한 제품을 적용해야 할 상황, 또는 세대 간의 변화가 빠를 때가 모듈러디자인을 적용하기 적합한 시점이다.

결론적으로 필자는 모듈러디자인이 적합한 시점은 지배적 디자인(아키텍처)이 발현되는 시점, 즉 성장기 초기부터 중기까지라고 본다. 이전 단계의 제품은 제품 혁신에 집중할 수 있게끔 퍼지 엔드fuzzy-end 활동에 맞추도록 안내한다. 시장이 축소되는 성숙기 후기 이후의 단계에는 3S 또는 코스트 하프Cost Half(일본능률협회에서 만든 비용 절감 프로그램)처럼 복잡성을 절감하여 비용을 줄이는 활동에 집중하는 것이 옳다.

(2) 제조하기 쉬운 설계와 모듈러디자인의 관계

이전에 살펴봤듯이 모듈러디자인을 하기 위한 첫 단계는 바로 모듈 기반의 제품아키텍처를 정의함으로써 모듈화 및 모듈 정의이다. 즉, 제품아키텍처를 모듈 단위로 재정의하는 것이 첫 단계다. 이 과정에서 제품아키텍처 자체를 단순화/표준화/최적화하는 단계를 거친다. 이는 '제조하기 쉬운 설계'에 대한 활동과 유사하다.

엄밀히 따지면, 모듈 정의 단계의 초기에는 제품을 분석/제조하기 쉬운 설계를 거치는 것이 적절하다. 그러니까 모듈러디자인의 초기 단계의 활동들 중 하나는 제조하기 쉬운 설계를 통한 제품 구조 단순화인 것이다.

이런 경우도 있다. 모듈러디자인을 적용하기에 적합한 제품군은 제품의 라이프사이클은 '지배적인 디자인(dominant design)'이 나타난 성장기 후기부터 성숙기까지의 제품군이다. 그런데, 도입기부터 성장기 전기까지의 제품들은 아직 제품아키텍처 자체가 확립되지 않았기 때문에 모듈러디자인을 적용하기가 적합하지 않을 수 있다. 그래서 이 단계에 있는 제품들은 제품아키텍처를 제조하기 쉬운 설계로 단순화한 뒤 점차 표준화한다. 그러면서 표준화의 성과를 모듈러디자인에 적용한다. 즉, 지배적인 디자인이 나오기 전까지는 제품의 아키텍처를 단순화한다. 그리고 부분적으로 표준화를 이루는 데 집중하면서 지배적인 디자인이 나온 시점에서 제품아키텍처를 표준화/최적화하여 모듈러디자인을 완벽하게 적용한다.

이처럼 제조하기 쉬운 설계와 모듈러디자인 사이에는 시점 차이가 있을 뿐만 아니라, 그 대상도 다르다. 기본적으로 모듈러디자인의 적용 대상은 제품'군'이다. 즉, 모듈러디자인을 제품군 내의 모든

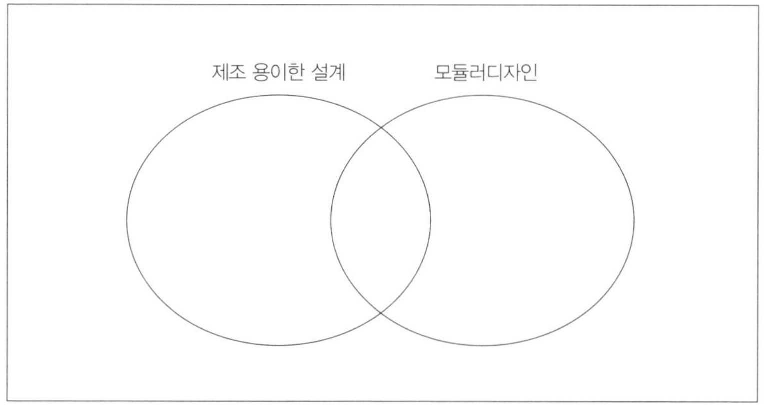

그림 28. 제조하기 쉬운 설계와 모듈러디자인과의 관계

제품들을 대상으로 다양성을 관리하는 방법론으로 활용하는 것이다. 그러나, 제조하기 쉬운 설계의 적용 대상은 기본적으로 제품이다. 즉, 제조하기 쉬운 설계의 목적은 해당 제품의 생산성/조립성을 높이기 위해 제품아키텍처를 개선하는 것이다. 그러나, 실무에서는 '적용 시점'과 '적용 대상'에 대해 선을 명확히 그을 수 없다. 우선 적용 시점 자체를 명확하게 정의하기 힘들고, 적용 대상도 변화무쌍하기 때문이다. 하지만, 기본을 알고 적용하는 것과 모르고 적용하는 것은 다르다.

(3) 매스커스터마이제이션과 모듈러디자인의 관계

매스커스터마이제이션(대량 맞춤 생산)과 모듈러디자인의 관계를 살펴보기 전에 먼저 대량 생산(mass production)과 다품종 소량 생산(customization)에 대해 간단히 살펴보자.

대량 생산은 단일/소수의 제품을 많이 생산하는 체계다. 다품종 소량 생산은 소비자의 요구에 맞춰 다수의 제품을 생산하는 체계다.

대량 생산은 단일/소수의 제품을 대량 생산하기에 고정비를 분산시키는 효과가 있어서 단위 제품당 생산 비용을 낮추는 비용 측면의 장점이 있다. 허나 소비자의 선택의 폭을 좁힌다는 단점도 있다. 다품종 소량 생산은 소비자의 요구 사항을 최대한 반영하기에 소비자의 만족도를 높일 수 있다는 장점이 있다. 허나 다품종 소량 생산이 되다 보니 비용이 높아진다는 단점이 있다.

매스커스터마이제이션은 대량 생산의 장점인 비용 측면을 취하면서도 다품종 소량 생산의 가치 측면에서의 장점인 효과성까지 취하는 생산 체계다. 다시 말하면, 대량 생산의 '규모(scale/volume)'를 활용해 비용 측면에서의 장점을 가지면서, 다품종 소량 생산의 '범위(scope/variety)'를 넓힘으로써 가치 측면에서의 장점도 가진다. 매스커스터마이제이션을 달성하려면 제품의 가치사슬에서 제품들에 공통적으로 적용할 부분의 규모를 높이는 부분과 제품마다 개별 적용할 부분의 범위를 높이면서 나누는 디커플링 포인트decoupling point(재고의 위치)를 결정해야 한다. 그래서 매스커스터마이제이션 활동들 중 하나가 제품의 모듈화를 이루는 것이다.

디커플링 포인트 이전 단계에서는 모듈화를 확보하고(방향성을 추구하여 낭비를 최소화), 이후에는 조합하여 다양성을 확보한다(민첩함을 추구하여 대응력을 강화). 즉, 모듈러디자인은 매스커스터마이제이션의 조건들 중 하나라는 뜻이다. 다만, 매스커스터마이제이션을 구현하는 가치사슬상의 위치에 따라 모듈화의 수준/형태가 달라진다. 예를 들어, 제품 개발에 디커플링 포인트가 있다면, '제품 모듈화(product modularity)'를 적용함으로써 제품을 개발할 때 차별화가 이루어지게 한다.

아울러 생산 단계에 디커플링포인트가 있다면 생산 장비/방법 등 생산 관점의 모듈화를 적용해 생산 과정에서 차별화가 이루어지게 한다. 이외에 물류/판매 단계에서 차별화가 이루어지도록 모듈화를 적용해야 한다. 그러나, 기획/설계 단계에서 이를 미리 고려하지 않는다면, 매스커스터마이제이션을 성공적으로 실행할 수 없다.

결론적으로 매스커스터마이제이션은 목적이고, 모듈러디자인은 이를 달성하기 위한 수단이다.

비즈니스 전략	대량 생산	매스커스터마이제이션	맞춤형 생산
장점	물량 증가에 따른 효율성	물량 증가에 따른 효율성 다양성 증가에 대한 효과성	다양한 모델 개발을 통한 효과성
단점	낮은 다양성으로 인한 소비자 만족도 저하	모듈성 확보 등의 선행조건 필요	작은 물량으로 인한 높은 비용

린Lean

애자일Agile

• 제품군 단위 또는 플랫폼 단위의 예측
• 경제적인 배치 물량 산출
• 효율성 극대화

• 수요 중심으로 대응
• 지역화된 제품 구성
• 효과성 극대화

모듈러디자인은 매스커스터마이제이션을 달성하기 위한 조건 중 하나이다.

그림 32. 모듈러디자인과 매스커스터마이제이션 간의 관계

(4) 메이커 혁명의 기본 요소인 모듈러디자인

3D 프린터로 촉발된 '제조업의 재발견'은 다수의 개인을 메이커maker, 즉 개발자/생산자/창작자로 만들었다. 그러니까 자신의 아이디어를 기초로 대량 생산에 따른 효율성에 의존하지 않고도 자신의 창의성을 발휘할 수 있는 플랫폼하에서 충분히 메이커로서의 가치를 낼 수 있다는 의미다.

스마트폰 덕에 개인이 메이커로서 만들어낼 수 있는 가치는 앱이라는 형태로 충분히 증명되었다. 아이디어를 아이디어로만 머물게 하지 않고, 안드로이드와 iOS 기반하에 앱이라는 형태로 표현해 '큰 성과'를 낸 사례도 적지 않다. 3D 프린터는 하드웨어도 소프트웨어처럼 맞춤형 생산이 가능하다는 사실을 보여주었다. 물론, 이전부터 프로토타입 제작과 관련하여 충분히 가치가 있던 3D 프린터가 그 용어의 변화에 맞춰서 새로운 용도를 찾았다고 이해하는 것이 좋을 것 같다. 구글의 아라 프로젝트도 개인이 하드웨어에서 메이커로서의 역량을 발휘할 수 있도록 가능성을 열어주었다.

이렇게 소수의 개체들이 활약하던 게임에 다수의 개체들이 참여할 수 있도록 그 가능성을 열어둔 기본적인 요소가 바로 모듈러디자인이다. 핵심이 되는 산업/생활 기반 등 사회적 자본(인프라), 서비스, 엔진, 룰 등은 '플랫폼'의 형태로 블랙박스화되었고, 이와 연결된 모든 인터페이스는 표준화되고 공개되었다. 그 덕에 누구도 정해진 최소한의 룰만 지킨다면 게임에 참여할 수 있게 되었다. 물론 그 게임의 형태가 바로 '모듈'이다. 스마트폰의 앱도 어떻게 보면 운영체제와의 인터페이스, 즉 최소한의 약속을 준수하는 모듈이라고 볼 수 있다. 그런 의미에서 모듈러디자인은 메이커 혁명을 이끌어내는 데 있어 기본이라고 볼 수 있다.

다음은 모듈러디자인이 메이커 혁명에 적합하다는 사실을 보여주는 특성들이다.

① **공개성**(openness)

모듈러디자인은 아키텍처가 공개되는 순간 경쟁 우위를 빼앗기고, 많은 개체들 중 하나로 전락할 수 있다는 위험이 있다. 하지만 자신의 아키텍처와 자신의 게임의 룰 안으로 개체들을 늘려서 그 영역을 확대하고, 다수의 힘을 이용하여 소수의 개체들이 단시일 내에 달성할 수 없는 가치를 확보할 수 있다. 또한, 다양한 개체들의 경쟁과 협력으로 다양한 개선/혁신을 이끌어낼 수 있다. 이와 비슷한 예를 들라면, 무성 생식보다 유성 생식이 환경 적응이나 진화에 유리한 것도 다양성을 확보할 수 있기 때문이라는 생물학적 사실을 필자는 제시하고자 한다.

② **분업화/전문화**(specialization)

제품아키텍처를 모듈러아키텍처로 재정의하면 구조가 단순해진다. 또한 모듈들 간의 인터페이스로 표준화를 달성하면 참여할 개체들이 담당할 영역을 한정시킬 수 있고, 전문화도 이룰 수 있다.

안드로이드 기반의 스마트폰을 위한 앱을 개발할 때, 앱 개발자는 스마트폰 내의 운영 서비스나 하드웨어 드라이버를 모두 새롭게 개발하지 않고 콘텐츠에만 집중할 수 있다. 플랫폼이나 서비스 같은 자원을 재사용하거나 공유할 수 있어서 개인 단위의 창작 활동에도 더욱더 유리할 수 있다.

③ **개인화/맞춤화**(customization)

메이커 입장에서는 제품의 아키텍처 전체를 알 필요가 없다. 단지 자신이 만들 모듈의 인터페이스를 포함한 사전에 약속된 디자인 룰만 파악하면 된다. 앞서 설명한 자신의 전문화된 기술을 기반으로 삼아 모듈을 개발하면 된다. 사용자 입장에서는 자신이 원하는 기능을 선택하고 조합 가능성만 고려한 뒤 모듈을 조합하면 자신만의 제품을 만들 수 있는 것이다. 이로써 사용자는 자신이 원하는 제품을 개인화/맞춤화하여 얻을 수 있고, 메이커도 사용자의 필요에 따라 자신의 역량을 최대한 발휘할 수 있다.

(5) 모듈러디자인과 인더스트리 4.0

최근 인더스트리 4.0$^{Industry\ 4.0}$이 화두가 되고 있다. 인더스트리 4.0은 제조업 리더인 독일이 중국 등 신흥국의 부상으로 그 자리를 위협받자, 그 주도권을 강화하겠다는 취지로 구상한 차세대 산업 혁명이다. 독일과 같이 수출을 위한 제조업으로 성장을 이끌어온 우리 산업계도 동일한 위협을 받고 있기에 더욱 큰 관심을 보이고 있다. 인더스트리 4.0의 핵심은 사물인터넷(Internet of Things, IoT)과 빅 데이터 같은 정보통신기술(ICT)과 전통적인 제조업을 융합시켜 경쟁력을 확보하는 것이다.

예측할 수 없는 시장의 변화에 긴밀하게 대응하면서, 내부적으로는 운영효율성을 극대화하기 위한 모듈 공정 및 가변/유연 설비 같은 제조 유연성을 추구하기 위한 생산 시스템을 갖춘 상태에서, 이 시스템에 대한 자율/분산 제어 및 무선 통신, 실시간 위치 추적을 위한 공정 기반 기술의 인에이블러^{enabler}(가능자)로서의 역할을 정보통신기술이 담당한다. 궁극적인 큰 그림은 사이버시스템과 물리적인 시스템의 결합이다.

그렇다면, 인더스트리 4.0과 모듈러디자인은 무슨 관계가 있을까? 앞서 언급한 물리적 시스템의 모습, 모듈 공정, 가변/유연 설비 같은 용어들이 익숙하지 않은가? 이는 그 용어들이 모듈러디자인 컨셉에서 언급되는 내용들이기 때문이다. 결국 모듈러디자인은 운영의 유연성을 확보하기 위해 활용되는 개념이라는 뜻이다. 기존의 모듈러디자인과 인더스트리 4.0의 차이점은, 그 물리적 모습은 동일하지만 인더스트리 4.0은 정보통신기술이 정보통신용 인프라를 제공하는 인에이블러로서 작동한다는 것이다.

모듈러디자인 컨셉은 앞으로 이처럼 '당연한 것처럼 보이지는 않게 존재하는' 기본 개념이 될 것이다. 즉, 첨단 기술에 집중하는 사람에게는 인더스트리 4.0의 정보통신기술이 먼저 눈에 들어올 것이다. 하지만, 그 정보통신기술이 왜 사용되었는가 생각한다면, 모듈러디자인에 적용하는 과정에서 미흡한 점을 보완하기 위한 방법으로 사용되었음을 알 수 있다. 물론, 모듈러디자인의 사용도 가급적 시장과 고객의 만족도를 높여 시장경쟁력을 갖추기 위함임을 인지해야만 한다(참고로 폭스바겐 그룹 내의 스카니아가 모듈러디자인을 기업 전략으로 활용하는 대표적 기업이다. 폭스바겐처럼 독일 기업인 지멘스도 정보통신기술을 활용한 인프라와 관련해 유력한 기업이다).

(6) 고정성과 변동성 관리

3S, 플랫폼 전략, 모듈러디자인, 소프트웨어 프로덕트 라인Software Product Line(소프트웨어의 핵심 자산을 공용화하고 관리하여 소프트웨어를 효율적으로 개발하는 방법론)의 공통점은 제품의 고정성과 변동성을 관리하여 개발/운영효율성을 높이고자 했다는 점이다. 제품 내에는 세대 내, 세대 간의 변화가 심한 부분이 있기 마련이다. 아울러 상대적으로 변화가 심하지 않은 부분도 있다. 그래서 플랫폼 전략에서는

고정성이 큰 부분을 모아 플랫폼으로 관리하고, 소프트웨어 생산 라인에서도 이를 재사용할 대상으로 보고 '핵심 자산(core asset)'이라는 이름으로 관리한다.

모듈러디자인에서는 모듈 단위로 고정성과 변동성을 관리한다. 제품을 모듈 단위로 나눌 때에는 고정성이 높은 요소와 고정성이 낮은 요소를 따로따로 모아두는 것이 좋다. 그런데, 모듈화를 아무리 잘해도 고정성만 완벽하게 가진 모듈, 혹은 변동성만 가진 모듈로 나누는 것은 사실상 힘들다. 그래서, 〈그림 30〉처럼 고정성과 변동성 비율을 관리하는 것이 현실적이다. 이 과정에서 고정성이 상대적으로 높은 모듈은 남은 변동성을 억누른 채 세대 내 혹은 세대 간 공용화를 확대하고, 상대적으로 변동성이 높은 모듈에 대해서는 부분적으로 부품 재사용 활동을 한다. 하지만 대체로 시장의 요구 사항을 가급적 반영한다. 그런데, 이 사이에 있는 모듈들이 문제다. 수치적으로 고정성/변동성을 무시하기가 어려운 모듈에 대해서는 다른 관점에서 활동을 정의해야 한다. 그 방법은 다음과 같다.

첫 번째는 모듈을 다시 쪼개는 것이다. 모듈 내부에서 고정성이 높은 모듈과 변동성이 높은 모듈로 다시 나누는 것이다.

두 번째는 모듈 내의 고정성/변동성이 높은 부분의 인터페이스를 표준화하여 변동성을 최소화하는 것이다. 이에 대해서는 보통 "모듈 내의 구조를 표준화한다"고 표현한다.

세 번째는 부품 단위로 재사용하는 것이다. 엄밀히 따지면, 이 미들 존middle zone에 있는 모듈들은 엔지니어링 아이디어에 따라 고정성이 높은 모듈로 바뀔 수도 있다. 그래서, 엔지니어링 아이디어로 변동성이 높은 모듈을 고정성이 높은 모듈로 변환해야 한다.

그러나, 명심해야 할 것이 있다. 변동성이 높은 모듈을 억지로 고정성이 높은 쪽으로 유도하는 방법은 그 효과가 미비할 뿐만 아니라, 오히려 제품경쟁력을 떨어뜨릴 수 있다. 그렇기 때문에 첫 단계에서 모듈 자체의 고정성과 변동성을 먼저 파악해야 한다.

고정부 모듈의 성격을 대표하는 모듈을 변동부 모듈로 선정하는 것도 문제지만, 어차피 이 작업은 모듈 기반 제품아키텍처를 정의/최적화하는 과정에서 해결해야 하는 문제일 뿐이다. 가장 이상적인 것은 고정부 모듈은 고정부 모듈로, 변동부 모듈은 변동부 모듈로 성격을 명확하게 하는 것이다. 변동부 모듈로 선정된 모듈을 억지로 고정부 모듈로 만든다는 것은 오히려 제품의 경쟁력을 해치고, 고정부 모듈에 집중해야 할 역량을 분산시키는 문제로 작용할 수 있다.

그러니 변동부 모듈을 개선하고자 한다면, 정해진 프로세스인 '모듈 기반의 제품아키텍처 최적화 과정'을 정밀하게 거쳐야 한다.

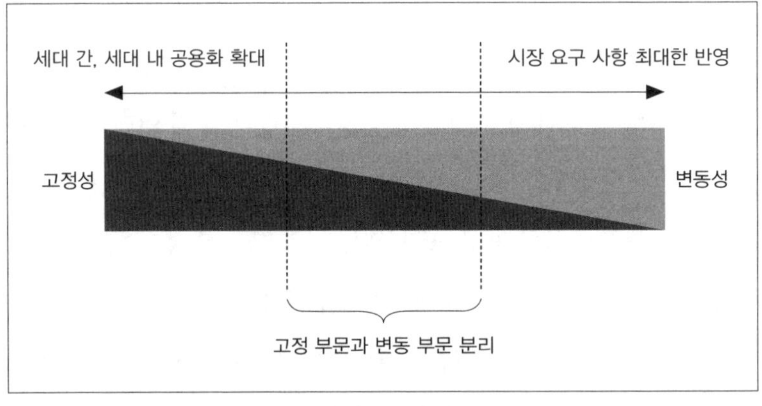

그림 33. 고정성과 변동성 관리

Box 53. 변동성 관리 방안

1. 모듈 기반의 제품아키텍처를 변경 – 고정 부분과 변동 부분을 분리함
2. 모듈 기반의 제품아키텍처를 유지
    (1) 고정 부분 표준화, 변동 부분과 고정 부분 간의 인터페이스표준화 ⇒ 변동성에 대한 비용을 줄이는 방안
    (2) 변동 부분을 고정 부분으로 만들 수 있는 아이디어를 발굴함 ⇒ 변동성 자체를 줄이는 방안

(7) 클락스피드 – 산업 구조와 제품아키텍처의 관계

산업의 진화 속도를 생물의 진화 속도에 비유하여 설명한 클락스피드clockspeed는 산업 구조의 변화와 제품아키텍처의 변화 사이의 관계를 설명하기 위해 찰스 H. 파인 교수가 만든 이중나선 곡선 모형이다. 수직/수평(vertical/horizontal)으로 변화하는 산업 구조와 조율형/조합형(integral/modular)으로 변화하는 제품아키텍처 간의 변화 압력/양상을 설명한 곡선이다. 독자들 중에는 이미 눈치 챈 분도 있겠지만, 클락스피드의 기본 개념은 DNA의 이중나선곡선의 개념을 차용했다.

〈그림 31〉에 대해 간략하게 설명하면, 니치niche(틈새) 개체들이 등장하고, 높은 산업 복잡성이 유발되며, 조직상의 경직성이 올라가면서 변화에 둔감해진다. 결국 산업은 수평적으로 분할되도록 압력을 받게 되고, 이에 따라 제품아키텍처는 조율형(integral)에서 조합형(modular)으로 변화된다. 반대로 기술적 진보가 일어나면서 공급자의 시장 파워가 강력해지고, 독점력을 가진 시스템의 수익성이 올

라갈수록 산업은 수직적으로 통합되도록 압력을 받는다. 이에 따라 제품아키텍처는 조합형에서 조율형으로 전환된다. 이를 요즘 자주 거론되는 모듈형 스마트폰에 빗대어 설명해보겠다.

처음 나왔을 때의 스마트폰은 기술적 진보성이 높아서 몇 개 안 되는 개체들의 독무대였다. 그러나, 점차 샤오미, 원플러스, ZTE 등 과 같은 니치 개체가 등장하고, 시장을 독점할 수 없을 정도의 산업 복잡성이 유발되고, 기존 대기업의 조직상의 경직성이 강화되면서, 산업은 수평적으로 분할되도록 압력을 받았다. 이에 따라 스마트폰 의 운영 체제(OS)는 구글, LCD, 칩셋이, 카메라 같은 모듈들은 각각 의 부품 관련 협력사들이 담당하고, 기존 스마트폰 제조사는 단순 조립만 담당하게 되었다. 그마저도 폭스콘과 같은 EMS 업체들이 단 순 조립 과정까지 점차 담당하면서 차별성을 잃었다. 그렇게 되자 제품아키텍처는 조율형에서 조합형으로 변화되었던 바, 여기서는 그 과정 중에서 클락스피드에 집중해보자.

제품아키텍처는 외적으로는 그 제품이 속한 산업 구조에서 영향 을 받고, 내적으로는 그 제품을 만드는 조직의 역량/구조 등에서 영 향을 받는다. 알다시피 산업의 진보는 끊임 없이 계속된다. 새로운 개체가 시장에 쉬지 않고 진입하거나 진입을 시도하고, 기존 개체가 몰락하거나 과거의 협력자로 생각했던 개체가 경쟁자가 되기도 한 다. 이에 맞춰 제품아키텍처도 그 형태를 변화시켜야 생존할 수 있 다. 물론 시장에서 지배적인 역할을 담당하는 제품의 아키텍처가 변 화하면서, 또는 파괴적인 혁신을 가져온 신규 개체의 제품아키텍처 에 따라서 산업 구조가 개편되기도 한다.

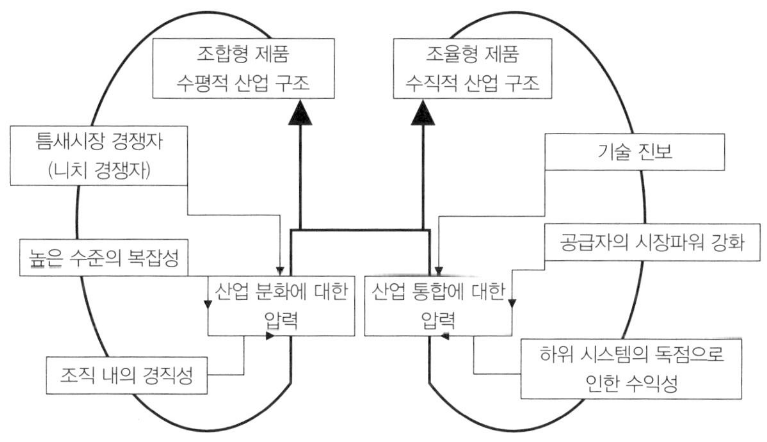

그림 34. 산업 구조와 제품아키텍처와의 관계(참고 : 클락스피드)

이 속도는 산업/제품마다 다르다. 예를 들어 냉장고나 세탁기 등 가전 산업은 클락스피드가 느리고, 스마트폰으로 대표되는 전자 산업은 클락스피드가 빠르다. 그래서 클락스피드가 산업의 진화 속도에 맞추지 못한다면, 제품과 그 제품을 만드는 기업은 퇴보한다.

(8) 모듈성과 통합형

모든 시스템은 모듈성(modularity)과 통합성(integrity)이 있다. 모듈러디자인의 목적은 시스템이 가지고 있는 모듈성을 높여 그 장점을 활용하는 것이지만, 시스템이 모듈성만 완벽하게 가지도록 하기는 어렵다. 정확히 말하면 시스템이 모듈성과 통합성 중 어느 쪽에 가까운가에 따라서 그 시스템이 모듈러아키텍처와 인티그럴아키텍처 중 어느 것을 갖는가로 나눌 수 있다. 그렇다면 왜 이러한 두 속성으로 시스템을 분류하며, 그리고 어떻게 분류할 수 있을까?

모듈성이 높다는 것은 시스템 내의 구성 요소들 간의 기능적/구조적 의존 관계가 최소화되어 기본 틀의 변경 없이 구성 요소의 변경, 업그레이드, 교체가 상대적으로 자유롭다는 뜻이다. 이와 반대가 되는 경우에는 구성 요소들의 상호관계로 하나 또는 다수의 기능을 하기에 의존 관계가 높은 경우가 통합성이 높다.

일반적으로 모듈성이 강하면 유연성(flexibility), 융통성(versatility), 진화용이성(evoluability)을 장점으로 갖추고, 통합성이 높으면 성능(performance), 제어용이성(control), 효율성(efficiency)을 장점으로 갖춘다. 그렇다면 시스템은 어떻게 모듈성/통합성을 갖출까? 클락스피드 관련 이론에 따르면, 제품아키텍처는 산업 구조와 밀접한 관계를 가지고 진화를 거듭하는 바, 이 진화 방향이라는 것이 모듈성과 통합성 사이에서 움직인다는 것이다. 제품아키텍처의 변화는 산업 구조의 변화인 통합화된(integrated) 구조냐, 분업화된(disintegrated) 구조냐에 따라 서로 영향을 받으며 진행된다. 아울러 제품아키텍처의 변화는 그것을 만드는 조직 구조와도 연결되어 서로 영향을 받아 이루어진다. 즉, 제품아키텍처는 산업/조직 구조와 밀접하게 연결되어 진화해가는 것이다. 그 진화 속도는 개별 회사마다 차이가 있을 수 있다. 그리고, 그 진화 속도가 동기화되었는지 아닌지에 따라서 제품의 경쟁력과 조직의 경쟁력이 결정된다.

산업 구조	제품아키텍처	조직 구조
통합화(integrated) ↔ 분업화(disintegrated)	통합적(integral) ↔ 모듈적(modular)	기능적(functional) ↔ 계획적(projectized)

표 15. 제품아키텍처와 산업/조직 구조

(9) SKU 합리화 활동이 꼭 필요한가?

복잡성에 관한 이야기를 하면 항상 '제품의 SKU(stock keeping unit, 재고 관리 코드) 관리'가 언급된다. 제품 하나가 개발되면 그 제품이 어디서 생산되는지, 어디서 판매되는지에 따라 같은 제품인데도 제품의 코드가 달라진다. 그런데 그 SKU는 한두 가지가 아니다. 그래서 기업의 복잡성을 표시하는 대표적인 지표로 언급된다. SKU가 많으면 관리점도 많아진다. 그에 따라서 내부 역량이 분산되기 때문에 적절한 수준으로 관리해야 한다. 예를 들어, SKU가 많아지면 그것을 보관할 자재 창고에도 신경 써야 할 뿐만 아니라, 애프터서비스를 해줘야 할, 마케팅 역량을 집중해야 할 부문도 많아진다. 그래서 관리할 수 있는 역량 내에서 유지하도록 권장된다.

그럼 SKU는 어떻게 관리할까? 기업마다 다르지만, SKU별 매출과 순이익을 관리 기준으로 삼는 경우가 많다. 그러니까 매출/순이익이 적거나 적자인 경우가 정리할 대상이 될 것이다. 그래서 누적 순이익과 총 SKU로 그린 '고래 곡선(whale curve)'을 이용하여 현재 상황을 표시한다.

참고로, 고래 곡선이라고 부르는 이유는 순이익에 따라 SKU를 나열한 뒤 누적시켜 표시하면 그 모양이 고래처럼 보인다. 그렇다면, 고래 곡선의 아래쪽에 있는 SKU들을 제거하면 모든 것이 해결될까? 아쉽게도 간단하지 않다. 고래 곡선은 이미 발생한 결과에 대한 그림이기 때문이다. 그리고, SKU는 사업의 결과일 뿐이다. 그러니 그런 것만으로 단순히 판단하면서 SKU를 관리하면 낭패를 보기 십상이다. 예를 들어, '80 대 20 법칙'이 이와 같은 맥락이다.

'80대 20 법칙'은 20퍼센트의 우수한 구성원들이 시스템이 올리는 성과의 80퍼센트를 낸다는 것이다. 이 또한 결과론적인 이야기라 20퍼센트의 성과밖에 못 내는 80퍼센트를 제거해도 나머지 20퍼센트 내에서 다시 '80 대 20 법칙'이 나타난다. 즉, 아무리 우등생만 모아놓은 반을 만들어도 그 안에 다시 열등생 그룹이 생길 수밖에 없다는 뜻이다.

결국 고래 곡선은 시스템의 현재 특성/상황을 나타내는 지표일 수는 있어도, 그것만으로는 액션을 취할 근거를 찾기 어렵다. 예를 들어, 어떤 모델은 경쟁사의 제품이 자신의 시장 영역에 들어오는 것을 막는 역할을 할 수 있고, 또 어떤 모델은 수익을 내지 못하더라도 소비자들에게 기업의 기술적 우위성을 나타내는 플래그십 역할을 할 수 있다. 어떤 모델은 포트폴리오의 다양성을 맞춰주는, 즉 '구색 맞추기' 역할을 할 수 있다. 게다가 하위 몇 퍼센트의 모델을 단종시킨다고 결정했다면, 그 모델이 담당했던 고정 비용을 나머지 모델이 감당하면서 적자로 전환되는 모델이 있을 수 있다. 아울러 데이터로만 판단해 단종시킨 모델 때문에 단골 바이어가 불쾌해할 수도 있다.

결국, 필자가 말하고 싶은 것은 이렇다. SKU 관리를 데이터만으로 해서는 안 된다는 것이다. 먼저 SKU를 왜 관리해야 하는지, 관리 과정에서 파생되는 SKU들 때문에 무엇이 문제가 되고, 그것들이 어떤 비용을 발생시키는지, 그 원리를 파악하고 관련 부서들의 이야기도 들어봐야 한다. 즉, 현장의 목소리에 귀를 기울여야 한다. 영업부 직원들이 말을 듣지 않는다고 한탄하지 말라. 그들이 어떤 문제를 가지고 있고, 어떻게 그것을 해결하면서 SKU를 최적화할지 파악하

라. 그럼으로써 영업부 직원들을 설득할 근거를 찾아야 한다. 물론 영업부 직원들을 설득하려면 그들보다 더욱 많은 것을 알아야 한다.

필자는 이전에 여러 컨설팅 회사의 SKU 관리에 대한 보고서를 읽어볼 기회가 있었다. 그런데 하나 같이 데이터를 기반으로 표시하는 위험한 보고서들이었다. 물론 데이터는 중요하다. 그러나, 관련된 모든 데이터를 수집할 수는 없다. 아울러 지금 확보한 데이터에서 확실한 현장 정보를 확보할 수 없다면, 데이터에만 의존하는 것은 네비게이션만 보면서 운전하는 것과 똑같다.

다시 한 번 강조하지만, '고래 곡선'은 사업의 결과를 표시한 그래프일 뿐이다. 그것만으로 SKU 하나하나를 판단할 기준을 찾으려 하는 것은 위험하다. '고래 곡선'으로는 기업 전체의 사업 모습을 판단할 수 있지만, 모델 하나하나의 매출과 순이익 같은 재무적 지표를 보고 그 모델의 역할을 파악하는 데는 한계가 있다. 그리고, 이러한 사후 관리보다 **먼저 이루어져야 할 것은 올바른 제품군 전략을 기획하는 것이다.** 시장에서 경쟁할 제품군들에 대한 전략과 그에 대한 기획 활동이 제대로 되어야 하고, 아울러 그것을 점검/보완하는 활동이 SKU 합리화 활동이 되어야 한다.

Box 54. 모델 수 증가에 따른 복잡성 비용 정리

1. 개발 시 발생 비용

(1) 개발

- 개발 비용 증가 : 도면 작성 비용, 추가되는 마스터데이터 관리 비용, 테스트 비용

(2) 구매

- 공급을 해줄 추가적인 협력사를 탐색하고 평가하는 비용

(3) 생산

- 생산 준비 비용 증가 - 추가 금형/도구 관련 비용, 생산 계획 추
  가에 따른 비용, 생산 공간 추가에 따른 비용

(4) 마케팅

- 제품에 대한 교육 비용, 프라이싱pricing(가격 책정)에 따른 복잡성
  비용

- 분산된 마케팅 자원 관련 기회 비용

(5) 고객 서비스

- 문서화 및 훈련에 따른 비용 추가

2. 양산 중 발생 비용

(1) 개발

- 변경 모델 출시에 따른 추가 비용

(2) 구매

- 부품 종류별 주문량 감소로 인한 주문 비용 증가

- 다양한 부품들을 사용하는 데 따른 추가된 물류/관리 비용 증가

- 할인 기회 상실 비용

- 협력사 관리 비용

(3) 생산

- 모델 변경으로 인한 셋업setup(양산 착수) 타입 제작 비용 증가

- 학습 이전까지의 생산성 감소로 인한 비용

- 높은 폐기 비용

- 높은 재공품在工品 비용

- 다양한 모델에 대응함으로써 감소된 생산 유연성 관련 비용

- 긴급 주문 대응 비용 증가

- 생산에 필요한 조정/조립 관리 등 생산 관리 비용

- 과잉 생산된 자원 등 관련 고정 자산 유지 비용

- 다용도 도구/지그/머신에 대한 과도한 투자 비용

- 늘어난 재고에 따른 창고 등의 유지 비용

- 증가한 품질 관리 비용

(4) 마케팅

- 공급 능력을 유지하기 위한 완제품 재고

- 주문 과정 중에 에러 증가

- 다른 제품에 대한 카니발리제이션cannibalization(기존 주력 제품의 시장 잠식)에 따른 비용

- 낮아진 배송/예측 정확도

- 제품별 샘플 제작 비용 증가

(5) 고객 서비스

- 서비스 수준 감소에 따른 비용

- 서비스 횟수 증가에 따른 비용

3. 폐기 시 발생 비용

(1) 개발 : 데이터 폐기 비용

(2) 구매 : 부품 공급 관련 계획 비용

(3) 생산 : 도구/머신/지그 등 운영을 위한 자원의 폐기 비용

(4) 마케팅 : 제품 철수에 따른 계획 비용

(5) 고객 서비스

- 서비스를 위한 재고의 유지 비용

- 서비스 부품을 위한 생산 자원 유지 비용

위에 정리된 모델 증가에 따른 발생 비용을 고려하여 사업 성격에 맞는 모듈러디자인을 함으로써 복잡성 개선 효과를 어느 단계에서 집중할지 고민해보는 것도 중요하다.

(10) 모듈러디자인을 위한 IT 시스템이 필요한가?

IT 시스템 도입을 모든 문제의 해결책으로 생각하는 사람들이 있
다. 그러나 경영/운영상의 문제가 발생했을 때, 문제가 되는 조직/
프로세스상의 원인은 남겨둔 채 새로운 시스템을 도입해 해결하려
고 한다면, 소중한 자원/시간만 낭비하는 셈이다. 그렇다면 시스템
이 필요 없을까? 아니다. 이는 단지 몇몇 시스템 구축 업체들이 시
스템 관련 영업을 위해 '프로세스 개선'을 명분으로 내세웠기 때문
이다. 그러니까 자신들의 시스템이 만능이라는 잘못된 인식을 기업
내 관계자들에게 심어놓은 탓이다.

필자는 IT 시스템을 도입하는 것은 최후의 수단이라고 본다. 예
를 들면, 도요타자동차는 IT 시스템 도입에 대해 극도로 보수적인
자세를 보인다. 도요타자동차의 고유 생산 시스템을 구현하기 위해
IT 시스템을 도입하는 대신, 자신들의 개선된 생산 시스템을 실행
할 수 있는 최적화 방안을 찾은 것이다. 도요타자동차와 달리, 오히
려 무턱대고 IT 시스템을 도입하는 것은 자산이 아닌 부채를 남기
는 행위다.

그래도 IT 시스템을 도입하고자 한다면, 그 전에 현재 프로세스
를 파악하고, 자신들이 가지고 있는 문제를 분석하고, 그 안에서 핵
심적으로 문제가 되는 부분에 집중하여 이를 해결할 수 있는 프로
세스, 조직, 개별 활동에 대한 개선을 먼저 진행한다. 이 과정에서
개선된 프로세스나 개별 활동을 회사 내부에 강제함으로써 자연스
럽게 체화시키려 한다면, 먼저 이러한 개선 활동 자체가 조직 내에
확립된 후에 IT 시스템을 도입하는 것이 바람직하다.

일반적으로 IT 시스템들을 한꺼번에 도입하는 경우가 있다. 이는 초기에 회사에 큰 혼란을 가져올 뿐만 아니라, 결과적으로 시스템 개선 효과를 내지도 못한다. 더구나 IT 시스템은 초기 투자 비용이 들기 때문에 IT 시스템에 대한 ROI(Return on Investment, 투자수익률)를 따지기 마련이다. 그래서 초기에 성과를 보여주지 못하면 회사 내에서 IT 시스템 자체에 대한 부정적인 의견이 나오기 마련이다.

그렇다면, 모듈러디자인을 위한 IT 시스템으로는 무엇이 있을까? 모듈러디자인을 추진하려면 기존 제품 개발 프로세스를 변화시켜야 한다. 그렇다는 이야기는 기존 제품 개발 프로세스와 관련된 IT 시스템을 변경해야 한다는 뜻이다. 아울러 부품/모듈, 표준 제품 구조를 준수하기 위한 설계/관리상의 강제화된 장치도 필요하다는 뜻이다. 물론 기업 전체적으로 복잡성을 측정/분석/개선할 수 있는 대시보드 형태의 IT 시스템이 필요하다. 이러한 IT 시스템을 도입하기 전에도 프로세스, 활동, 조직을 변화시켜야 한다. 왜냐하면 IT 시스템은 이를 강제하고, 쉽게 만들고, 보완하고, 보조해주는 역할을 담당할 뿐이기 때문이다. 그러니 그 안에서 업무에 필요한 IT 시스템을 천천히 정의해나가면 된다.

(11) 모듈러디자인을 위한 제품 전략 수립

모듈러디자인을 도입하기 위한 선행 조건 중 하나는 바로 명확한 제품 전략 수립이다. 제품 전략이 필요한 이유는 시장에서의 경쟁에서 이길 수 있는 제품 기반의 경쟁력을 갖추기 위함이다. 만약 이렇다 할 제품 전략이 없다면 다음과 같은 악재들이 발생한다.

ⓐ 경영진은 장기적인 우선순위에 대한 명확한 기준을 가지지 못한다. 예를 들어, 중장기적인 시각이 필요한 연구개발이나 설비 투자와 관련해 잘못된 선택을 하거나, 단기적인 성과를 위해 오히려 장기적인 역량을 해칠 수 있다.

ⓑ 경영진의 모호한 방향성이 구성원들에게는 불명확한 지침으로 다가온다. 명확한 방향성은 강력한 구심점으로 작용하고, 조직을 이끄는 추진력도 된다. 그러나, 모호한 방향성은 구성원들을 집중시키지 못해 제품 정의나 사양 결정 같은 단계에서의 어려움으로 나타난다.

ⓒ 명확한 방향성과 우선순위가 없을 경우, 경영진은 개별 제품 개발 프로세스들에서마다 전 제품포트폴리오 관점 대신 단일 개발 단위로 고려함으로써 내부 자원 효율성을 해친다. 사실, 전체 시장에서는 내부 자원을 최대한 효율적으로 활용하여 최대 효과를 내야 한다. 허나 개별 모델별로 접근하면 시장에 미치는 영향력도 줄어들고 자원을 효율적으로 활용할 수도 없다.

비유를 들어서 표현하면, 한정된 딸기잼을 빵의 한쪽에만 잔뜩 바를 것인가, 아니면 전체적으로 얇게 펴서 바를 것인가 같은 경우다. 후자의 경우에서는 같은 자원을 전체적으로 투입해도 단위 시장별 투입 자원이 적으니 효과도 적을 수 밖에 없다.

결국 제품 전략의 역할은 제품포트폴리오에 대한 방향성을 정하고, 장기적인 우선순위를 설정하는 것이다. 그렇다면, 제품 전략은 어떻게 수립해야 할까? 제품 전략을 정의하려면 먼저 사업 전략을 이해해야 한다. 사업 전략은 "어떻게 하면 사업이 수익을 내면서 성장할 것인가?"에 대한 고민이다. 성장과 이익은 대부분 사업의 주요 장기적 목적이다. 그렇기 때문에, 사업 전략을 세우고 있다면 위 질문에 대한 답을 내놓을 수 있어야 한다. 결국, "어떻게 하면 사업이 수익을 내면서 성장할 것인가?"에 대한 답을 좀 더 세분화해 생각해 보면 다음과 같다.

ⓐ 제품/시장 전략(Product/Market Strategy)

- 어디서 경쟁할까?(Where to compete?)
- 어떻게 경쟁할까?(How to compete?)

ⓑ 제품 전략을 지원하는 기술 전략(Technology Strategy)

- 제품/공정상의 이점을 얻기 위해서 필요한 기술은 무엇인가?
- 주요 기술을 개발하거나 외주로 도입할 방법은 무엇인가?

ⓒ 생산 전략(Manufacturing Strategy)

- '제조 또는 외주(Make or buy)'라는 선택에 따라 어디서 어떤 제품과 부품을 생산할 것인가?
- 어떤 기술과 공정으로 각각의 제품을 어떻게 생산할 것인가?

ⓓ 마케팅/유통 전략(Marketing/Distribution Strategy)

- 어떤 채널로 무슨 제품을 판매할 것인가?

– 우리 제품을 어떻게 홍보하고 판매할 것인가?

여기서 사업 전략의 일부로서 제품 전략을 정의한다. 첫 단계에서는 경쟁을 할 영역과 무기가 될 제품을 선택하는 것이다. 경쟁 영역은 다음 사항을 고려하여 결정한다.

ⓐ 지리적 커버리지coverage(범위)

ⓑ 주로 가격과 성능에 따라 결정되는 세그먼트 커버리지

ⓒ 커버리지의 너비 또는 니치niche(틈새) 영역

ⓓ 대응하기 위한 제품군의 범위

두 번째 단계에서는 "어떻게 경쟁할 것인가?"에 대한 답이 제품의 경쟁 우위를 결정한다. 예를 들어, 경쟁사의 제품에 비해 차별화되는 항목들을 결정한다.

ⓐ 중점 제품 플랫폼 및 세그먼트segment(부분)별 포지셔닝

ⓑ 세그먼트별 제품 성능 프로파일

ⓒ 기술과 혁신에 대한 프로파일

ⓓ 회사 이미지 프로파일

아쉽게도 우리나라의 기업들은 선진국의 경쟁 기업들을 따라잡는 식으로 경쟁해왔다. 그래서 위 항목에 대한 경험이 부족하다. 어디서, 어떻게 싸울 것인지는 중요하다. 허나 "이렇게 싸우면 안 된

다!"는 것도 명심해야 한다. 이순신 장군은 '싸우기 전에 이미 이긴 전투'를 했다. 즉, 경쟁을 하기 전에 이길 수 있도록 조건을 마련해야 한다. 제품 관련 전략을 기계적으로 수립하는 행위는 실패의 지름길이다.

필자는 앞에서 제품군 단위의 경쟁을 강조하면서 "제품으로 싸우지 말고, 제품군으로 싸우라"고 했다. 즉, 제품 하나하나를 가지고서 승리하려고 하면, 시장이라는 전선에서 각개격파를 당하고 만다. 필자는 앞에서 나폴레옹이 유럽을 제패했던 이유가 사단보다 더 큰 단위인 군단으로 군대를 편성한 덕에 전략적 다양성을 확보할 수 있었기 때문이라고 했다. 그러니까 그와 유사한 원리인 것이다. 그러면 다음 단계에서 **제품군 내의 개별 제품의 역할을 정의하기**에 대해 알아보자.

모든 제품이 시장에서 승리하거나, 소비자들의 사랑을 받을 수는 없다. 앞서 말했듯이 '플래그십 모델'이라는 제품은 볼륨volume(물량/판매량)이나 이익이 작더라도 회사의 기술적 우위를 표현하기 위해 만든다. 어떤 제품은 최신 기술이 적용되지는 않지만, 볼륨이나 이익을 극대화하려고 만든다. 어떤 제품은 볼륨이나 이익을 기대할 수 없더라도 경쟁사의 제품에 대응하려고 만든다. 또 어떤 제품은 새로운 시장을 개척하기 위해 만든다. 이렇듯 나름대로 역할이 있는 제품들 모두가 시장에서 큰 이익을 내거나 경쟁에서 승리할 수는 없다. 중요한 것은 전체 볼륨, 전체 매출, 전체 이익이 아닐까? 그래서 프랑스의 혁신 경영 전문가인 장 필립 데샹 교수는 제품들을 다음과 같이 분류했다.

ⓐ 중점 제품(Base Product)

현재 기업의 성과와 위치를 유지하는 데 중요한 제품이다. 일반적으로 매출, 시장점유율, 이익, 시장에서의 포지션을 유지하는 데 중요한 제품 분류다. 그러다 보니 시장 변화를 꾀하기가 어렵다.

ⓑ 차기 성장 제품(Key Product)

회사의 성장이나 새로운 시장 포지셔닝에 따른 변화를 이끌어내는 데 잠재력을 가진 제품 분류다. 만약 그 역할을 성공적으로 수행한다면 이후 중점 제품(Base Product)이 될 후보 제품군이다.

ⓒ 혁신 제품(Pacing Product)

새로운 컨셉/기술/시장을 시도해보기 위한 제품이다. 이는 나중에 차기 성장 제품(Key Product)이 될 후보 제품군이다. 만약 그 역할을 성공적으로 수행한다면, 새로운 제품 카테고리를 만들 수 있다. 이 제품은 리스크를 안고 있기 때문에, 좀 더 장기적인 성과를 위한 혁신 예산을 지원받아야 한다.

ⓓ 레버리지 제품(Leverage Product, 영향력을 갖춘 제품)

대부분의 회사는 이러한 모델들로 제품포트폴리오를 보충한다. 이 제품은 전략적인 목적보다는 전술적인 목적에 따라 특정 채널이나 특정 시장 세그먼트를 지원하기 위한 제품이다.

장 필립 데상 교수는 이렇게 제품 분류를 지정한 후에, 각각 제품별로 그 고유의 역할을 부여했다. 예를 들면 '물량 중점 제품(Volume base sustainer)', '수익 중점 제품(Profit base sustainer)', '마진 기여 제품(Margin contributor)', '성장 기여 제품(Growth builder)', '제품라인업 보충 제품(Product line filter)', '이미지 개선 제품(Image enhancer)', '신규 기술 적용 제품(New tech. carrier)', '신규 시장 진입 제품(New market builder)', '채널 지원 제품(Channel supporter)', '경쟁사 대응 제품(Competitor killer)', '계절성 제품(Seasonality spreader)' 등이다. 이 다음에는 개별 제품별 라이프사이클을 기획/관리하는 대신 전체 제품포트폴리오의 진화를 기획/관리한다. 아울러 시간에 맞춰 개별 제품을 분류하고, 각 제품들이 매출과 순익에 어떻게 기여할지에 대해 기획/관리한다.

그럼 제품 전략을 명확하게 수립했다면 모듈러디자인은 무엇을 해야 할까? 모듈러디자인은 제품, 프로세스, 조직이 가진 변동성을 적극적으로 관리하여 비용을 발생시키는 복잡성을 줄인다. 그러니 이러한 제품 전략이 가장 효율적으로 수립될 수 있도록 지원해야 한다. 예를 들면, 제품 전략 수립이 100미터 달리기 골인 지점 선정부터 경쟁자 분석, 스타트, 피니시finish(골에 들어옴) 자세 결정 같은 역할을 담당한다면, 그 100미터 달리기를 가장 효율적으로 진행할 수 있도록 체질을 개선하는 역할을 모듈러디자인이 담당하는 것이다.

▲ 모듈러디자인은 작게는 개발방법론, 크게는 혁신의 도구나 사업 전략으로 활용할 수 있다.

▲ B2B 산업이나 소프트웨어 산업처럼 모듈러디자인은 산업 특성을 고려하여 재정의해야 한다.

▲ 모듈러디자인은 안정적인 아키텍처가 있는지, 협력 구조가 성숙되었는지, 제품 차별화 포인트는 어디에 있는지, 그리고 제품의 다양성 정도를 고려하여 도입 여부를 결정한다.

▲ 모듈러디자인은 매스커스터마이제이션을 위한 조건 중 하나다.

▲ 모듈러디자인을 실행하기 전에 제품 전략을 명확히 수립해야 한다.

제8장. 복잡성에 대한 담론

1. 복잡성, 다양성, 변동성에 대한 이야기

이번 장에서는 모듈러디자인과 관련된 이론적/방법론적 배경에 대해 살펴볼 것이다. 그러면 먼저 복잡성에 대해 살펴보자. 모듈러 디자인을 도입하는 이유 중 하나는 기업의 수익을 해치는 복잡성을 관리하여 기업, 제품군, 제품의 수익성을 높이기 위해서다.

복잡성을 이해하려면 시스템부터 알아야 한다. 시스템의 사전적 의미는 "필요한 기능을 실현하기 위해 관련 요소를 특정한 법칙에 따라 조합한 집합체"이다. 즉, 시스템이란 외부 환경과 '경계'로 구분된 상태에서 외부로부터 받는 입력 요소를 내부에서 어떠한 고유의 기능을 활용해 출력 요소로 만들어낼 수 있는 집합체다. 기업도 외부에서 노동/자본/자원 같은 입력 요소를 받은 뒤, 기업의 고유 기능(기획/개발/생산 등)을 실행하고, 제품/서비스 등의 출력 요소를 내는 시스템이다.

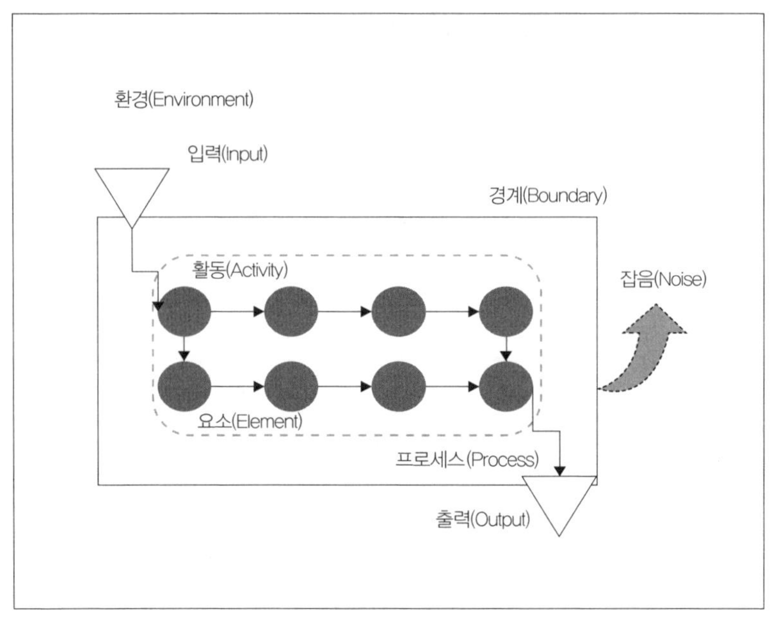

그림 35. 시스템의 정의

다시 복잡성에 대해 살펴보자. 시스템은 정해진 입력 요소로 정해진 출력 요소를 내면서 에너지를 사용한다. 그 에너지의 정도에 영향을 미치는 시스템의 특성을 복잡성이라고 표현할 수 있다. 이것은 시스템만의 고유한 특성치가 된다. 그리고, 복잡성으로 인해 시스템이 에너지를 사용하듯이 기업도 비용을 지불하게 된다. 즉, 일반적으로 복잡한 시스템일수록 높은 복잡성을 가지고, 기업도 같은 제품을 만들더라도 복잡성이 높으면 더 많은 비용을 지불하게 된다.

복잡성이 문제가 되는 이유는 시스템 자체가 가지고 있는 능력/역량 이상의 복잡성을 가졌기 때문이다. 이때 발생하는 비용이 '복잡성 비용'이다. 일반적으로는 복잡성으로 인한 비용 모두를 복잡성 비용이라고 표현하고, 역량 이상의 복잡성 때문에 발생하는 비용만을 복잡성 비용이라고 표현하기도 한다. 일단 중요한 것은 복잡성 자체보다 시스템이 가진 역량 이상의 복잡성이 문제가 된다는 점이다. 물론 문제가 되는 복잡성은 제어해야 한다. 그리고 복잡성을 제어하는 방법으로는 복잡성 자체를 줄이는 방법과 복잡성으로 인한 비용을 줄이는 방법 등이 있다. 그럼 복잡성에 대해서 알았다면, 마지막으로 어떻게 활동 방향을 잡아야 하는지에 대해 필자는 어느 의사들의 이야기로 설명하겠다.

어떤 이가 기침을 심하게 하여 의사를 찾아갔다.
의사는 물었다.
"무슨 일로 오셨나요?"
환자는 답했다.
"기침이 심해서 왔습니다."
"기침약 처방전을 드릴 테니, 며칠 먹고 상태를 봐서 다시 오세요."
환자는 약을 며칠 먹어보니, 증세가 호전된 것 같았다. 환자는 병이 나았다고 생각했다. 그러나 약을 다 먹고 나자 기침은 다시 심해졌다. 그는 다른 의사를 찾아갔다.
의사는 물었다.
"무슨 일로 오셨나요?"
환자는 답했다.
"기침이 심해서 왔습니다."
"기침을 할 때, 다른 곳이 불편하지는 않나요?"
"가슴이 답답합니다."
의사는 청진기로 가슴을 검사하고 말했다.

“폐가 안 좋은 것 같습니다. 폐 검사를 받아보시고, 처방을 알려드리겠습니다.”

환자는 폐 검사를 받은 뒤 입원하여 치료를 받았다. 곧 증세가 호전되어 퇴원했다. 병이 다 나은 듯 했지만, 한 달이 지나자 기침이 다시 시작되었다. 그는 다른 의사를 찾아갔다.

의사는 물었다.

“무슨 일로 오셨나요?”

환자는 답했다.

“기침이 심해서 왔습니다.”

“기침을 할 때, 다른 곳이 불편하지 않나요?”

“가슴이 답답합니다.”

의사는 청진기로 가슴을 검사하더니 말했다.

“폐가 안 좋은 것 같습니다. 폐 검사를 받아보시죠”

폐 검사 후에 의사는 말했다.

“폐가 안 좋은 것 같네요. 직업이 뭔가요?”

“목공소에서 일합니다.”

“방진 마스크를 사용 안 하시나요?”

“관리자라서, 말할 일이 많아 잘 안 씁니다.”

“지금 폐를 치료하면 호전시켜드릴 수 있습니다. 허나 계속 지금처럼 일하시면 폐는 계속 안 좋아질 겁니다. 직업을 바꾸시거나, 방진 마스크를 쓴 상태에서 의사소통 방법을 찾으세요.”

증상을 해결한 첫 번째, 두 번째 의사와 근본적인 원인을 해결한 세 번째 의사 중 누가 명의일까?

복잡성은 눈에 보이는 증상이자, 많은 활동에 따른 결과다. 첫 번째 의사가 증상에 초점을 맞춰 당장의 상황만 해결하려고 약을 처방했듯이, 복잡성 그 자체에만 집중하면 일시적으로 효과를 얻을 수는 있다. 하지만, 결과적으로는 곧 원상태로 돌아가거나 더욱 악화될 가능성이 높다. 복잡성의 원인인 다양성 관련 문제를 해결하고자 한 것은 표면적인 원인인 다양성에 집중했기 때문이다. 이는 두 번째 의사가 증상의 원인인 폐에 집중했듯이, 첫 번째 경우보다는 상대적으로 효과적이고, 그 효과의 유효 기간도 길다.

허나 이 경우에는 치료를 지속하지 않으면 결국 다시 증상이 나타나게 된다. 즉, 다양성을 해결하려는 활동을 중단하는 순간에 다시 원래 모습으로 돌아가게 된다. 마지막 의사가 환자의 직업이나 일하는 방식에 집중했듯이, 근본적인 원인인 변동성에 집중하는 것이야말로 근본적인 원인에 집중하는 일이다. 결국, 시장/기술/운영상의 요인으로 인한 변동성에 집중한 것은 복잡성의 근본적인 원인을 해결하려고 했기 때문이다.

결론은 병을 치료하려면 그 병의 근본적인 원인을 찾아내야 하듯이, 복잡성이 문제라는 점을 인식했다면 그것의 근본적인 원인을 찾아서 해결해야 한다. 경영 개선 활동도 마찬가지다. 대증적인 요법으로 개선을 꾀하다가는 오히려 역효과를 불어올 수 있다. 더군다나 쉼 없이 이루어지는 개선 활동은 직원들의 피로감을 불러온다. 그래서 멈추면 예전 상태로 돌아간다. 그러니 어렵더라도 처음부터 근본적인 원인을 찾아내고, 이를 개선하려고 해야 한다.

	의사들 이야기	복잡성 개선 활동
증상	기침	복잡성
표면 원인	폐의 염증	다양성
근본 원인	직업, 일하는 방식	변동성

표 16. '의사들 이야기'로 비유한 복잡성 개선 활동

Box 55. 복잡성에 대한 보충 설명

복잡성은 시스템 자체의 특성값이면서 기업 입장에서는 비용과 관련이 있기에 관리해야 한다. 아울러 모듈러디자인이 필요한 원인인 다양성과도 관련이 있다. 그렇다면 다양성이란 무엇이고, 다양성과 복잡성은 어떤 관계를 맺고 있을까?

다양성은 기업이 비용을 들여서 얻거나 만들어내는 모든 가치 요소(부품/제품/제품군/재료/공구/방법)의 종류의 수(혹은 그 양)이다. 예를 들어, 우리 회사에서 만드는 제품군의 수가 다섯 개라면, 그 다섯 개가 바로 다양성이다. 다양성은 계산하거나 원인을 모두 찾아내는 것이 불가능한 복잡성을 찾아내고, 가시화하고, 개선할 수 있다. 즉, 다양성은 복잡성의 원인들 중 하나다. 이를 개선하고자 하는 방법론에는 3S(단순화, 표준화, 공용화)와 VRP(Variety Reduction Program) 등이 있다.

복잡성은 시스템의 고유한 특성이며, 일어나는 원인도 다양하다. 시스템 자체의 기능으로 인한 내재적인 복잡성이 있을 수 있고, 외부 환경과의 인터페이스 때문에 발생할 수도 있다. 환경의 변화 속도나 회사의 역량 부족으로 인해 생길 수도 있다. 우리가 관심을 가지고자 하는 것은 '다양성 때문에 발생하는 복잡성(variety-induced complexity)'이다.

마지막으로 변동성에 대해서도 살펴보자. 결론부터 말하면, 변동

성은 다양성이 발생하는 원인이다. 앞서 언급한 가치 요소들 사이에
는 공통성과 변동성이 있고, 이에 대한 함수 관계 때문에 다양성이
발생한다. 그래서, 다양성을 제어하려면 공통성과 변동성 간의 함수
관계를 조정하는 두 가지 방식인 '공통성을 증가시키는 방법'과 '변
동성을 관리하는 방법'을 마련해야 한다. 공통성을 증가하는 방법으
로는 플랫폼 전략을, 변동성을 관리하는 방법으로는 모듈러디자인을
도입한다.

2. 복잡성에 대한 짧은 글 모음

모듈러디자인의 기본은 복잡성 관리다. 그러니 복잡성 자체에 대
한 이해/관리 방법을 잘 아는 것은 도움이 된다. 그래서 필자는 복
잡성 관리에 대해 정리한 글을 소개하겠다.

(1) 성장에는 쇠퇴가 따른다

기업의 성장에는 정체와 쇠퇴가 따른다. 그 원인으로는 외적 요
인과 내적 요인이 있다.

외적 요인은 기술/환경/사회/정치/경제/문화적인 변화 등과 같
이 거시적인 변화와, 잠재적 경쟁자의 등장으로 인한 경쟁 구도의
변화 같은 미시적인 변화를 들 수 있다.

내적 요인은 경영진의 오판, 인재 유출, 기능 약화 등 다양하다.
대체로 이러한 내적 요인으로 인해 그 정체의 증후가 먼저 나타나

면 외적 요인의 자기 파괴력도 증폭된다. 즉, 내부 균열이 외부의 작은 변화에 동조하는 셈이다.

예를 들어, 몇 년 전만 해도 아무도 노키아의 몰락을 예상하지 못했다. 휴대폰 업계에서 노키아의 입지는 난공불락의 요새와 같았기 때문이다. 그러나, 애플의 아이폰 출시는 노키아의 성을 순식간에 무너뜨렸다. 그러나, 노키아의 실패는 단지 아이폰의 출시라는 외적 요인 때문만이 아니었다. 벌써 그 안에서 쇠퇴의 조짐이 있었다. 사실, 노키아는 피처폰이 주력이던 시기에 스마트폰을 개발했다. 그러나 지금 당장 잘 팔리는 피처폰 시장을 스스로 망가뜨리는 결과를 초래할 수 있다면서 스스로 출시를 꺼렸던 것이다. 결국 노키아의 개발 부서와 마케팅 부서가 대립한 것이다. 애플은 이러한 균열을 정확하게 공략했다.

만약 내적 역량을 성공적으로 발현시킨다면 조직의 성장과 성공을 이끌어낼 수 있다. 그러나, 성장 때문에 어떠한 요인의 독주를 제어하던 부분이 쇠퇴하면, 성공 요인이 비정상적으로 비대해진다. 이는 초기에 성장을 이끌던 조직 내의 유연성과 혁신, 변화를 차단하고 현실에 안주하게 만드는 보신주의로 둔갑한다. 결국, 본연의 기능을 상실한 '껍데기'가 조직이 성장하는 데 장애물이 된다. 이러한 메커니즘은 흡사 질병인 암과 유사하다. 우리 몸을 구성하는 정상적인 세포가 본연의 기능을 잃어버린 채 자기 자체의 성장만을 추구하면서 생겨나는 암세포는, 결국 사람을 죽음으로 몬다. 이처럼 한때 성공의 선봉 역할을 했던 내부의 조직적/기능적 역량 등이 자기만의 성장을 추구하면서 전 조직을 갉아먹는 것이다. 그럼 어떻게 하면 이런 상황을 예방함으로써 지속적인 성장을 유지할 수 있을까?

먼저 성장세가 한계점에 도달하는 정체기에 이르기 전에 변화를 이끌어내야 한다. 정체기에 이르는 순간 외부 변화에 취약해지기 때문이다. 그렇게 되면 경쟁자들에게 현재의 자리를 내놓게 되면서 더욱 큰 혼란기에 빠질 수 있다. 변화를 이끌어내려면 먼저 "성장에 따르는 정체와 쇠퇴는 초기의 성공 요인에서 발생한다"는 점에 주목해야 한다. 즉, 현재 조직 내에서 가장 큰 권력과 주도권을 가지고 있는 '성장의 주역들'에 주목해야 한다. 이들로 하여금 물러나게 한 뒤, 조직을 다시 개편하는 데는 저항이 따르고, 실패할 가능성도 아주 높다. 그렇다고 해서 점진적인 개선을 택하는 것은 기존의 패러다임을 그대로 둔 채 현재의 체제를 약간 변화시킬 뿐이다.

결국 진통제 같은 미봉책이 될 수는 있어도 근본적인 해결책은 아니다. 심지어 조직 구성원들이 현실을 올바르게 파악하지 못하게 할 수 있어서 더욱 위험하다. 그래서 파괴적인 혁신이 필요하다. 물론 파괴적인 혁신을 이끌어 낼 수 있는 힘은 경영진의 절대적인 의지다. 100여 년 전 청일 전쟁에서 메이지 유신으로 근본적 개혁을 이룬 일본이 보수파 때문에 개혁에 실패한 청나라를 이길 수 있었다는 사실 뒤에는, 메이지 유신을 반드시 성공시키겠다는 일본 지배 계급의 절대적인 의지가 있었음을 명심해야 한다.

(2) 보고서 + 보고서 + 보고서 + …… = 답이 없음(No Answer)!

기업의 성장에는 필연적으로 조직의 성장이 필요하다. 물론, 간혹 초창기 스타트업 형태의 조직이 그대로 유지되는 경우도 있지만,

사람이 나이 대에 맞춰 입는 옷이 다르듯이, 조직도 그 성숙도에 맞춰 조직의 형태를 다시 구성해야 한다. 예를 들면, 하이테크/기술 관련 기업의 경우 초창기에는 핵심 연구개발 인력과 소수의 정예 영업 인력만으로 조직을 구성했을 것이다. 허나 기업이 점점 커지면서 점차 재무/총무/인사 및 고객 관리 담당 인력도 필요하기 마련이다. 즉, 전방에서 골을 넣는 골잡이형 인재를 갈구하던 조직이, 점점 허리를 강화하는 미드필더형 인재를 갖춰야 하는 것이다. 그러나, 이런 이유로 스태프 조직이 커지면 원래의 의도와는 상관 없이 비 부가가치적인 업무가 생겨난다.

자리는 곧 지위와 권한이다. 그와 함께 책임을 요구한다. 그러나, 실제로는 책임보다 지위와 권한을 강화하는 방향으로 변화가 이루어지곤 한다. 예를 들어, 스태프 조직을 강화함으로써 현장에서 활동하는 조직을 간접적으로 관리/감독하려는 시도를 하거나, 꼭 필요하지는 않은 보고서를 제출하라고 요구함으로써 자신의 권한을 증명하려는 경우도 있다. 즉, 사람이 모여서 조직을 이루니, 조직 안에서 알게 모르게 정치가 생겨나는 것이다. 물론 정치의 기본은 '힘의 구도'이다 보니, 자신의 힘을 아랫사람들로부터 받는 보고로 증명하려는 시도가 일어나는 것이다. 물론 스태프 조직의 장점은 과거 GM의 사례로 증명되었고, 현대 경영학의 아버지인 피터 드러커도 인정했다. 허나, 스태프 조직의 비대화는 결국 조직의 관료화와 경직성, 변화에 대한 저항, 현장 감각 실종, 고객들과의 괴리로 이어진다. 즉, 스태프 조직이 기업 내부의 복잡성의 원인 중 하나가 된다.

사실, 기업을 키운다는 것은 곧 스태프를 늘리는 것이 아니다. 자신이 관리하는 구성원들의 역량을 키우고, 그들이 일할 수 있는 환경과 문화를 만들어주는 것이다. 즉, 아랫사람이 하는 일에 관심을 가진다는 것은 보고서를 한 번 더 받으라는 것이 아니다. 그 사람들에게, 그 사람들이 일하는 환경에 관심을 가져주는 것이다. 그리고 그들이 일하는 데 문제점이 없는가 파악하고 제거해주는 것이다.

(3) 조직의 성장이 반드시 이로운 것은 아니다

성장은 조직의 분화를 이끌어낸다. 조직의 분화는 아래와 같은 이유들로 프로세스의 복잡성을 이끌어낸다.

① 정보 흐름의 장애

조직의 분화는 정보의 흐름을 방해한다. 하나의 조직으로 존재할 때 정보의 흐름은 공식적이지 않은 창구로 자연스럽게 흘러간다. 그러나, 조직이 분화되면 각 부서들이 '정보는 곧 권한의 원천'이라 생각하면서 사일로 효과(organizational silos effect, 조직의 각 부서들이 이기주의에 빠져 다른 부서들과 소통하지 않는 현상)가 일어나 정보의 흐름이 막힌다. 물론 물이 고이면 썩듯이, 정보도 정체되면 쓸모 없어진다. 정보는 적절한 시기에 적절한 곳에서 사용되어야 그 가치를 보일 수 있기 때문이다.

② 인터페이스의 복잡성

과거에는 자그마한 한 개 팀에 모든 부문이 모여있었다. 그러니 복잡한 프로세스도 필요 없고, 다들 모여서 의사 소통하는 데도 큰 무리가 없었다. 그러나, 회사가 커지면서 부문별로 분리되고, 별도 조직도 만들어졌다. 그럴 때마다 조직들 간에는 큰 벽이 생겼다. 그 벽들을 이어주는 인터페이스interface(접점)가 요구되었고, 그 인터페이스를 만들려다 보니 그 전에는 없었던 프로세스와 표준도 만들어졌다. 이로써 초기에는 실질적인 활동 위주의 프로세스가 시간이 지날수록 형식적인 일에 매달리는 식으로 진행되기에 이르렀다.

결국 인터페이스가 많다는 것은 정보 교환 과정에서 오류나 장애가 발생할 수 있다는 뜻이다. 물론 그것을 검사하고 바로 잡는 활동도 추가되니, 전반적으로 과부하 상태에 이르렀다. 이에 대한 대책을 구하는 분들에게 필자는 "제품 혁신을 위한 다기능 부문 팀(cross-functional team)을 만드십시오"라고 조언한다. 즉, 인터페이스의 오류와, 그로 인한 비생산성이 근본적인 원인이라고 보기 때문이다. 많은 혁신의 기회는 인터페이스에서 발생한다는 것을 생각하면 꼭 필요한 조치다.

③ 정치의 폐해

조직의 분화는 부문들 간의 정치가 생겨나게 한다. 사람은 둘만 모여도 정치 활동을 한다. 하물며, 작게는 수십 명 많게는 수만 명이 근무하는 회사는 어떨까? 결국 '사내 정치'가 이루어진다. 물론, 정치가 나쁜 것은 아니다. 개별 부서가 서로 협조와 경쟁을 통해 회사의 이익을 추구하는 방향으로 나아갈 수 있기 때문이다. 그러나, 정치는 결국 자신에게 가장 가까운 조직의 목적을 최적화하는 데 맞춰진다. 즉, 조직들이 자신들의 목적을 최적화하기 위해 활동하는 동안 회사 전체의 성과는 추락한다. 물론 기업의 성장은 조직의 성장을 요구한다.

허나, 조직의 성장은 그 조직 자체의 복잡성도 증가시키면서, 오히려 성장을 이끌어냈던 기업 내의 프로세스의 복잡성마저 증폭시킨다. 그래서 일본의 교세라 등은 아메바 같은 소기업 형태로 조직을 유지함으로써 조직이 복잡성에 빠지는 것을 피했다. 아울러 다른 주요 기업들도 스핀오프나 스핀아웃 방식으로 조직의 복잡성에 대처하고 있다. 그러나, 복잡성 자체를 아예 없앨 수는 없으니, 현재 시점에서 조직을 최대한 가볍게 유지할 수 있는 방안을 찾아야 한다.

(4) 소비자는 다양한 선택의 폭을 원하지 않는다

기업은 소비자들을 만족시켜야 한다. 그래서 시장의 요구 사항을 반영하여 좀 더 다양한 제품들을 만들어낸다. 이는 집 근처 가전 제품 매장을 둘러보기만 해도 확인할 수 있다. 그러나, 과연 이 넓은 선택의 폭은 기업이나 소비자에게 유리한 것일까?

일단 소비자는 합리적인 선택을 하기를 원하고, 또한 그것을 확인 받기를 원한다. 그래서, 자신의 구매 능력에 비해 비싼 가격의 제품을 구입해야 한다면 다양한 정보를 모으고 조사할 것이다. 네이버의 지식인에 질문을 올릴 것이고, 가까운 지인에게 물어보기도 하고, 인터넷 쇼핑몰 후기도 읽어볼 것이다.

그 다음에는 매장에서 물건을 직접 봄으로써 선택의 폭을 줄인 뒤 인터넷 쇼핑몰에서 최저가 구매를 시도할 것이다. 이 과정에서 카드 할인, 통신사 할인, 쿠폰 사용 등 다양한 할인 옵션도 동원할 것이다. 이 모든 단계는 소비자가 '후회'하는 경우를 원치 않기 때문이다. 결국, 상대적으로 합리적인 소비라는 사실을 누군가로부터 확인을 받을 수 있다면 아마도 대부분의 소비자는 자신의 구매에 만족할 것이다. 그러나 차라리 어떤 '전문가'가 "이것을 사십시오!"라고 시원하게 말해줬으면 하는 것도 소비자들의 마음이다.

기업의 판매/마케팅 부서는 다양한 제품들을 갖출수록 시장 확대/침투가 쉽다고 한다. 상대적으로 많은 제품이 있다면, 매출을 자연스럽게 높일 수 있고, 접근이 쉬운 방향으로 판매 전략을 이끌어 갈 수 있기 때문이다. 그러나, 필자는 다르게 생각해볼 것을 권한다. 사실, 판매/마케팅 부서는 기업의 아주 소중한 자원이다. 그리고 판매/마케팅 부서가 집중하여 판매할 수 있는 제품들은 한정되어있다. 게다가 그들의 역량은 팔기 어려운 제품을 접근하기 어려운 시장에서 팔 때 빛난다. 물론 팔기 쉬운 제품들을 상대적으로 접근하기 쉬운 시장에 집중시킬 수도 있다. 그러나, 그것은 그들의 역량을 썩히는 것이다.

비용 관점에서도 살펴보자. 만약 제품의 수가 하나라면, 그 한 개 제품에 대한 안전 재고만 확보하면 된다. 그 안전 재고가 200대라고 가정해보자. 만약 제품 수가 열 개라면, 안전 재고의 수는 2,000대가 될 것이다. 재고가 늘어나면 무슨 일이 일어나는가? 창고유지비, 재고에 대한 감가상각비, 관리비 등이 필요하다. 개발 관점에서도 제품의 종류가 다양하면 필요한 부품이나 모듈도 달라진다. 단 한 곳에서 여러 종의 제품들을 구매하겠다고 한다면, 물량 자체가 나눠지는 셈이니 물량 할인에 따른 효과도 줄어든다. 여러 곳에서 주문이 오면 협력사들을 관리하는 일에도 비용이 필요할 것이다. 이 외에도 보이지 않는 많은 부분이 지출을 요구하게 된다.

그렇다면 소비자들의 선택의 폭을, 제품의 종류를 무작정 줄이는 것이 좋을까? 그것도 불가능하다. 소비자들의 요구가 단순하지 않기 때문이다. 그러니 기업은 소비자들이 정말 원하는 부분을 파악하여 제품의 수를 최적화해야 한다. 그럴 수 없다면, 고객들을 만족시키기 위해 다양한 제품을 만들어도 될 정도로 그에 대한 비용을 축소하는 방안을 찾아야 한다.

(5) 복잡성 개선의 첫 단계 – 가시화

"눈에 보이지 않는 것은 관리할 수 없고, 관리할 수 없는 것은 개선할 수 없다"고 한다. 사실, '문제는 복잡성이 아닐까?'라고 느끼는 시점은 이미 경영상의 수익 지표로 그 결과가 나타난 뒤다.

복잡성을 해결하기 위해 가장 먼저 해야 할 일은 무엇일까? 먼저 복잡성을 들어내는 작업부터 시작해야 한다. 즉, 문제점을 드러내고 찾는 것부터 시작해야 한다.

그러면 어떻게 해야 할까? 기업 내에는 많은 데이터가 있다. 하지만 그 데이터는 조직마다 분산되어있다. 경영진이 그러한 데이터를 확인하려고 할 경우 집합되고 가공된 것을 보게 되는지라 그 진위를 온전하게 파악하기가 힘들다. "올해 성장률/이익률이 얼마이고, 내년 예상치는 얼마입니다"라는 보고를 받는 식이다. 물론 이 안에는 우리가 쉽게 파악하지 못하는 허수虛數가 숨겨져 있다. 즉, 당장 이익이 나는 것처럼 보이더라도 지속 가능하지 않은 '반짝 성장'의 결과일 수도 있고, 성장하는 것처럼 보이더라도 이익은 별로 나지 않는 경우일 수도 있다. 그래서 복잡성을 가시화하려면 지표를 선정해야 한다.

결국, 복잡성을 개선하려면 '무엇을 어떻게 봐야 할까?'부터 결정해야 한다. 일반적으로 복잡성 그 자체를 측정하기는 어렵다. 그러니, 복잡성의 원인이 되는 것들 중에서 가장 중요한 요인을 찾아야 한다. 여기에는 다양한 사고 프레임워크를 이용하는 것이 좋다. 복잡성을 일으키는 여러 요인 중에서 가장 중요하고, 영향도가 크며, 가시화 후 개선이 상대적으로 용이한 요인이 다양성이라는 사실도 알고 있어야 한다. 다양성 이외의 원인들은 사업상 개선이 어렵거나, 사업 자체를 변경하지 않는 한 개선이 사실상 불가능하다. 즉, 있는 그대로 받아들여야 하는 요인인 것이다. 그래서, 하위에 있는 가치 요소부터 핵심 기술, 재료, 부품, 모듈, 제품, 판매 시장, 제품군, 플랫폼 수에 대한 다양성부터 가시화해야 한다.

(6) 개인 차원의 복잡성의 사례

〈부부클리닉 사랑과 전쟁〉이라는 드라마를 봤는가? 부부간/고부간의 갈등 및 자식과의 갈등으로 붕괴될 위기에 처한 가정의 이야기를 극화했다. 이 드라마에서 가끔 등장하는 소재가 '일과 가정'의 문제다. 일 중독에 빠진 남편이 가정에 소홀하다는 점에 서운해하는 아내, 일과 가정의 균형점을 찾지 못하는 맞벌이 부부 등이 그러하다. 이것도 복잡성 차원에서 생각해볼 수 있다.

보통 사람에게 주어지는 시간과 자원은 한정되어있다. '관심' 또한 한정된 자원 중 하나다. 일에 관심을 집중했을 때는 다른 생각을 할 수 없다. 만약 일과 업무를 동시에 만족시키려고 한다면 개인적으로 복잡성이 발생한다. 그 결과는 〈부부클리닉 사랑과 전쟁〉에서도 확인할 수 있다. 한 예로, 우리나라는 여성들이 가정의 일과 회사 업무를 병행하기 힘들다고 한다. 한참 경력을 살려야 할 시기에 여성들은 결혼을 한다. 결혼을 하면 가사 부담이 늘어난다.

그런데 우리나라 회사에서는 야근과 특근을 용인하는 문화가 팽배해있다. 이런 상황에서 아기까지 낳으면 상황은 심각해진다. 아기는 태어나자마자 적어도 몇 년간 집중적인 관심을 요구하기 때문이다. 경력상 가장 중요한 시기와 아기에게 관심을 가져야 하는 시기가 겹칠 때 직장인 여성의 복잡성은 치솟는다. 결국 둘 중 하나를 포기하기에 이른다. 바로 이 포기에 따른 비용이 당사자가 치러야 하는 복잡성 비용이다. 이는 결국 사회적인 비용이 될 것이다. 그러니 육아와 일을 함께 하게끔 하려면 이러한 복잡성을 낮춰주든가 자원을 늘려주어야 한다. 자원을 늘리는 방안으로 남편의 역할을 강화하하거나, 육아를 분담해줄 어린이집의 역할을 강화한다. 복잡성을 낮추는 방안으로 회사 업무를 융통성 있게 조정할 수 있도록 하거나, 재택 근무를 강화하거나, 야근/특근을 당연시하는 문화를 고친다.

결국, 필자가 말하려는 것은 "복잡성은 자원, 그리고 의사 결정에 관한 문제다"라는 것이다. 즉, 복잡성 문제를 해결하려면 자원을 늘려야 한다. 만약 그렇게 하지 못한다면 이 문제를 의사 결정 영역으로 넘겨야 한다.

(7) 엔트로피와 복잡성

열역학에는 엔트로피^{entropy}라는 개념이 있다. 간단하게 설명한다면 '얼마나 무질서한가를 보여주는 수치'라고 표현할 수도 있겠다. 모든 것이 무질서한 방향으로 흘러간다는 뜻이다. 예를 들면, 우리가 생활하는 공간은 늘 정돈해도 자연스럽게 지저분해진다. 즉, 무질서한 방향(엔트로피)으로 흘러가는 것이다. 각설하고, 물리학적 세계에서는 에너지 보존의 법칙이 성립하는 바, 그 에너지는 유효 에너지와 무효 에너지의 합으로 나뉜다. 그리고 에너지의 총합은 일정하지만, 무효 에너지는 증가하는 방향으로 흘러간다. 이때 무효 에너지가 바로 엔트로피다. 이 엔트로피라는 개념은 '복잡성'과 일치하는 면이 있다.

그러면 어떻게 지저분한 상태에서 정돈된 상태로 돌아갈 수 있을까? 청소하면 될까? 일단 청소는 외부 에너지인 셈이다. 엔트로피가 높은 상태, 즉 무질서한 상태에서 엔트로피가 낮은 상태, 즉 질서가 잡힌 상태로 이동하려면 별도의 외부 에너지가 필요하다는 뜻이다. 결국 에너지가 없으면 정돈된 상태로 되돌릴 수 없다는 뜻이다. 이를 '비가역성'이라고 한다.

비가역성의 사례는 쉽게 들 수 있다. 컵에 담긴 물은 엔트로피가 낮은 상태, 즉 무질서도가 낮은 상태다. 헌데 물을 엎었다면, 이는 엔트로피가 높은 상태, 즉 무질서도가 높은 상태다. 헌데 물을 엎은 상태가 시간이 지나면 자연스럽게 물이 담긴 상태로 변화될까? 당연히 불가능하다. 복잡성의 특성도 비가역성의 특성을 가지고 있다. 복잡성도 시간이 지나면서 높아지기 때문이다. 더군다나 질서가 잡힌 상태에서 무질서한 상태로 변화한다. 그리고, 이를 개선하기 위한 노력, 즉 에너지가 필요하다.

(8) 복잡성, 직관 그리고 인문학

한동안 '직관'에 관한 책이 많이 나왔었다. 그런 책의 정의에 따르면, 직관은 "현상 분석과 그에 따른 논리적인 결과 추론하기, 행동에 이은 반성하기가 지속적으로 반복되면서, 뇌 속에 자리잡은 일종의 반응"이라고 한다. 즉, 생각과 생각, 분석과 분석, 경험이 더해져 만들어지는, 컴퓨터의 '바로가기' 아이콘과 같은 것이라고 한다.

대표적인 예가 운동선수가 경기 도중에 본능적으로 파인플레이를 하는 것이다. 그것은 고된 연습 끝에 몸에 익숙해지면서 뇌에 이르기 전에 몸이 반응하는 것이다. 보통 사람들도 그 운동선수가 연습하듯이 논리적인 사고를 끊임없이 반복하면, 논리적 사고가 사람의 뇌에 학습되면서 어떠한 특수한 상황에서 순간적으로 논리적인 결과나 선택을 내게 된다. 물론, 직관의 힘을 너무 강조하다 보면, 경험의 함정에 매몰될 수 있다. 즉, 직관은 과거의 문제를 패턴화함으로써 현재 문제의 몇 가지 요소에 신호로 반응하는 것이다. 그러므로 예상하지 못한 상황이나, 과거에는 발생하지 않았던 요인이 지배적인 효과를 발생시키면, 직관은 틀린 결과를 내기도 한다.

그러면 복잡성과 직관이 무슨 관계가 있을까? 경영이라는 개념이 생겨난 뒤 경영자가 처리해야 하는 문제의 복잡성은 지속적으로 커졌다. 그렇기 때문에 우리가 논리적으로 분석/처리할 수 있는 문제보다 그렇지 못한 문제가 많이 발생했다. 이 시점에서 직관이 요구

되기에 이르렀다. 사실, 예전에는 기업 내에서 처리해야 하는 데이터가 상대적으로 적었고, 외부의 환경 복잡성도 높지 않았다. 그래서 데이터를 직접 처리/분석하여 최적의 결과를 도출할 수 있었다. 하지만 현재는 기업 내뿐만 아니라 기업 외부에서도 상상치도 못할 양의 데이터가 생겨나고 있다. 그리고 기술이 발전하면서 외부 환경의 복잡성은 상상을 초월할 정도로 커지고 있다. 이러다 보니 일반적인 데이터 처리에 따른 분석보다, 데이터마이닝data-mining이라든가 빅데이터big-data 같은 개념이 관심을 받는 것이다. 이 또한 직관이 주목을 받는 이유와 유사하다. 그렇다면, 직관에 대한 능력은 어떻게 기를 수 있을까?

일단, 반복적으로 경험하고 연습해야 한다. 앞서 말했듯이, 직관은 특정 문제 상황에 대한 반복적인 경험에 따른 자율적인 반응이기 때문이다. 결국 운동선수처럼 지속적으로 경험하고 연습한다면 직관력이 강화될 수 있다. 그러나, 우리가 모든 문제를 경험하거나 연습할 수는 없다. 또한, 우리에게 주어진 시간도 한정되어있다. 그래서, 인문학 서적을 읽음으로써 간접적으로 경험해보고 연습해 통찰력을 높이라는 것이다. 인문학은 인간의 문명이 시작되면서 지금까지 쌓여온 지혜의 산물이고, 직관의 핵심은 문제의 핵심을 꿰뚫어보는 통찰력이기 때문이다. 통찰력을 갖추는 활동은 인간/사회/시간에 대한 탈학문적 방식으로 이루어져야 한다. 결국 통찰력이 얼마나 있느냐에 따라 직관에 따른 승패도 결정되기 때문이다.

결론적으로 필자가 이야기하려 했던 것은 "복잡성 때문에 직관의 중요성이 높아졌고, 그래서 직관력을 키우려다 보니 인문학의 가치가 재고되었다"는 것이다. 그래서 필자는 취업과 경제적인 이유만으로 인간에 대한 학문인 인문학이 멸시를 당하는 상황이 우려스럽다.

(9) 간단한 것이 최선이다(Simple is Best)

애플의 아이폰이 한참 유행할 때였다. 그러다 보니 안드로이드폰을 쓰는 필자도 아이폰과 관련된 UI(User Interface, 사용자 인터페이스)/UX(User Experience, 사용자 경험)라는 말을 달고 다녔다. 복잡한 기능 같은 것도 없는데다, 사용자 입장에서 필요한 기능을 다 갖췄으니 사람들이 열광할 수 밖에 없었다고 본 것이다. 사용설명서를 보지 않았는데도 '이렇게 하면 되지 않을까?'라고 생각하며 실행시켜본 기능이 정말로 이루어지니까 아이폰 매니아들까지 생겨난 것이다. 즉, 애플이 예전부터 지금까지 많은 소비자들을 마니아로 만들 수 있었던 이유 중 하나는 단순함을 추구하고, 복잡성을 철저하게 배제했기 때문이다. 아이폰의 이런 UI/UX는 아직도 여러 스마트폰 관계자들의 벤치마킹 대상이다.

필자도 몇 년 전에 세 살짜리 조카가 자기 엄마의 아이폰을 능수능란하게 다루는 모습을 보고. 엄마에게 사용법을 배우지 않았는데도 자기가 필요한 기능을 찾아서 가지고 노는 모습을 보고, 바로 저것이 직관적인 UI가 아닐까 싶었다. 물론 아이들은 어른들보다 습득력이 빠르지만, 지식이나 경험이 적다. 그래서 논리적인 사고보다는 본능적 행동을 하기 마련이다. 그래서 어른들은 불편해도 감내했던 것을 찾아낼 수 있다. 필자는 그것이 바로 직관적인 UI의 기본이라고 본다. "최고의 UI는 UI가 없는 것이다"라는 말이 있지 않은가?

사람에 대해 연구하고, 그들의 입장에서 가장 편안하게 사용할 수 있는 환경을 만들어준 것이 필자의 세 살짜리 조카를 비롯한 수많은 소비자가 애플샵 앞에 줄을 서는 이유다. 사실 다른 기업들도 UI에 신경을 쓴다지만, 점점 두꺼워지고 복잡해지는 사용설명서를 개선하려는 시도는 하지 않는다.

애플과 같은 사례로 필자는 현대카드를 들겠다. 현대카드의 영문 마케팅은 소비자가 소지하고 있는 카드가 해당 영문자가 뜻하는 혜택에 집중하고 있음을 나타낸다. 예를 들어, 필자는 '현대카드 Zero'를 가지고 있다. 이 카드는 사용처, 사용조건, 사용금액에 관계없이 일정 금액을 할인해준다. 즉, '따지는 조건이 없다'는 의미로 'Zero'를 붙인 것이다. 이 또한 UI인 셈이다. 사실, 그 동안 카드사의 혜택이 너무 복잡하다 보니 계산을 할 때마다 어떤 카드를 내놓아야 하나 한참 고민해야 했다. 그래서 혜택을 못 받은 경우도 있었고, 오히려 혜택을 받으려다가 과소비를 하는 경우도 있었다. 소비자의 생활 패턴에 맞춰 카드의 혜택과 조건을 집중시킨 현대카드의 상품 구성은, 애플과 같이 직관적인 UI, 아니 UX를 추구하고 있는 셈이다.

애플과 현대카드의 사례는 복잡성의 함정 안에서 단순함을 추구함으로써 소비자에게 사랑을 받은 사례다. 기업은 더 많은 이윤을 추구하기 위해서 소비자들에게 더 많은 가치를 제시한다. 허나 그 '가치'라는 것을 단순히 더 많은, 더 복잡한 기능이라고 착각한 것 같다. 하지만, 소비자들은 기업이 생각하는 것보다 더 많은 것을 바라지 않다. 다만, 자신이 원하는 것에 가장 쉽게 접근할 수 있는 방식이 안정적으로 구현되기를 바랄 뿐이다.

물론 이것은 기술만으로 달성할 수는 없다. 소비자들을 이해하려고 노력해야 얻을 수 있다. 즉, 더 많은 기능을 넣으려고 노력하지 말라. 오히려 어떤 기능을 빼야 할까를 고민하라. 또한 어디에 집중해야 할지 판단하라.

(10) 시스템의 고유 특성으로서의 복잡성

2015년 10월 초, 한 IT 관련 전문지는 2014년 4분기 스마트폰으로 이익을 얻는 회사의 금액 비중을 조사해보니, 애플이 거의 90퍼센트 이상, 삼성이 10퍼센트 정도, 나머지는 소소하거나 적자를 봤다는 기사를 게재했다. 왜 같은 제품군을 만드는 데, 어떤 기업은 순이익의 90퍼센트를 거둬들이고, 또 어떤 기업은 생존에 위협을 받을 정도로 이익을 못 낼까?

그 답을 말해보라고 하면 대개 브랜드, 기술, 제품의 경쟁력 등을 언급할 것이다. 필자는 복잡성 면에서도 살펴볼 것을 권한다. 즉, 제품을 잘 만드느냐도 중요하지만, 얼마나 효율적으로 만드느냐도 같이 살펴봐야 한다고 말하겠다. 그런 의미에서 복잡성에 대한 문제를 인식하고, 측정하고 개선해야 한다. 그런데, 복잡성을 수치화할 방법은 아직 없다. 그러니까 측정을 하더라도 다른 사람들이 그 결과에 공감해주지 않는 것이다. 왜 그럴까?

기업이라는 조직은 하나의 큰 시스템이다. 그 시스템에는 다양한 특성과 자신만의 고유치가 있다. 복잡성도 기업이라는 시스템이 가지고 있는 고유한 특성치다. 즉, 기업 내에 존재하는 내부 요인과 환경 요인의 함수로 구하게 되는 시스템의 특성치다. 물론 우리가 기엽 내의 모든 활동/자원 같은 요인을 모두 함수화할 수 없듯이, 그 결과물인 복잡성을 얻어내기는 불가능하다. 다만, 그것의 상대치를 매출이나 순이익이라는 결과물로 얻어낼 수 있을 뿐이다.

그러면, 복잡성을 관리한다는 것은 무의미할까? 필자는 그 수치를 억지로 구하려고 하거나 금액으로 산출하는 노력이 무의미할 뿐이라고 본다. 복잡성 관리는 기업에 반드시 필요한 활동이다. 단지, 그 중요도가 기업이라는 시스템의 규모에 따라서 다를 뿐이다. 그러니 복잡성 관리에 대한 필요성을 인지하고, 이에 대한 올바른 활동과 그 방향을 정의한 뒤 집중해야 한다.

(11) 시스템적 사고

필자가 담당한 모듈러디자인은 다양성을 관리함으로써 다양성 때문에 발생하는 복잡성으로 인한 문제를 해결하는 활동이다. 필자가 말하는 복잡성은 결국 '다양성이 유발하는 복잡성(variety-induced complexity)'이다. 아울러 3S와 같은 다양성 최적화 기법과 모듈러디자인을 구별하기 위해 3S 요소의 다양성을 직접 제어하는 방법으로, 모듈러디자인은 구성 요소들 간의 메커니즘을 조정한다고 표현했다. 즉, 'complexity = f(variety)'라고 표현한다면, 구성 요소의 다양성을 조정하는 것은 3S, 함수인 f를 조정하는 것은 모듈러디자인이다. 그런데, '학습하는 조직'에서는 복잡성을 두 가지로 나누어 보고 있다. '정적 복잡성'과 '동적 복잡성'이 그것이다.

피터 센게의 《학습하는 조직》은 다양성으로 인한 복잡성은 정적 복잡성이고, 요인들 간의 상관 관계와 인과 관계 때문에 발생하는 복잡성은 동적 복잡성이라고 본다. 그리고 동적 복잡성은 우리가 지금까지 논의한 다양성 관리의 수준을 넘어서고 있다고 본다. 다만, 그 해결책으로서 3S나 모듈러디자인처럼 어떠한 기법에 두기보다 전체를 조망하는 시스템 사고(system thinking)를 강조했다. 즉, 동적 복잡성은 단순히 요인에 대한 처방이 아니라, 요인들 간의 상호작용까지 고려하는 사고라는 점에서 시스템 사고는 모듈러디자인이나 3S보다 앞서야 하는 기본 요건이라고 본다.

결국, 필자가 대학에서 배웠던 시스템공학과 제어이론 등이 이런 식으로 다시 필자가 하는 일과 연결되는 것을 보니, 새삼 모든 공부는 연결되어있다는 말이 옳다는 생각마저 든다.

(12) 빼는 것도 기술이다

애플에 대한 공통된 의견 중 가장 많은 것이 "사용자 친화적이다"라는 것이다. 또 하나를 꼽아보라면 "단순함을 추구한다"는 것이다. 즉, 직관적이고, 단순하면서, 사용자들의 열광을 불러일으키는 제품이다. 그러면 왜 다른 기업들에서는 애플의 제품 같은 것을 만들지 못할까? 사실, 시스템 전체의 복잡성은 절대 없어지지 않는다. 다만 프로세스상으로 이동할 뿐이다. 그래서 사용자들이 겪을 복잡성을 줄이려면 기획자들과 제작자들이 그 복잡성을 감당해야 한다. 애플의 단순함도 결국 사용자들을 대신해서 애플이 그 복잡성을 감당했기에 가능했다.

예전에 타 회사에 근무하던 지인이 자신들이 만드는 제품의 기능들 중 하나를 빼자고 제안했다. 해당 제품을 구성하는 모듈/부품들 중 하나가 그 기능 때문에 늘어났기 때문이다. 지인은 그 기능이 쓸모 없다는 판단이 담당자들 사이에서도 지배적이었기에 일 처리가 쉽게 이루어지리라 봤다. 허나 높으신 분들은 그대로 가자고 했다. 그 기능을 없앴기 때문에 판매량이 예상보다 적었다는 지적이 나온다면 누가 책임질 것이냐면서 말이다. 그러나 이 기능 하나 때문에 복잡한 리모컨까지 만들어야 했고, 사용자에게 기능을 설명하는 데 필요한 복잡한 매뉴얼도 마련해야 했다. 결국 경쟁사가 먼저 그 기능을 뺐더니, 비로소 지인의 회사에서도 빼자는 결정이 내려졌다.

만약 독자들이 애플의 제품과 같은 제품을 만들기를 원한다면 불필요하다고 보는 기능을 과감히 뺄 수도 있어야 한다. 물론 그것 때문에 당장 소수의 소비자들이 외면할지라도, 그 기능이 제품의 복잡성을 높여 제품의 컨셉을 해치거나 복잡하게 만든다면, 결국 경쟁사만 이롭게 할 뿐이다.

제9장. 마무리

지금까지 모듈러디자인의 배경으로서의 복잡성에 대한 내용부터 시작하여, 모듈러디자인에 대한 방법론을 다룬 뒤, 다시 복잡성에 대해 다루었다.

모듈러디자인이 가지고 있는 목적과 원리는 단순하다. 최소의 자원과 역량으로 최대의 효과를 얻는 것이다. 그러나, 이해하는 것과 실행하는 것은 다르다. 모듈러디자인을 제대로 실행하려면 우리가 지금까지 알고 있던 제품 구조를 재정의해야 한다. 아울러 일하는 방식부터 조직 구조 같은 체계까지 바꿔야 한다. 물론 쉬운 일이 아니다. 그래서 제7장 '심화 주제'에서는 '전략으로서의 모듈러디자인'이라는 표현을 썼다. 실제로 폭스바겐은 자신들의 기업 전략들 중 한 축을 모듈러디자인으로 삼았다. 이것은 무엇을 의미할까?

모듈러디자인은 하나의 개인, 하나의 부서, 하나의 팀, 하나의 부문에서 단독으로 실행할 수 있는 수준의 일이 아니다. 결국 회사 전체가 모듈러디자인을 추진해야 한다. 이것은 경영진의 대폭적인 지원과 관심이 있어야 가능하다. 물론 어떠한 일의 프로세스를 만들고, 실행을 위한 활동을 구체화하는 것은 어렵지 않다.

다만, 그것을 지속적으로 추진할 수 있도록 제대로 된 지원과 관심을 제공해야 한다. 그러니 이 책을 읽고 느끼는 바가 조금이라도 있다면, 이 책을 상사에게 전해주자. 또한 상사가 느끼는 바가 있다면, 그것을 경영진에 전하자. 진정한 변화는 하의상달(bottom-up)과 상의하달(top-down) 모두를 포괄해야만 달성할 수 있다.

그렇다고 해서 모듈러디자인으로 단기간에 효과를 볼 생각을 하지 말자. 모듈러디자인은 사업의 체질을 바꾸는 활동이기 때문이다. 그래서 단기간에 성과를 보기가 힘들 뿐만 아니라, 오히려 '성과 지향'이라든가 '지표 위주' 관리를 하다 보면 잘못된 방향으로 흘러갈 수 있다. 그러니 구성원 전원이 느낄 수 있도록 모듈러디자인의 의미/취지를 교육시킴으로써 일하는 방식을 바꾸는 작업부터 해야 한다. 즉, 단기적인 성과보다는 장기적인 목표를 달성하는 것과 그에 따른 전략에 기반을 둔 활동을 해야 한다.

마지막으로 **"모듈러디자인은 은으로 만든 총알(Silver Bullet)이 아니다"**라는 말을 하고 싶다. 은으로 만든 총알은 흡혈귀를 한방에 잡을 수 있는 유일하고 완벽한 수단이다. 의역하자면 '만병통치약'인 것이다. 그러나, 아쉽게도 소프트웨어공학에서 나오는 문제들은 이렇게 하나의 방법론, 프로세스, 도구로 해결할 수 있을 만큼 단순하지 않다. 허나, 이 단순한 원칙은 어디에나 통용될 수 있다. 결국, 모듈러디자인은 당신의 문제를 해결할 수 있는 수단 중 하나이지, 모든 문제를 완벽하게 해결할 수 있는 은총알이 아니다. 오히려 모듈러디자인을 은총알이나 만병통치약이라고 생각하는 순간, 실패에 한 걸음 다가선 것이다.

사실, 모듈러디자인이 도움을 줄 수 있는 문제가 있고, 해결할 수 없는 문제도 있다. 이를 구별하는 것이 모듈러디자인을 도입할 때 제일 처음 해야 할 일이다. 앞에서 말했듯이, 망치를 가진 자는 모든 문제가 못으로 보이고, 톱을 가진 자는 모든 문제가 자르면 해결될 것으로 보기 마련이다. 모듈러디자인으로 달성하려는 목적을 확실히 정하고, 모듈러디자인이 그 목적에 맞는지 판단해보자. 그런 다음에 모듈러디자인을 실행할 때는 철저히 활동에 집중하자. 눈과 귀를 가리는 숫자 따위에 현혹되지 말자.

부록. 모듈러디자인 사례 연구

　모듈러디자인을 활용한 사례는 생각보다 많다. 필자는 그중에서 모듈러디자인의 개념을 이해하는 것을 도와줄 사례들을 추려서 정리했다. 먼저 2014년에 처음 소개된 이후 화제가 된 구글의 '조립식 스마트폰'인 아라 프로젝트로 모듈러디자인의 기본 개념을 다시 살펴보겠다. 그런 다음 이외의 사례를 묶어서 모듈러디자인을 활용하는 아이디어를 구할 수 있도록 하겠다.

1. 구글의 아라 프로젝트로 본 모듈러디자인

　"구글의 조립식 스마트폰 '아라Ara'가 연말 출시 예정인 가운데, 구글은 관련 하드웨어 모듈들이 기본 프레임과 동시에 출시될 수 있도록 온라인 매장 '아라 모듈 마켓플레이스'를 준비하고 있다." (CIO Korea, 2015년 1월 14일 자) 2015년 1월, 우리나라의 IT 관련 매체들은 구글의 조립식 스마트폰인 아라의 출시에 대해 일제히 보도했다. 이 당시 사람들은 아라의 성공과 실패의 가능성에 대해 다양한 의견을 내놓았다. 필자도 이 지면에 아라에 대해 모듈러디자이너의 입장에서 정리해보겠다.

(1) 모듈이란?

먼저 '모듈'에 대해 복습해보자. 모듈은 제품의 구조와 기능을 이루는 구성 요소다. 그래서 다음과 같은 조건을 갖춰야 한다.

① **모듈은 사전 정의된 인터페이스를 갖춰야 한다.** 여기서 말하는 인터페이스는 모듈, 그리고 모듈이 갖춘 물리적/전기적 특성 등과의 다양한 연결 관계를 의미한다. 인터페이스의 예는 다음과 같다. 예전에는 스마트폰을 충전하는 케이스의 핀 수가 다양했다. 그래서 필자가 친구 집에서 스마트폰을 충전하려고 해도 핀 수가 달라서 불가능했다. 바로 이 충전기의 핀 수도 인터페이스인 것이다. 현재는 핀 수가 다섯 개로 정리되었다. 즉, 스마트폰, 이북리더, 블루투스이어폰 등 많은 전자기기들의 충전기의 핀 수가 다섯 개로 통일되니 소비자들은 편리함을 누리고 있다.

결국, 제품의 구성 요소인 모듈들의 성격이나 기능성, 라이프사이클, 제조사 등이 다르다는 이유로, 그런 모듈들 간의 인터페이스마저 달라진다면 소비자들은 불편할 수 밖에 없다. 그러니 핀 수의 경우처럼 관계자들이 서로 협의하여 인터페이스를 조율/통일해야 한다. 이와 관련하여 스마트폰보다 더 대표적인 예가 PC이다. PC의 메모리, CPU, 그래픽카드, 사운드카드 등이 보드^Board에 연결되는 방식은 정해져있다. 즉, 정해진 인터페이스가 있다.

그래서 메모리, CPU, 그래픽카드, 사운드카드가 각기 다른 회사에서 만들어지고, 각각 발전할 수 있었던 것이다. 그렇다면, 사전에 정해진 인터페이스만 있으면 될까? 레고 블록을 보자. 레고 블록은 어떤 시리즈, 어떤 버전을 사도 그 안의 블록들은 재사용이 가능하다. 왜냐하면, 레고 블록이 가진 요철의 크기와 요철들 간의 간격이 동일하기 때문이다. 그렇다면, 레고 블록을 모듈이라고 봐도 될까? 아니다. 모듈이라면 다음 조건도 충족시켜야 한다.

② **모듈은 고유의 기능성을 갖춰야 한다.** 예를 들어, PC에서 사운드카드는 사운드 조정/관리 같은 기능을 담당한다. CPU는 주로 연산을 담당하고, 메모리는 휘발성 데이터를 저장한다. 즉, 각 모듈들은 이렇듯 고유한 기능을 갖춰야 한다.

(2) 제품아키텍처란?

구글은 아라 프로젝트를 공개하면서 현재 스마트폰이 가지고 있는 제품아키텍처를 바꾸고, 더 나아가서 산업 구조를 바꾸겠다는 생각을 가졌으리라. 사실, 제품아키텍처는 제품의 기능적 요소와 제품의 구조적 요소를 맵핑하고, 기능적 요소들 간의 인터페이스를 정의한 제품의 청사진이다. 그래서 제품아키텍처에는 구성 요소(기능/구조), 인터페이스, 그리고 그 제품을 만들고자 할 때 담았던 전략적 의도가 포함된다.

본문에서 설명했듯이 제품아키텍처는 크게 인티그럴아키텍처와 모듈러아키텍처로 나눌 수 있는 바, 그중 모듈러아키텍처는 기능에 대한 구성 요소와 구조에 대한 구성 요소가 1 대 1 맵핑 된 제품 아키텍처다. 그리고 제품아키텍처의 기본 구성 요소가 바로 모듈이다. 아울러 스마트폰을 만드는 회사들은 지금도 MPU, 메모리, 배터리 같은 핵심 부품을 제외하고는 하나의 회사에서 자신들의 제품아키텍처를 가지고 폐쇄적으로 스마트폰을 만든다. 그것은 스마트폰이 가진 성능 문제라든가 '통신 규약' 같은 제약 사항 때문에 인티그럴아키텍처를 갖출 수 밖에 없기 때문이다. 허나 구글은 이런 고정관념을 다음과 같이 바꿨다.

"성능에 대한 논란은 점차 줄어들어들 것이다. 즉, 최고의 성능보다 최적의 성능을 따지게 될 것이다. 제약 사항이 오히려 표준화된 환경을 만들어줄 것이다."

즉, 성능 최적화에 대한 모듈러아키텍처의 단점은 시간이 점차 해결해줄 것이라고 생각한 셈이다(그 대신 지금 당장은 최적화가 힘들기 때문에, 중저가에 맞출 수 밖에 없다). 결국, 구글이 아라를 만들면서 제일 먼저 한 일은 개별 회사가 가지고 있던 인티그럴아키텍처를 모듈러아키텍처로 변화시키는 것이었다. 즉, 제품을 구성하는 구조 단위이자 기능 단위인 모듈을 정의하는 것이었다. 그리고, 모듈들 간의 인터페이스를 정의하고 표준화했다.

이렇게 했던 이유는 아라폰을 만들려면 여러 업체들이 개별 모듈을 따로 만들어야 했기 때문이다. 물론 이 또한 구글 혼자서 모든 모듈을 다 만들 수는 없었기 때문이다. 그래서 구글은 모듈러아키텍처를 참여 업체들에 공개하고, 해당 모듈을 정해진 인터페이스대로 만들어달라고 요구했다. 예를 들어, 삼성이나 퀄컴 같은 MPU를 만드는 회사는 정해진 크기/규격/성능에 따라 MPU 모듈을 만든다. LG화학같은 배터리 업체도 구글이 정한 대로 배터리 모듈을 만든다.

이렇게 각각의 모듈 업체가 자신이 담당한 모듈을 만들면, 구글이 이들을 조립해 아라폰을 완성한다는 것이다. 결국, 제품아키텍처를 만든다는 것은 제품을 이루는 구성 요소들을 정의하고, 그러한 구성 요소들 간의 인터페이스를 정의하고, 아울러 구성 요소들 간의 룰이나 제약 사항 같은 정책까지 확정하는 것이다. 구글의 아라 프로젝트는 이러한 제품아키텍처 제작의 대표적인 성공 사례다.

(3) 아라 프로젝트의 제약 사항

그러나 본문에서 살폈던 모듈러아키텍처의 한계점은 아라 프로젝트에도 그대로 적용된다. 한 예로, 개별 회사가 만든 모듈들을 조립해보면 성능 문제가 발생한다. 하나의 업체에서 만들 때는 각각의 부품들이 하나의 성능 목표를 가장 잘 달성할 수 있도록 조립할 수 있었다. 그런데, 각각의 회사가 최소한의 룰에 따라 만들다 보니, 이들을 조립해 만든 제품의 성능은 이 모듈들 중 성능이 가장 안 좋은 모듈에 맞춰지게 된다.

그렇다고 해서 최적화하기도 힘들다. 각기 다른 회사들끼리 이미 정해진 룰에 따라 만든 이상 바로 그 룰을 깨지 않고는, 그러니까 제품아키텍처를 바꾸지 않고는 성능 최적화가 힘든 것이다. 그리고, 통신 규약 같은 제약 사항을 여러 모듈 제작 업체들이 어떻게 공동으로 조율하고 맞출 것인가? 또한, 핵심 모듈을 제조하는 업체가 참여를 거부한다면 프로젝트 자체가 무산될 수도 있다. 예를 들어,

MPU 모듈을 정해진 인터페이스 따라서 만들어야 하는데, 몇몇 메이저 업체가 수량이 얼마 안 되니 포기하겠다고 선언한다면 곤란할 것이다. 물론 구글은 이러한 상황에 대비해 모듈 업체들과 파트너십을 구축하는 등 대응책을 미리 마련했을 것이다.

(4) 구글의 의도에 대한 의견

마지막으로 구글이 의도하는 바를 따져보고 싶다. 예전에 IBM이 자신들의 컴퓨터 구조/아키텍처를 공개했을 때 가장 큰 이익을 본 업체는 핵심 부품 제조사인 인텔 등 CPU 업체, 삼성과 도시바 같은 메모리 업체, OS사인 마이크로소프트였다. IBM은 이 모든 것을 만들 역량을 갖췄지만, 자신들의 제품아키텍처를 공개하면서 제어할 힘을 잃었다. 결국 PC업체들은 필자가 예로 든 기업들처럼 핵심 모듈을 만드는 일부 업체를 제외하면 다들 단순 조립 업체로 전락했다. 구글은 IBM의 사례에서 많은 것을 배웠으리라고 본다.

이렇듯 구글이 실질적인 과실을 손에 넣으려면, 현재 디바이스 업체에 쏠린 힘을 분산시켜야 한다. 앞서 살펴봤듯이 제품아키텍처가 모듈러아키텍처로 전환되는 시점에서 산업 구조는 '통합 구조(integrated structure)'에서 '분산 구조(disintegrated structure)'로 전환된다. 디바이스 업체가 분화되면서 힘이 분산되는 것이고, 그리하여 지금과 달리 구글이 수익을 얻을 수 있는 구조로 변화하는 것이다. 그래서 구글이 모토로라를 인수하여 그들이 가진 특허권을 확보하려 했던 것이다(결국 실패했다). 구글은 두 번째 시도의 일환으로 디바이스 회사가 가진 힘을 분산시키려 했다. 즉, 산업을 분업화

(disintegrated structure)하려고 했다. 그 시작은 제품아키텍처를 모듈러아키텍처로 변환하는 작업이었다. 제품아키텍처의 구성 요소들 중 하나는 전략적 의도니까 말이다. 그 시도가 성공할지 실패할지 예측할 수 없지만, 장기적으로는 피할 수 없는 방향이리라. 이미 소비자들은 성능에 관심을 보이지 않고 있으니까 말이다.

(5) 문서 연구 – 프로젝트 아라의 모듈 개발자 키트(Project Ara Module Developer Kit)

〈프로젝트 아라의 모듈 개발자 키트〉는 아라폰의 모듈을 만드는 하드웨어 개발자들을 위한 문서다. 여기서는 프로젝트 아라Project Ara를 이해하는 데 큰 도움을 줄 문서라고 생각하여 소개한다. 먼저, 프로젝트 아라Project Ara의 의미를 살펴보자. Box 안에 원문의 내용을 소개하면서 필자가 번역을 붙였다.

> Project Ara is a platform for creating modular smartphones.
> 프로젝트 아라는 모듈 기반의 스마트폰을 만들기 위한 플랫폼이다.

여기서 플랫폼의 의미는 모듈 기반의 스마트폰을 만들기 위한 제품 레이아웃, 골격, 골격들과 모듈들 간의 인터페이스, 인터페이스에 대한 룰, 개발 툴킷 등을 모두 포괄하는 스마트폰 개발 환경이자 기반이다. 여기서 구성 요소인 '모듈'들은 스마트폰이 가진 기능을 제공한다. 이 모듈들을 스마트폰의 레이아웃을 결정하는 '엔도Endo'라는 골격에 부착/연결함으로써 스마트폰을 만든다. 그러니까 모듈러modular는 구성 요소인 모듈들을 조합하여 제품을 만든다는 측면에서 '모듈화'라기보다 '모듈 기반의'로 해석하면 적절하리라. 결국, 프로젝트 아라는 '모듈 기반의 스마트폰을 만들기 위한 개발 환경이자 기반'이다. 이 다음으로 중요한 개념이 줄여서 '엔도'라고 부르는 엔도스켈레톤Endoskeleton이다. 이에 대한 내용은 다음과 같다.

The Ara Endoskeleton(or "Endo") is the frame and backplane of the device, determining the size and layout of the phone. Ara modules slide in and attach to the Endo's slots, which has a backplane to electrically and logically connect modules together. There are currently three Endo size variants: Mini, Medium, and Jumbo, with varying rib configurations for each. Note that the MDK only details the specification of the Endo to the extent that it is necessary for module developers to develop modules. In the interest of maintaining the integrity of the Ara platform specification, third-party Endo development is not permitted.

아라의 엔도스켈레톤(이하 '엔도')은 스마트폰의 크기와 레이아웃을 결정하는 디바이스의 프레임이자 기반이다. 아라폰의 모듈들은 엔도가 제공하는 슬롯 형태의 인터페이스에 부착되고, 전기적/논리적으로 엔도를 통해 연결되어 있다. 엔도의 사이즈는 미니, 미디엄, 점보 등 세 종류로 나뉘며, 종류에 따라 모듈의 위치를 규정하는 리브rib라는 물리적 구성 요소가 다르다. 모듈 개발 툴킷은 모듈을 개발하고자 하는 모듈 개발 팀에 꼭 필요한 '엔도에 대한 사양'만을 다루고 있다. 아라 플랫폼의 사양의 무결성을 유지하고자, 제3자인 업체의 엔도 개발은 허용되지 않는다.

즉, 엔도는 앞서 설명한 모듈을 선택, 조합, 조립하는 데 기본이 되는 프레임이자, 이렇게 만들어지는 스마트폰의 등뼈인 셈이다. 결국 엔도가 스마트폰의 크기와 그 내부의 레이아웃을 결정한다. 프로젝트 아라는 크기가 각각 다른 미니Mini, 미디엄Medium, 점보Jumbo 등 세 가지 엔도를 제공한다.

엔도가 중요한 이유는 제품아키텍처에 표준화된 구조를 제공하기 때문이다. 또한 모듈의 부착 위치와 기계적/전기적 인터페이스를 정의한다. 그래서 엔도는 모듈처럼 여러 협력사들에 맡기지 않고, 프로젝트 아라가 직접 관리한다. 이는 엔도를 관리함으로써 제품아키텍처는 물론 아라 프로젝트의 아키텍처의 개념적 무결성까지 유지할 수 있기 때문이다. 그런데 독자들은 이 순간 '개념적 무결성이 뭐지?'라고 생각했을 것이다.

'개념적 무결성(Conceptual Integrity)'은 제품아키텍처를 결정할 때 제품의 기능/비기능적인 면을 반영하는 것은 물론, 제품아키텍처의 전략적 의도를 반영하는 것까지 의미한다. 사실, 제품아키텍처를 변화시키면 전략적 의도를 해치기 마련이다. 프로젝트 아라의 전략적 의도인 '모듈 기반의 스마트폰' 개념도 엔도를 관리하지 않으면 문제를 일으킬 수 있다. 예를 들면, 모듈을 만들더라도 조합이 안 된다거나, 조합이 이루어져도 예상했던 성능이 나오지 않을 수 있다. 그래서 이러한 의도를 해치지 않기 위해 개념적 무결성을 유지해야 한다는 것이다. 아마도 안드로이드 OS의 파편화 현상에서 배운 교훈이 반영된 것 같다. 안드로이드 OS의 소스가 공개되자 샤오미와 아마존 등은 자체적으로 안드로이드 OS를 커스터마이징하여 구글의 통제를 무력화시켰다.

머리말에는 다음과 같은 문장도 있다.

Users would be able to select modules from an online marketplace using a configurator that facilitates user choice and curates the configuration process to ensure that the selection of modules provides the expected system-level functionality.

사용자는 온라인 마켓에서 자율적으로 모듈을 선택/구매할 수 있다. 이 선택된 모듈들이 조합되어 만들어진 시스템 단계에서 정상적으로 기능하는지도 확인할 수 있다.

즉, 사용자는 자신이 원하는 기능을 가진 모듈을 온라인 마켓에서 구입하여 조합/조립함으로써 자신이 원하는 스마트폰을 만들 수 있다는 뜻이다. 여기서 모듈러디자인의 기본이자 중요한 개념인 '조합'이 등장한다. 그러니까 모듈러디자인의 특징이자 장점인 '최소의 모듈로 최대의 제품을 만든다'를 달성하기 위해 '모듈화(modularization or modularity)'와 '조합(mix & match or configuration)'이라는 두 가지 원리/도구를 이용한다는 것이다.

'모듈화'는 현재 제품의 구조를 모듈을 기반으로 재정의하고, 모듈들 간의 인터페이스도 정의한 뒤 표준화하는 과정이다. 즉, 모듈화는 모듈/제품이 만들어지기 전 단계에서의 활동이다. 구글은 지금까지 프로젝트 아라에서 이 작업을 해왔다. 헌데, 현재 제품은 모듈을 기반으로 만들어지지 않았다. 그렇기 때문에 현재 모듈화의 의미는 먼저 현재 존재하는 제품이 가진 혹은 가져야 할 기능을 분석하고 재정의하고 표준화한 뒤, 현재 제품아키텍처를 분석한 결과인 구조와 맞춰보고, 이를 그룹화함으로써 모듈들로 현재 제품아키텍처를 다시 표현하는 과정이다.

이러한 모듈화의 결과물은 제품을 구성하는 모듈들의 정의, 모듈이 가진 기능과 특성, 모듈들 간의 인터페이스 정의 등이다. 프로젝트 아라에서는 스마트폰의 기능을 분석한 뒤, 엔도라는 레이아웃 모듈을 기초로 삼아 제품아키텍처를 배터리 모듈, MPU 모듈, 카메라 모듈, 디스플레이 모듈 등으로 정의했다. 이 과정이 중요한 이유는 이후에 모듈화를 얼마나 잘했느냐에 따라서 제품 조합이 다양해지든지, 모듈들 간의 의존성이 높아지는지가 결정되기 때문이다. 아울러 제품아키텍처의 수명도 결정된다.

'조합'은 제품의 생산자나 소비자가 개별 모듈을 선택/조합하여 제품을 만드는 단계다. 일반적으로 '모듈 조합 제품 개발'이라고 표현한다. 이 단계에서는 기존 모듈을 외주로 제작하거나, 정의된 표준, 룰, 정책 등에 따라서 모듈을 개발/조합하여 제품을 만든다. 모듈화가 잘 이루어져있다면, 기존에 정의된 표준만 잘 따라서 조합하기만 해도 제대로 작동하는 제품을 완성할 수 있다. 그러나 제대로 작동하지 않을 수 있음을 고려하여 미리 컨피그레이터Configurator(옵션을 사용할 사람에게 해당 옵션과 관련된 제품/공정이 어떻게 변화했는지 보여주는 프로그램)로 제품을 시뮬레이션해볼 수 있어야 한다. 특히 스마트폰은 규격이나 성능에 대한 제약 사항이 많은 편이라, 미리 시뮬레이션해보거나, 추천 모듈 조합의 케이스를 제공해야 한다.

그러면 다른 주요 개념들도 살펴보자.

◂모듈

> Modules are the building blocks of an Ara phone. They are the hardware analogue to software apps. These are physical components that implement various phone functions. There are currently two major classes of modules : Front modules, which make up the front of the phone and generally provide user interaction or interface the display, receiver, microphone, etc., and rear modules, which provide the bulk of the phone's back-end(non-user facing) functionality. Front modules reach across the entire width of a particular Endoskeleton frame, while rear modules come in three standard sizes(1×1, 1×2, and 2×2. and can't into multiple frame sizes.
>
> 모듈은 아라폰의 구성 요소다. 모듈은 소프트웨어로 따지자면 앱과 같은 역할을 담당한다. 모듈은 다양한 폰의 기능을 구현할 수 있는 물리적 구성 요소다. 모듈은 폰의 어느 위치에 있느냐에 따라 프런트 모듈과 리어 모듈로 나뉜다. 프런트 모듈은 사용자와의 상호작용 또는 디스플레이, 마이크로폰, 스피커 등의 역할을 하는 모듈이다. 리어 모듈은 사용자와의 직접적인 상호작용을 담당하지 않는, 폰의 내부 지원 기능을 담당하는 모듈이다. 프런트 모듈의 너비는 엔도스켈레톤 프레임의 전체 너비와 동일하지만, 리어 모듈은 세 가지 표준 사이즈(1×1, 1×2, 2×2)로 이루어져있다.

모듈은 기능/구조 구성 요소다. 즉, 모듈화는 기능 구성 요소와 구조 구성 요소를 맞춰가는 과정이다. 그런데, 프로젝트 아라에서는 구조 구성 요소의 일환으로서 표준/룰로 구조를 미리 정의한 뒤, 하드웨어 기능만으로 모듈화했다. 물론 아라폰의 기본 구성 요소도 모듈이다. 기본적으로는 하드웨어 블록을 의미하며, 모듈 하나가 하드웨어의 주요 기능과 맞춰졌다. 모듈은 크게 프런트 모듈Front Module 과 리어 모듈Rear Module로 나눌 수 있다.

프런트 모듈은 스마트폰의 앞면에 있으며, 주로 사용자와의 상호 작용이 이루어지는 모듈이다. 이에 속하는 모듈은 스피커, 마이크로폰, 디스플레이다. 그리고 엔도의 크기, 즉 스마트폰의 크기에 맞춰서 크기가 정해진다.

리어 모듈은 스마트폰의 뒷면에 있는 모듈로, 사용자와 직접 상호 작용하지 않는 기능들이다. 이 모듈들은 세 가지 표준 사이즈(1×1, 1×2, 2×2)에 맞춰 만들어진다. 프로젝트 아라에서는 모듈의 크기와 위치를 소개하는 파설링스킴Parceling Schemes(구분 계획)을 제공한다. 모듈은 이에 맞춰 제작된다. 여기서 1×1, 1×2, 2×2 등 표준 사이즈의 블록은 길이 22밀리미터다. 즉, 모듈의 크기는 $22mm\times22mm$, $22mm\times44mm$, $44mm\times44mm$ 중 하나의 크기를 갖춘다. 필자는 이에 대해 스마트폰이 하드웨어 중심의 제품이라 구글이 하드웨어를 중심으로 모듈화하고, 물리적 크기/치수 등은 미리 표준화한 것이 아닌가 생각한다.

◢ 엔도스켈레톤(엔도)

앞서 설명했듯이 엔도는 스마트폰의 프레임이자 등뼈를 이루는 플랫폼과 같다. 엔도 안의 표준화된 인터페이스를 통해서 모듈들은 파워를 공급받거나, 전하거나, 전기적인 신호를 주고받는다. 엔도는 그 크기에 따라 미니, 미디엄, 점보로 나뉜다. 엔도는 프로젝트 아라에서 직접 관리함으로써 아라 플랫폼^{Ara Platform}의 개념적 무결성을 유지한다고 앞서 설명했다.

◢ 엔도 스파인^{Endo Spine}

A singular vertical feature that bisects the rear of the Endo and forms part of the module slots.

엔도 스파인은 엔도 뒷면의 구역을 구분하는 수직 형태의 기구물로서, 모듈과 연결되는 슬롯slot을 이룬다.

◢ 리브^{Rib}(엔도 리브^{Endo Rib})

Rib(Endo Rib) Horizontal features located either in the front or the rear of the Endo and forms part of the module slots.

리브는 엔도의 앞/뒷면을 구획하는 기구물로서, 스파인과 마찬가지로 모듈의 슬롯을 이룬다.

스파인과 리브는 아라폰 뒷면에 부착될 모듈들을 물리적으로 구분하는 바^{bar} 형태의 기구물이다. 스파인은 모듈들을 세로로 구분하는 기구물이고, 리브는 모듈들을 가로로 구분하는 기구물이다. 앞서 설명했던 모듈의 크기를 결정짓는 것이 스파인과 리브다. 스파인과 리브는 엔도와의 물리적 연결을 담당한다. 물리적 크기/위치에 대한 인터페이스 역할을 담당한다고 보면 된다.

◢ 좌표계(Phone Coordinate Axes) - X, Y, Z

The Ara platform uses the Android defined coordinate system. The Side-to-Side direction defines the X axis. The Top-Bottom direction defines the Y axis. The thickness direction defines the Z axis.

아라 플랫폼은 안드로이드에서 규정한 좌표계를 사용한다. 좌우측 방향은 X축을, 위-아래 방향은 Y축을 의미한다. 그리고, 두께 방향은 Z축을 의미한다.

아라폰에서는 안드로이드에서 정의된 좌표계를 사용한다. 즉, 스마트폰의 앞면을 기준으로 좌-우를 X축, 상-하를 Y축으로 정했고, 스마트폰의 바로 앞을 Z축으로 정했다. 기준 좌표가 중요한 이유는, 아라폰에서는 기구의 전체적인 방향을 표준화에 두었기 때문이다. 개별 모듈에 따라 기구를 설계해야 하기에, 사용하는 좌표계만이라도 통일되어야 한다.

◢ 인터페이스블록 Interface Block

다음은 모듈의 인터페이스를 담당하는 인터페이스블록에 대한 설명이다.

> The interface block is the area on the Endo and the modules where the electrical power pins and contactless data pads are located. (중략) The interface block hosts electrical, data, and RF connections between modules and the Endo. The Ara platform utilizes a contact-less inductive interface for high-speed data transfer between modules and the Endo.
>
> 인터페이스 블록은 엔도와 모듈에 있으며, 전력핀과 무접촉 데이터 패드를 가지고 있다. (중략) 인터페이스블록은 모듈들과 엔도 사이의 전기적/데이터적/RF(Radio Frequency)적인 연결을 담당한다. 아라 플랫폼은 엔도와 모듈 사이의 고속 데이터 전송을 위한 무접속 유도식 인터페이스를 활용한다.

모듈러디자인에서 가장 중요한 개념은 모듈이고, 모듈이 갖춰야 할 가장 중요한 특징은 ⓐ 기능적 응집성, ⓑ 모듈들 간의 독립성이다. 여기서 모듈들 간의 독립성을 갖추려면, 먼저 모듈들 간의 인터페이스가 정해진 형식을 갖춰야 한다. 즉, 모듈들 간의 인터페이스 표준화가 이루어져야 한다. 이에 해당하는 것은 엔도에 있는 인터페이스 블록이다. 개별 모듈들은 엔도의 인터페이스 블록과 전기적 신호를 주고받고, 파워를 공급받거나 제공한다. 물론 여기에 있는 아키텍처는 엄밀히 말하면 버스아키텍처^{bus architecture}이다. 그리고, 모듈들 전부 인터페이스블록 안에 있는 단자로 엔도플랫폼^{endo platform}과 통신한다. 즉, 아라 프로젝트에서는 인터페이스를 담당하는 인터페이스블록을 정의함으로써 구분하기도, 관리하기도 쉽게 한 것이다.

◢ 전기영구자석(Electro-Permanent Magnets, EPM)

> The Endo contains electro-permanent magnets(EPMs) to attach and secure each module. The EPMs are activated upon module insertion and deactivated by the user with an Android application.
>
> 엔도는 개별 모듈을 부착/체결하기 위한 전기영구자석을 가지고 있다. 전기영구좌석은 모듈을 삽입했을 때 활성화되고, 사용자가 안드로이드 애플리케이션을 통해서 비활성화한다.

엔도는 모듈과 전기적 신호 및 파워를 주고받기 위한 인터페이스 블록뿐만 아니라, 물리적으로 부착하기 위한 전기영구자석도 가지고 있다. 사용자는 안드로이드 앱으로 설치한 모듈을 활성화/비활성화할 수 있다.

사실, 아라 프로젝트는 엔도가 있기에 순수한 모듈러아키텍처라고 볼 수 없다. 순수한 모듈러아키텍처는 모듈들 간의 비중의 차이가 거의 없어야 하지만, 아라폰은 엔도가 플랫폼의 역할을 담당하기 때문이다. 정확히 말하면, 엔도라는 플랫폼을 가진 버스 타입$^{bus\ type}$ 모듈러아키텍처다. 엔도 내부에는 파워와 전기적 신호를 총괄하는 버스가 포함되어있고, 개별적으로 만들어지는 모듈들은 이 버스로 통신한다. 이는 안드로이드 OS와 비슷하다.

안드로이드가 정해진 룰에 따라서 개발자들이 앱을 자유롭게 개발한 뒤 안드로이드에 설치하여 구동하듯이, 엔도도 하드웨어 모듈을 설치하여 구동하는 방식이기 때문이다. 모듈들 간의 인터페이스는 크게 물리적 인터페이스, 전기적 인터페이스, 파워 인터페이스로 나눌 수 있다. 물리적 인터페이스는 파설링스킴^{Parceling Schemes}(구분계획)을 통한 표준화된 레이아웃(크기/위치)과 설치 후 위치를 고정하기 위한 전기영구자석이다. 인터페이스블록은 전기적 인터페이스와 파워 인터페이스의 역할을 담당한다.

모듈러아키텍처를 가진 대표적인 제품군이 IBM 호환 PC이다. 정확히 말하면 메인보드, 그래픽카드, 사운드카드, 파워, CPU, 메모리 등을 모듈화하여 공유하는 PC는 슬롯 타입의 모듈러아키텍처를 가지고 있다고 볼 수 있다. PC와 달리 아라폰은 모듈들 간의 인터페이스가 동일하다. 그래서 섹션 타입 중 버스 타입의 모듈러아키텍처를 가지고 있다.

아라폰은 PC와 겉모습도 다르다. PC에서 겉으로 드러나는 부분은 (모니터, 키보드, 마우스를 제외하고) 본체의 케이스다. PC의 다른 모듈들은 이 케이스에 장착된 채 외부로 들어나지 않는다. 그렇기 때문에 PC에서 디자인 요소를 고려해야 하는 구성 요소는 거의 케이스뿐이다. 그러나, 아라폰은 모든 모듈이 겉에 드러나기 때문에 단순히 모듈들 간의 인터페이스만 정의할 수 없다.

아라폰의 개별 모듈들은 여러 회사에서 만들어진 뒤 조합/조립된다. 그래서 아라폰은 모듈들의 디자인 요인을 포함하여 외관의 통일성을 확보해야 한다. 또한 조합을 해도 조립이 되도록 만들어야 한다. 이를 위해서 아라프로젝트에서는 '디자인 언어 가이드(design language guideline)'를 제공한다. 이는 모듈을 개발할 때 고려해야 하는 기하학적 요소와 CMF(색상[color], 재질[material], 마무리

[finish]) 요소들을 정해놓은 것으로, ⓐ 기하학적(geometric) 요소에 대한 가이드라인과 ⓑ CMF 요소에 대한 가이드라인으로 구성된다.

일단, 기하학적 요소에 대한 가이드라인에 대해서 살펴보면, 그 목적은 다음과 같다.

1. A softer form without sharp lines and edges is simple, iconic, and visually easy to understand
2. The shape enables modules to easily slide into a module slot
3. The form of the module is one that is friendly to hold and enjoyable to handle
   1. 날카로운 선이나 모서리가 없기에 좀 더 부드러운 형태는 단순하고 상징적이며 언뜻 보자마자 이해할 수 있다.
   2. 모듈을 모듈 슬롯에 쉽게 밀어 넣어 부착할 수 있다.
   3. 모듈의 형태는 잡기 편한데다 조작할 때 재미있도록 만들어졌다.

그리고 이 내용에 맞춰서 가이드라인과 CAD 템플릿을 제공하고 있다. 이 가이드라인은 사용자가 엔도를 조립하기 쉽고(조립성), 조작할 때 어렵다고 느끼지 않게 하려고(조작용이성) 모듈들이 지켜야 할 최소한의 항목들로 구성되어있다. CMF에 대한 가이드라인은 모듈의 룩앤필Look & Feel, 즉 모듈의 겉모습에서 사용자가 느끼는 요소에 대한 것이다. 물론 CMF라는 말이 의미하듯이 모듈의 색상, 재질, 마무리에 대한 것이다. 아라폰의 모듈들은 모듈베이스module base,

PCB(printed circuit board), 실드^{shield}로 구성되어있다. 이들 중 겉으로 드러난 모듈베이스, 인터페이스블록 PCB, 모듈 쉘^{module shells}은 〈프로젝트 아라의 모듈 개발자 키트〉에 나오는 CMF에 대한 가이드를 따라야만 한다.

그러면 이쯤에서 필자의 생각을 정리해보겠다. 모듈이 가져야 할 중요 특성을 두 가지 꼽으라면, 필자는 '모듈 내의 기능적 응집성'과 '모듈들 간의 독립성'을 들 것이다.

모듈 내의 기능적 응집성이 확보되어야 전문적인 지식과 기술을 가진 회사가 그에 맞춰 최상의 성능을 가진 모듈을 만들 수 있다.

모듈들 간의 독립성은 모듈들 간의 인터페이스를 표준화함으로써 이룰 수 있다. 인터페이스는 일종의 약속이기 때문이다. 그렇기 때문에 인터페이스를 지키면 모듈을 개별적으로 만들더라도 이후 조합/조립 과정에서 문제가 발생하지 않는다. 그리고, 인터페이스 표준화가 이루어져야 모듈 개발/조합의 독립성이 확보될 수 있다. 카메라 모듈과 메모리 모듈들 간의 인터페이스가 엔도 내의 버스^{bus}를 통하지 않고 이루어지면, 카메라 모듈 개발자와 메모리 모듈 개발자는 각자의 개발 작업 때마다 교류를 해야만 할 터인데, 이는 나중에 조합에 대한 제약 사항이 될 수 있다. 이에 대한 부분이 인터페이스블록 및 전기영구자석과 '기하학적 디자인 언어 가이드라인(Geometric Design Language Guideline)'에도 포함되어 있다.

모듈들 간의 독립성이 확보된 상태에서 해결해야 할 문제는 조합/조립된 최종 제품의 성능과, 겉으로 보이는 일관성 있는 이미지다. 앞에서 이야기한 '기하학적 디자인 언어 가이드라인'과 'CMF 디자인 언어 가이드라인(CMF Design Language Guideline)'의 역할이 바로 제품이 조잡하거나 지저분해 보이지 않도록 일관성 있는 이미지를 갖도록 하는 것이다.

모듈러디자인의 장점 중 하나는 모듈별 특성에 맞춰 활동을 정의/기획/개발/운영할 수 있다는 점이다. 어떤 모듈은 동일한 성능과 긴 기술사이클을 가지고 있어서 세대 간의 공용화를 하기 좋다. 이런 모듈에 대해서는 지속성(carry-over)을 기본적으로 고려하여 기획/개발/운영하면 된다. 또 어떤 모듈은 자주 고장이 나기 때문에 애프터서비스(A/S) 요청이 잦은 바, 이에 대한 고려를 우선한다. 이처럼 시장, 기술, 생산 같은 요인을 고려하여 제품 구조를 모듈 기반으로 재정의하면 제품의 다양한 비기능적 요구 사항을 적은 비용으로 만족시킬 수 있다.

◂ 모듈 내 레이아웃 표준화

지금까지 모듈들 간의 기구적인 인터페이스를 살펴봤다면, 그 다음에는 모듈 내부의 레이아웃을 돌아보자. 모듈은 베이스base, PCB, 실드shield, 쉘shell로 이루어져 있으며, 이로한 구성 요소의 재질, 위치, 크기 등에 대한 내용을 담았다. 그래서 모듈들 간의 인터페이스 표준화도 중요하지만, 모듈 내의 레이아웃의 표준화도 중요하다. 레이아웃을 표준화하면 하위 부품들을 한층 편하게 공용화할 수 있고, 설계 자원도 공용화할 수 있다. 무엇보다도 모듈들 간의 인터페이스 표준화를 손쉽게 하기 위해서 모듈 내의 레이아웃의 표준화를 먼저 이루어야 한다.

컴포넌트 혁신(component innovation) vs. 아키텍처 혁신(architecture innovation)

모듈들의 기능이 발현되도록 하기 위한 네트워크, 파워, 소프트웨어에 대한 이야기가 나온다. 기술적인 내용이 많다. 마지막에는 아라폰을 작동시키기 위한 규약/제약 사항에 대해 정리되어있다. 다양한 업체들이 참여하는 '외부적 모듈성(External Modularity)'을 추진하고 있는 아라 프로젝트는 두 가지 상반된 상황을 해결해야 한다.

먼저, 개별 회사가 독립적으로 모듈들의 성능 향상을 이루어야 한다. 즉, 이렇게 독립적으로 만들어진 모듈들을 사용자가 자유롭게 조합한 아라폰이 잘 작동해야 한다. 이때 중요한 것이 최소한의 약속인 표준/정책/제약 사항이다. 그러니까, 모듈 개발사에 자신들의 역량을 구성 요소(component) 단위로 집중시키되, 아라 프로젝트에서 지정된 약속을 지키라는 것이다. 이것은 컴포넌트 혁신과 아키텍처 혁신을 분리하는 전략을 펴기 위함이기도 하다.

사실, 아키텍처 혁신은 긴 시간이 필요한 어려운 작업이다. 그렇기 때문에 상대적으로 짧은 시간과 적은 역량만 있으면 되는 컴포넌트 단위의 혁신으로 분리하는 것이다. PC의 사례에서 봤듯이 CPU 업체, 메모리 업체, 그래픽카드 업체 등이 각자의 전문성을 살려 컴포넌트 단위로 혁신을 거듭해온 끝에, 초기에는 모듈러디자인을 채용함으로써 떨어졌던 PC의 성능을 현재의 수준까지 끌어올렸던 것과 같은 효과를 노리는 것이다.

이렇게 하면 사용자도 모듈 단위의 세부적인 강건성(rigidity)과 전체적인 유연성(flexibility)을 얻을 수 있다. 사실, 모듈 단위로는 지켜야 할 것도 많고 제약도 많다. 하지만 이렇게 견고한 모듈들이 모이고 조합되면 사용자는 좀 더 다양하고 유연한 선택을 할 수 있고, 구글도 전략적인 면에서 좀 더 많은 유연성을 가질 수 있다.

◂ 아라 모듈 판매 장소(Ara module marketplace)

> Ara Module Marketplace is an e-commerce portal that enables a two-sided market between module developers and consumers.
>
> 아라 모듈 판매 장소는 모듈 개발자와 소비자 간의 양면 시장 형태의 전자상거래 사이트다.

구글플레이나 애플의 앱스토어처럼 모듈을 개발사와 사용자가 매매할 수 있는 공간이다. 구글에서는 모듈을 앱처럼 등록할 때 몇 가지 준수 사항과 양식을 제출하도록 하고 있다. 이러한 점은 점차 많은 개발사들이 참여하고, 그에 따라서 사용자들의 수도 증가하며, 그에 맞춰 다시 더 많은 개발사들이 참여함으로써 아라폰의 성능과 기능이 더욱 다양해질 때 유용하리라.

[참고] http://www.projectara.com

2. 모듈러디자인 활용 사례

(1) 가구 - LINA의 문체이스라운지^{moon chaise lounge}

"정해둔 종류와 수의 모듈을 기반으로 사용자가 원하는 형태의 제품을 직접 조합해 만든다."

슬로베니아의 가구 회사인 LINA의 문체이스라운지는 소비자가 정해진 모듈들을 제공받아 그 활용 목적에 맞춰 조합해 사용하는 가구다. 소비자는 모듈들을 일반적인 소파의 형태로 조립할 수 있고, 의자나 테이블, 독서의자 등으로 조립할 수도 있다.

이 사례에서 소비자는 회사가 어떤 모듈을 제공하고, 그 모듈을 어떻게 조립해서 쓸 수 있는가에 관한 기획 단계에서는 참여할 수 없다. 즉, 구입 후 활용하는 단계에서 고객이 관여할 수 있다. 그리고, 모듈이 정해진 상태이기 때문에 활용 방법도 한정된 편이다.

ⓐ 모듈러디자인 활용 목적 - 사용자가 제품을 원하는 바에 따라 다양하게 사용할 수 있음

ⓑ 모듈 정의 시점 - 제품 기획 단계

ⓒ 고객 관여 시점 - 사용 시점

[참고] http://www.designboom.com/design/moon-chaise-lounge-lina-lovethesign-05-28-2015/

(2) 산업용 계측기 - 하니웰의 스마트라인^{SmartLine}

"유지/보수와 서비스에 모듈러디자인의 장점을 활용한 B2B 산업

적용 사례다."

모듈러디자인을 도입한 뒤 설계/개발/운영상의 이점을 찾기 마련이다. 하니웰은 '유지/보수의 용이성'을 위해서 모듈러디자인 컨셉을 활용했다. 구조, 모듈, 부품을 공용화하면 개발 시에도 유리하지만, 제품의 라이프사이클상에서 사용되는 부품, 서비스 단계에서 수리하는 데 필요한 부품과 수리 방법, 업그레이드 방법 등을 표준화할 수 있다. 이는 재고 절감, 수리에 필요한 인원 수 절감, 수리 비용 절감 같은 효과로 이어진다. 하니웰의 경우, 이런 효과를 얻기 위해서 모듈러디자인 컨셉을 활용했다.

산업용 계측기의 경우, 일반 소비재와 달리 제품의 종류가 다양하지는 않은 편이다. 하지만 한번 만들면 상대적으로 오래 사용하게 된다. 아울러 고객에 따라 다른 제품을 구입할 경우 오히려 그 유지/보수와 업그레이드에 대해서도 고려해야 한다. 하니웰은 모듈러디자인을 도입해 유지/보수와 업그레이드 방법을 표준화함으로써 장기간 부품을 보유할 때 재고를 줄여 비용을 절감했다.

ⓐ 모듈러디자인 활용 목적 – 유지/보수 및 서비스가 쉬워짐

ⓑ 모듈 정의 시점 – 제품 기획 단계

ⓒ 고객 관여 시점 – 없음

[참고] http://www.arcweb.com/Blog/Post/566/Honeywell%E2%80%99s-SmartLine-Range-Features-Modularity-to-Simplify-Maintenance

(3) 스마트폰 케이스 – 넥스팩^{Nexpaq}

필자가 개인적으로 모듈러디자인 컨셉을 제대로 도입한 구글 아라폰보다 더 현실성이 있다고 생각하는 상품이다. 넥스팩은 특이하게도 스마트폰의 케이스에 모듈러디자인을 도입한 상품이다. 스마트폰의 제조사/크기와 상관없이 활용할 수 있고, 기존 스마트폰에도 적용할 수 있다. 제품의 아키텍처를 준수하는 다양한 기능을 제공하는 모듈을 교체함으로써 기존 스마트폰에 확장된 기능을 제공할 수도 있다.

    ⓐ 모듈러디자인 활용 목적 – 제품의 업그레이드, 재구성, 확장이 쉬워짐

    ⓑ 모듈 정의 시점 – 제품아키텍처 정의 단계

    ⓒ 고객 관여 시점 – 사용 시점

[참고]　http://www.nexpaq.com/shop/

(4) 시스템 에어컨 – 미쓰비시의 모듈러 칠러^{modular chiller}

시스템 에어컨은 일반적으로 아파트나 공장에 들어가는 대규모 공조 시스템이다. 그래서 매장에서 판매하는 룸 에어컨과 달리 건물의 시공 단계 때 견적을 받아 설치한다. 전형적인 B2B 사업이라 고객의 요구 사항에 따라 제품을 달리해야 한다.

미쓰비시의 모듈러 칠러는 정해진 용량을 맞추기 위한 모듈들을 미리 만들어둔 뒤, 고객이 원하는 용량에 따라 이러한 모듈들을 조합하는 식으로 완성된다. 모듈러디자인을 도입하기 전에는 고객에

따라 다양한 용량의 다양한 제품을 만들어야 했다. 하지만 이 컨셉을 활용하면 내부적으로 단위 모듈만 만들어두면, 소비자에 맞춰 용량을 다르게 해야 하더라도 내부적인 개발/운영효율성을 최적화할 수 있다.

  ⓐ 모듈러디자인 활용 목적 - 모듈 조합을 통해 고객이 원하는 제품을 효율적으로 제공함
  ⓑ 모듈 정의 시점 - 제품아키텍처 정의 단계
  ⓒ 고객 관여 시점 - 주문/구입시점

[참고] http://www.racplus.com/news/mitsubishi-launches-modular-chiller-range-in-uk/8684291.article

(5) 집 - 포스코의 모듈러하우스

  새 집을 불과 '몇 주' 안에 만들 수 있다면 믿을 수 있겠는가? 기반 다지기나 상하수도/배선 공사 등 기초 공사를 제외하더라도, 집의 구성 요소들을 모듈 형태로 공장에서 미리 만든 뒤 이것을 조합/시공한다면 소비자가 원하는 형태의 집을 신속히 만들 수 있다. 이것이 바로 최근 언급되는 모듈러하우스다. 우리나라에서는 보통 펜션촌이나 별장을 만들 때 주로 활용된다. 즉, 모듈러하우스는 미리 설계하고 만들어놓은 기본 모듈과, 이를 조합하는 주택의 제작 시점을 분리함으로써 최소의 자원으로 최대의 고객 만족을 이끌어낸다.

  ⓐ 모듈러디자인 활용 목적 - 건축 기간 및 건축 비용 최소화

ⓑ 모듈 정의 시점 - 제품아키텍처 정의 단계

ⓒ 고객 관여 시점 - 주문/구입 시점

[참고] http://danmee.chosun.com/site/data/html_dir/2013/04/16/
2013041601826.html

(6) 가전 제품 - 하이얼의 모듈러디자인 활용

모듈러디자인 컨셉을 잘 활용하고 있는 가전 업체 중 하나가 바로 중국의 하이얼이다.

하이얼의 첫 번째 사례는 앞서 소개한 미쓰비시의 모듈러칠러와 유사한 모듈화된 시스템 에어컨이다. 하이얼은 시스템 에어컨의 사양을 인터넷 쇼핑몰인 알리바바의 홈페이지에 고객이 직접 입력할 수 있게 했다. 이는 미리 제작된 모듈을 조합하여 고객이 원하는 성능에 대응할 수 있도록 사전에 설계했기 때문에 가능하다. 이는 '모듈 조합 제품 판매'의 대표적인 사례이기도 하다.

두 번째 사례는 모듈러 텔레비전이다. 텔레비전의 뒤에 장착된 회로부인 키트만 교환하면 제품을 새롭게 구입하지 않고도 텔레비전을 업그레이드 할 수 있다. 이는 LCM과 기구, 회로부와 소프트웨어를 분리하여 텔레비전의 업그레이드를 쉽게 한 사례다.

ⓐ 모듈러디자인 활용 목적 - 모듈 조합을 통해 고객이 원하는 제품을 효율적으로 제공

ⓑ 모듈 정의 시점 - 제품아키텍처 정의 단계

ⓒ 고객 관여 시점 - 주문/구입시점

하이얼의 인터커넥티드 팩토리는 중국의 "국가 선진 생산 전략(Made in China 2025)"의 가전 산업 분야의 첫 번째 시도로서, 모듈화/자동화된 조립 생산 공장이다. 아울러 운영효율성도 높이기 위해 자동화 및 정보통신(IT) 기술을 적용했다. 그 구성 요소는 다음과 같은 세 가지로 나눌 수 있다.

1. 사용자를 위한 맞춤형 주문 시스템(Public Foreign Exchange) - 하이얼의 프런트엔드Front-end의 사용자 인터액션 플랫폼(front-end user interaction platform)이 그것이다. 이 플랫폼으로 선택된 옵션에 따라 제조되며, 해당 제조 과정도 모니터링할 수 있다.

2. 하이다 소스(Haida Source) - 모듈 프로바이더 리소스 플랫폼module provider resource platform이다. 하이얼이 제시하는 모듈의 규격/성능/품질에 맞춰 모듈을 제작해 제공할 수 있는 1차 공급자가 등록하고, 사용자가 선택/주문한 모듈을 공급, 그 결과를 평가 받는 플랫폼이다. 애플의 앱스토어 같은 역할을 한다(2015년 3월 자기 등록 모듈 공급자 수 3,700명에, 주문 건수는 2,000여 건).

3. 인터커넥티드 모듈 팩토리Interconnected Modular Factory - 위에 설명된 두 가지 플랫폼을 지원하는, 모듈화/자동화된 조립 생산 공장이다. 효율성을 높이기 위해 자동화 및 정보통신(IT) 기술을 적용한다.

즉, 하이얼이 자신들의 제품아키텍처 규칙/제약 사항을 제시하면, 이에 맞는 모듈을 공급자가 하이다 소스 플랫폼에 등록한다. 그러면 사용자가 프런트엔드에 있는 '사용자를 위한 맞춤형 주문 시스템' 플랫폼에서 자신이 원하는 사양에 맞는 모듈을 선택/주문한다. 그러면 하이얼은 해당 모듈을 만드는 공급자에게 주문, 이를 공급받아 인 터커넥티드 모듈 팩토리에서 조립하여 사용자에게 납품한다. 그리 고, 이 과정을 사용자는 모두 모니터링할 수 있다.

[참고] http://www.bendijin.net/feed/en_1404882/http://www. apparecchielettrodomestici.it/2015/01/07/haier-modular-tv-la-smart-tv-in-continua-evoluzione/http://www.casa163.com/2015/03/12/haier-the-world-premiere-of-industry-40-strategic-sample-internet-factory-11613. html/http://www.alibaba.com/product-detail/Haier-modular-design-high-efficiency-air_1194709457.html

(7) 스마트디바이스 – 블록 스마트워치, 퍼즐폰 등

구글 아라폰 등 많은 스마트디바이스들이 모듈러디자인 컨셉을 활용했다. 사실상 구글 아라폰의 뿌리인 폰블록스Phone-Bolox는, 디자 이너인 데이브 하켄즈가 스마트폰의 일부 부품이 망가졌는데도 기 기 전체를 교체해야만 했던 불합리한 경험 때문에 기획한 컨셉이다. 폰블록스가 제품으로 출시되지는 않았지만, 모듈러디자인 컨셉 을 스마트폰에 적용하면 어떨까라는 문제 인식을 심어주었다. 아라 폰은 서큘러 디바이시즈Circular Devices라는 업체가 제안한 모듈형 스 마트폰 프로젝트인 퍼즐폰PzzlePhone으로 하드웨어의 기능 전부를 모듈화한 것이다. 그와 달리 폰블록스는 LCD를 베이스로 배터리 모 듈과 프로세싱 모듈만 교체함으로써 스마트폰의 성능을 업그레이 드할 수 있다는 컨셉이다. 이는 넥스팩Nexpaq과 같은 스마트폰 케이 스에 모듈러디자인 컨셉을 접목함으로써, 무선 충전식 모듈을 비롯 한 소형 신규 컴포넌트를 슬롯에 붙이거나 떼는 식으로 스마트폰의 기능을 확장할 수 있다.

다른 예로 시계 본체에 코어 모듈을 탑재하고, 시계 체인 하나하나가 확장 기능을 제공하는 모듈 역할을 담당하는 셈이다. 즉, 체인을 이루는 모듈의 종류를 달리함으로써 스마트워치의 기능을 커스터마이징할 수 있다. 감상하는 음악 스타일마다 헤드폰 유닛을 달리함으로써 음악의 종류에 따라서 최적의 음질을 제공할 수 있는 제품을 만들 수 있다. 이 뿐만 아니라, 헤어밴드 등의 디자인 요소도 취향에 따라서 커스터마이징할 수 있다. 즉, 모듈러디자인 컨셉을 활용한 스마트기기들은 모두 고객 맞춤형 기기를 제공한다.

[참고]　http://www.ciokorea.com/news/25516

(8) 자동차 – 도요타자동차의 TNGA 사례

필자는 모듈러디자인 컨셉을 가장 잘 활용하는 기업이 폭스바겐이라고 본다. 아울러 도요타자동차도 모듈러디자인 컨셉을 활용한 제품 전략을 발표했다. TNGA(Toyota New Global Architecture)가 그것이다. 이전까지는 유사 영역 내의 차량의 설계/공정을 공통된 플랫폼에 따라 표준화/공용화하여 운영효율성을 극대화하는 플랫폼 전략이 일반적이었다.

TNGA는 한발 더 앞서 영역들 사이에서도 같은 플랫폼으로 운영할 수 있는 제품아키텍처다. 물론 폭스바겐의 모듈러 전략을 비롯해, 르노닛산의 CMF(Common Module Family), 마쓰다의 커먼아키텍처(Common Architecture), FCA의 CUS-Wide도 모듈러디자인으로 플랫폼을 통합함으로써 운영효율성을 극대화했다.

도요타는 연간 1000만 대 이상의 자동차를 생산한다. 그렇기 때문에, TNGA로 플랫폼을 통합함으로써 상당한 비용 절감 효과를 이루리라 예상한다. 도요타는 이전에는 기존 차량과 20~30퍼센트의 부품을 공용화했다. 그런데 TNGA를 활용하면 70~80퍼센트의 부품을 공용화할 수 있고, 이로써 개발비를 20~30페센트나 절감할 수 있다고 전망했다. 도요타의 TNGA의 모토는 "한 개의 핵심 플랫폼으로 통합을 이루면서 다수의 파생차들을 개발한다"는 것이다.

이를 위해서 밸류체인value-chain상의 활동을 재정의해놓았다. 간단히 살펴보면, 상품 기획 부서에서는 '고객의 요구에 맞춰 제품군을 분류하는 방식'을 도입하고, 연구개발 부서에서는 엔진을 비롯한 주요 모듈을 표준화하고, 이를 기반으로 구매/조달 부서에서는 부품을 일괄 구매하는 등 계열 부품업체들의 사업을 재편한다고 발표했다. 생산과 관련하여 저비용/고효율 생산 라인을 구축해 투자비를 절감하고 유연성이 강화된 새로운 공장을 건설한다. 그리고 이러한 밸류체인상의 변화를 주도하기 위해 TNGA 기획부를 성능/아키텍처, 플랫폼 모듈, 제품 전략 등 세 개 분야로 나누어 구성했다고 한다.

[참고] http://auto.naver.com/magazine/magazineThemeRead.nhn?seq=11477

(9) 자동차 – 폭스바겐의 모듈러 툴킷 전략

폭스바겐의 모듈러 툴킷 전략은 모듈러디자인을 기업의 전략에 의해 실제로 성과로 연결시킨 성공 사례다. 앞서 도요타자동차의 사례에서 보듯이, 일반적인 자동차 회사의 제품 전략은 플랫폼 전략이다. 그런데, 폭스바겐은 왜 모듈러 툴킷 전략을 만들고, 기업 전략으로까지 활용했을까? 일단, 독자들은 폭스바겐이 만드는 자동차 브랜드가 몇 종이나 되는지 아는가? 폭스바겐[VW], 아우디[Audi], 세아트[SEAT], 스코다[Skoda], 벤틀리[Bentley], 부가티[Bugatti], 람보르기니[Lamborghini], 포르쉐[Porche], 두가티[Ducati], 만[MAN], 스카니아[Skania] 등이다. 이들 중에서 만과 스카니아는 주로 상용차를, 벤틀리는 최고급차를, 람보르기니와 포르쉐는 스포츠카를, 폭스바겐은 일반 대중용 차를, 스코다는 경차를 만든다. 이를 위한 플랫폼만 따져도 수십 개에 이를 것이다.

폭스바겐은 영역별로 플랫폼들 간의 부품/모듈을 공용화할 수 있다면, 상당한 비용 절감과 그에 상응하는 효과를 얻을 수 있으리라 본 것이다. 이를 위해 도입한 개념이 모듈러 툴킷 전략이다. 기본적으로 엔진 위치 같은 차량 특성에 따라 모듈러 툴킷을 MQB(Modular Transverse Toolkit), MLB(Modular Longitudinal Toolkit), NSF(New Small Family), MSB(Modular Standard Toolkit) 등으로 나누어 적용하고 있다. 즉, 공용화가 가능한 수준에 따라 툴킷을 달리 적용한 것이다. 이러한 점이 다른 모듈러디자인 사례와 가장 큰 차이점이다.

요점 정리

▴모듈러디자인을 활용한 사례는 우리 주변에도 다양하다.

▴고객 맞춤형 제품을 제공하고, 서비스/재구성/업그레이드/확장용이성과 운영효율성을 추구하기 위해 모듈러디자인을 활용한다.

참고 문헌

[1] 히노 사토시, 실천 모듈러디자인 : 21세기 부품 공용화 전략 및 실제혁신기법, G-MIC 지믹컨설팅.

[2] 스즈에 도시오, 21세기 지향 코스트전략(Cost Half Project), 한국산업훈련연구소.

[3] K. T. Ulrich, Product Design and Development, McGraw-Hill.

[4] M. H. Meyer, The Power of Product Platforms : Building Value and Cost Leadership, Free Press.

[5] 액센츄어, R&D 혁신의 기술 : R&D 혁신을 위한 7가지 핵심 실행 전략, 에이콘.

[6] M. E. McGrath, Next Generation Product Development : How to Increase Productivity, Cut Costs, and Reduce Cycle Times, McGraw-Hill.

[7] S. A. Wilson, Waging War on Complexity Costs : Reshapre your cost structure, free up cash flows, and boost productivity by attacking process, product, and organizational complexity, McGraw-Hill.

[8] A. Eager, "Modular Design Playbook : Guidelines for Assessing the Benefits and Risks of Modular Design," Corporate Executive Board.

[9] K. Holtta-Otto, "Modular Product Platform Design - TKK Dissertations 10," %1 Helsinki University of Technoloav.

[10] F. Borjesson, "Approaches to Moduarity in Product Architecture," %1 KTH Machine Design.

[11] A. K. Kamrani, Product Design for Modularity, Kluwer Academic Rublishers.

[12] A. Ericsson, Controlling Design Variants : Modular Product Platforms, Society of Manufacturing Engineers.

[13] G. Erixon, "Modular Function Deployment - A Method for Product Modularisation," %1 The Royal Institute of Technology.

[14] P. Belliveau, The PDMA Toolbook for New Product Development Volume 1., Wiley.

[15] R. G. Cooper, Dr. Cooper와 Edgett의 일곱 가지 신제품 개발 황금 법칙(Lean, Rapid and Profitable NPD), 한국산업기술진흥협회(KOITA).

[16] T. Kynkaanniemi, "Product Roadmapping in Collaboration," %1 VTT Publications.

[17] L. Gorchels, The Product Manager's Handbook : Winner of The Excellence In Thought Leadership Distinction, McGraw-Hill.

[18] R. Pedersen, "Product Platform Modelling : Contributions to the discipline of visual Product Platform modelling," %1 DTU Management Engineering.

[19] M. L. George, Conquering Complexity In Your Business : How Wal-Mart, Toyota, and Other Top Companies Are Breaking Through the Ceiling on Profits and Growth, McGraw-Hill.

[20] M. E. McGrath, Product Strategy For High Technology Companies : Accelerating Your Business To Web Speed, McGraw-Hill.

[21] R. G. Cooper, Product Leadership : Pathways to Profitable Innovation, Basic Books.

[22] M. Marti, omplexity Management : Optimizing Product Architecture of Industrial Products, %1 DISSERTATION of the University of St. Gallen.

[23] P. Belliveau, The PDMA Toolbook for New Product Development Volume 2., Wiley.

[24] R. G. Cooper, Portfolio Management for New Product 2nd, Basic Books.

[25] 제럴드 와인버그, 테크니컬 리더 : 혁신, 동기부여, 조직화를 통한 문제 해결 리더

십(Becoming a Technical Leader), 인사이트.

[26] M. A. Schilling, Strategic Management of Technological Innovation 3rd Edtion, McGraw-Hill Korea.

[27] R. G. Cooper, Winning at New Products : Accelerating the Process from Idea to Launch Second Edition, Addison Wesley.

[28] U. Lindemann, Structural Complexity Management : An Approach for the Field of Product Design, Springer.

[29] C. Y. Baldwin, Design Rules Volume 1. The Power of Modularity, The MIT Press.

[30] 최동만, 성공적인 신제품 개발전략, 청림출판.

[31] 박창규, 알기쉬운 기술경영(Management of Technolongy), 신론사.

[32] 김정홍, 기술 혁신의 경제학 제3판(The Economics of Innovation), 시그마프레스.

[33] K. Ehrlenspiel, Cost-Efficient Design, Springer.

[34] T. W. Simpson, Product Platform and Product Line Design : Methods And Applications, Springer.

[35] 김명관, 연구기획평가실무자를 위한 R&D기획(R&D Planning), 한국산업기술진흥협회(KOITA).

[36] 야마모토 히사토시, MOT 관점에서 본 실전적 기술 전략(Management of Technology : MOT), 시그마프레스.

[37] A. Griffin, The PDMA Toolbook for New Product Development Volume 3., Wiley.

[38] M. Kratochvil, Growing Modular : Mass Customization of Complex Products, Services and Software, Springer.

[39] 이순철, 신제품 개발 성공전략 : 화려한 성공, 참담한 실패, 삼성경제연구소.

[40] 윌리엄 밀러, 4세대 혁신 : 기업 혁신의 토털 솔루션 - R&D의 세대 교체(Fourth Generation R&D), 모색.

[41] N. Cross, Engineering Design Methods : Strategies for Product Design, Wiley.

[42] D. G. Reinertsen, The Principles of Product Development Flow : Second

Generation Lean Product Development, Celeritas Publishing.

[43] J. Tidd, Managing Innovation 4th Edition : Integrating Technological Market and Organizational Change, Wiley.

[44] 이순철, 신제품 개발과 연구개발의 경영전략, 삼성경제연구소.

[45] D. G. Reinertsen, Managing the Design Factory : A Product Developer's Toolkit, Free Press.

[46] 캐롤 맥네어, 벤치마킹(Benchmarking : A Tool for Continuous Improvement), 21세기북스.

[47] 이주성, 기술경영전략 Plus(Strategic Management of Technology), 경문사.

[48] M. Crawford, New Products Management, 9th Edition, McGraw-Hill.

[49] 크리스토퍼 E. 보간, 베스트 벤치마킹 : 최고 실행 전략과 사례(Benchmarking For Best Practices : Winning through Innovation Adaptation), 창현출판사.

[50] 핍 코번, 신기술 성공의 법칙 : 고객의 마음을 읽는 티핑 포인트 변화함수의 비밀 (The Change Function), 에이콘출판사.

[51] H. Mili, Reuse-Base Software Engineering : Techniques, Organization, and Controls, Wiley Interscience.

[52] S. D. Eppinger, Design Structure Matrix Methods and Applications, The MIT Press.

[53] K. Pohl, Software Product Line Engineering : Foundations, Principles, and Techniques, Springer.

[54] T. Suzue, Cost Half : The Method for Radical Cost Reduction, Productivity Press.

[55] M. Kvist, "Product Family Assessment," %1 DTU Management Engineering.

[56] F. Larsson, "Managing the New Product Portfolio : Towards an end-to-end approach," %1 DTU Management Engineering.

[57] J. Greenfield, Software Factories : Assembling Applications with Patterns, Models, Frameworks, and Tools, Wiley.

[58] M. E. McGrath, Setting the PACE in Product Development : A Guide to Product And Cycle-Time Excellence, Butterworh-Heinemann.

[59] M. Blackenfelt, "Managing complexity by product modularisation : Balancing the aspects of technology and business during the design process," %1 KTH Machine Design.

[60] A. Alblas, "Platform Strategy for Complex Products and Systems," %1 University of Groningen.

[61] J. Yu, "Product Architecture Definition Based Upon Customer Demands," %1 Massachusetts Institute of Technology.

[62] P. G. Smith, Developing Products in Half the Time : New Rules, New Tools, VNR.

[63] J. E. A. Gallardo, "Managing Configuration Options for Build-to-Order highly Customized Products with Application to Speciality Vehicles," %1 Massachusetts Institute of Technology.

[64] 마티 케이건, 인스파이어드 : 감동을 전하는 제품은 어떻게 만들어지는가 (Inspired : How to Create Products Customers Love), 제이펍.

[65] P. Nilsson, "Conceptual Product Development in Small Corporations," %1 KTH Industrial Engineering and Management.

[66] D. M. Anderson, Agile Product Development For Mass Customization : How to Develop and Deliver Products for Mass Customization, Niche Markets, JIT, Build-to-Order and Flexible Manufacturing, McGraw-Hill.

[67] A. M. Raphel, "Product Design for Supply Chain : Quantifying the Costs of Complexity in Hewlett-Packard's Retail Desktop PC Business," %1 Massachusetts Institute of Technology.

[68] I. Jacobson, Software Reuse : Architecture, Process and Organization for Business Success, Addison Wesley.

[69] K. Eskildsen, "Modularization," %1 Aalborg University - Copenhagen.

[70] K. Otto, Product Design : Techniques in Reverse Engineering and New Product Development, Prentice Hall.

[71] T. W. Simpson, Advances in Product Line and Product Platform Design :

Methods & Applications, Springer.

[72] R. C. Boas, "Commonality in Complex Product Families : Implications of Divergence and Lifecycle Offsets," %1 Massachusetts Institute of Technology.

[73] P. G. Smith, Flexible Product Development : Building Agility for Changing Markets, Jossey-Bass.

[74] S. W. Sanderson, Managing Product Families, IRWIN.

[75] D. M. Anderson, Build-to-Order & Mass Customization : The Ultimate Supply Chain Management and Lean Manufacturing Strategy for Low-Cost On-Demand Production without Forecasts or Inventory, CIM Press.

[76] N. Abdelkafi, Variety-Induced Complexity in Mass Customization : Concepts and Management, Erich Schmidt Verlag.

[77] D. M. Anderson, Design for Manufacturability : Optimizing Cost, Quality, and Time-to-Market, CIM Press.

[78] R. G. Cooper, Product Innovation and Technology Strategy, Product Development Institute Inc..

[79] 나이젤 크로스, 디자인방법론(Engineering Design Methods), 미진사.

[80] P. Herzum, Business Component Factory : A Comprehensive Overview of Component-Based Development for the Enterprise, Wiley.

[81] P. Miltenburg, "Effects of Modular Sourcing on Manufacturing Flexibility in the Automotive Industry : A study among German OEMs," %1 ERIM, Rotterdam School of Economics.

[82] K. C. Can, "Postponement, Mass Customization, Modularization and Customer Order Decoupling Point : Building the Model of Relationships," %1 Linkoping University.

[83] T. H. Ho, Product Variety Management : Research Advances, KAP.

[84] R. G. Cooper, Generating Breakthrough New Product Ideas : Feeding the Innovation Funnel, Product Development Institute Inc..

[85] 정대영, 매스 커스터마이제이션(Mass Customization) : 21세기 고객맞춤경영, 엠플

래닝.

[86] 조셉 파인, 매스커스터마이제이션 혁명(Mass Customization : the new frontier in business competition), 21세기북스.

[87] 피터 센게, 학습하는 조직 : 오래도록 살아남는 기업에는 어떤 특징이 있는가(The Fifth Discipline : The Art & Practice of the Learning Organization), 에이지21.

[88] 스티븐 H. 해켈, 감지-반응 기업 : 21세기 기업조직의 새로운 모델!(Adaptive Enterprise : Creating and Leading Sense-and-Respond Organizations), 세종서적.

[89] 데이브 그레이, 커넥티드 컴퍼니 : 급변하는 시장 환경에 유기체처럼 반응하며 스스로 학습하고 성장하는 초연결 기업(The Connected Company), 한빛비즈.

[90] 데이비드 보벳, 밸류넷 : 고객만족과 기업의 수익을 증대시켜 주는 강력한 가치망(Value Nets : Breaking the Supply Chain to Unlock Hidden Profits), 좋은책만들기.

[91] A. J. Slywotzky, Profit Patterns : 30 Ways To Anticipate And Profit From Strategic Forces Reshaping Your Business, Times Business.

[92] 제임스 P. 워맥, 린 생산 : 도요타의 비밀 병기, 린 생산 방식은 어떻게 세계를 바꿨는가?(The Machine That Changed The World : The Story of Lean Production), 한국린경영연구원.

[93] 사울 J. 버먼, 낫 포 프리 : 새로운 시대의 수익 창출 전략(Not For Free : Revenue Strategies for a New World), 다산북스.

[94] 발라 차크라바시, 성장과 이익 : 초우량 기업들은 성장과 이익의 딜레마를 어떻게 극복했는가(Profit or Growth : Why You Don't Have To Choose), 비즈니스맵.

[95] 마티아스 홀웩, 주문생산의 시대 : 주문에서 인도까지 고객의 가치를 창조하는(The Second Century : Reconnecting Customer and Value Chain Through Build to Order), Gasan Books.

[96] 필립 A. 러셀, 제3세대 기업 제3세대 R&D : 기업전략과의 연계(Third Generation R&D : Managing the Link to Corporate Strategy), CM비즈니스.

[97] J. R. Galbraith, 전략, 구조, 프로세스 통합을 위한 조직설계방법론 - 확대 개정판-(Designing Organizations : An Executive Guide to Strategy, Structure, and Process, New and Revised), Sigma Insight Group.

[98] 에이드리언 슬라이워츠키, 가치이동(Value Migration : How to think several moves ahead of the competition), 세종서적.

[99] 콘스탄티노스 C.마키데스, 위대한 기업으로 가는 전략 지도(All The Right Moves : A Guide to Crafting Breakthrough Strategy), 한언.

[100] 머다드 바가이, 맥킨지 성장의 묘약(The Alcehmy of Growth), 전경련 국제경영원 FKI미디어.

[101] 데이비드 포크너, 경쟁 전략의 본질(The Essence of Competitive Strategy), 도서출판 소화.

[102] 앤서니 스콧, 클레이튼 크리스텐슨 하버드대 교수의 파괴적 혁신 실행 매뉴얼 (Innovator's guide to growth : Putting Disruptive Innovation to Work), 옥당.

[103] 에이드리언 슬라이워츠키, 수익지대 : 전략적 사업설계로 미래의 수익지대 만들기(The Profit Zone : How Strategic Business Design Will Lead You to Tomorrow's Profits), 세종연구원.

[104] 후지모토 다카히로, 모노즈쿠리 : 제조업 세계 최강, 일본의 제조혼(魂), 月刊 朝鮮.

[105] 클레이튼 크리스텐슨, 성장과 혁신 : 100년을 성장하는 기업들의 창조적 파괴전략(The Innovator's Solution), 세종서적.

[106] 콘스탄티노스 마르키데스, Fast Second : 신시장을 지배하는 재빠른 2등 전략 (Fast Second : How Smart Companies Bypass Innovation to Enter and Dominate New Markets), 리더스북.

[107] 장성근, R&D 경영의 황금률 : 비전있는 R&D 성공하는 R&D, 새로운 제안.

[108] 일본능률협회컨설팅, 21세기 지향 마케팅 戰略(Planning Manual For Business Development Strategy), 한국산업훈련연구소.

[109] 이브 도즈, 신속전략게임 : 전략적 민첩성으로 경쟁 게임에서 승리하라(Fast Strategy : How Strategic Agility Will Help You Stay Ahead of The Game), 비즈니스맵.

[110] 정형지, 제 3세대 R&D 그 이후 : Key Notes in R&D Management, 경덕출판사.

[111] 패트릭 비거리, 성장의 모든 것(The Granularity of Growth : Making Choices That Drive Enduring Company Performance), 이콘.

[112] 후지모토 다카히로, 모노즈쿠리 경영학, 대림인쇄.

[113] 제임스 모건, 도요타 제품 개발의 비밀(Toyota Product Development System) :
Integrating People, Process and Technology, KMAC.

[114] 리처드 루멜트, 전략의 적은 전략이다(Good Strategy Bad Strategy), 생각연구소.

[115] 다카하시 노부오, 제조업 경영강의 : 세계적인 경영학 석학들에게서 직접 배우는
경영의 기초, 아르고스.

[116] 매슈 S. 올슨, 스톨 포인트(Stall Points) : 성장 정체를 뛰어넘는 기업의 조건, 에코
리브로.

[117] 히라노 아스시, 플랫폼 전략 : 장(場)을 가진 자가 미래의 부를 지배하라, 더숲.

[118] 존 마리오티, 히든 리스크 : 복잡성의 위험(Hidden Risk : Complexity), 비즈니스맵.

일주일에 다섯 권에서 열 권 정도의 책을 읽습니다. 그중 다섯 권 정도에 대해서는 서평을 써서 블로그에 소개합니다. '읽을 만한 책'이라면 별 다섯 개 중에서 세 개를 주며, 그 이하는 읽을 만한 포인트만 집어줍니다.

헌데, "남의 눈에 박힌 가시는 잘 보면서, 내 눈에 박힌 말뚝은 못 본다"고 했던가, 남의 글의 장단점은 그렇게 잘 보이더니, 제 글의 장단점은 파악하기가 어려웠습니다. 그래서 이 책을 쓰면서도 회의감이 들었습니다. 그러나, 그때마다 마음을 다시 잡은 이유는 이 일을 처음 시작했을 때의 기억 때문이었습니다. 제가 하는 업무의 어려움, 회의감, 막막함은 이 책 집필의 원동력이 되었습니다.

이 책의 원고를 구성하면서 고정성과 변동성 원리도 가미했습니다. '부록'에 담긴 사례는 그 시간적 배경 때문에 변동성이 가장 큽니다. 그래서 훗날 개정이 이루어진다면 가장 먼저 바뀔 부분입니다. 그리고 Box에 있는 내용은 나중에 제7장 '심화 주제'로 옮겨질 수 있을 정도로 변동성이 상대적으로 높은 내용입니다. '심화 주제'는 현재 체계화/정규화되지 않았지만 연구 결과에 따라서 본문의 핵심이 될 가능성이 높은 내용들입니다. 마지막으로 복잡성에 대한 담론 부분은 나중에 필자가 내용을 보충할 가능성이 높은 부분입니다. 읽을 때 이런 부분도 참고하면 도움이 될 것입니다.

혹시 모듈러디자인과 관련하여 고민하는 문제나 좋은 제안 사항이 있다면 아래의 이메일이나 블로그 주소로 꼭 연락을 주셨으면 합니다. 제게도 일할 때 가장 힘이 되는 것은 같거나 비슷한 일을 하는 사람과 같은 고민을 하고 있다는 것을 알게 됨으로써 마음의 위안과 의견을 나누는 것입니다. 그러니 독자 여러분들이 제게 작은 의견을 보내주시는 것만으로도 제게는 큰 도움이 될 것입니다.

이후에 책의 보완되거나 수정된 내용, 모듈러디자인 관련 최신 동향은 제 블로그나 출판사 홈페이지를 통해 전하도록 하겠습니다.

김진회

kjhoi79@naver.com

http://blog.naver.com/kjhoi79

모듈러디자인

펴   냄 2022년 1월 20일 1판 2쇄 펴냄
지 은 이 김진회
펴 낸 이 김철종
펴 낸 곳 (주)한언
등록번호 제1-128호/등록일자 1983. 9. 30
주   소 서울시 종로구 삼일대로 453(경운동) 2층
          TEL. 02-701-6911(대)/FAX. 02-701-4449
e - m a i l haneon@haneon.com

이 책의 무단전재 및 복제를 금합니다.
책값은 뒤표지에 표시되어 있습니다.
잘못 만들어진 책은 구입하신 서점에서 바꾸어 드립니다.
ISBN 978-89-5596-740-1 13320

「이 도서의 국립중앙도서관 출판예정도서목록(CIP)은 서지정보유통지원시스템 홈페이지(http://
seoji.nl.go.kr)와 국가자료공동목록시스템(http://www.nl.go.kr/kolisnet)에서 이용하실 수
있습니다.(CIP제어번호 : CIP2015035181)」